AF349217

El repartidor de Pekín

Hu Anyan

El repartidor de Pekín

Traducción de Javier Altayó

Papel certificado por el Forest Stewardship Council®

Penguin
Random House
Grupo Editorial

Título original: 我在北京送快递
Primera edición: marzo de 2026

© 2022, Hu Anyan
Publicado por acuerdo especial con Astra Publishing House en conjunción con sus agentes designados
2 Seas Literary Agency y SalmaiaLit Literary Agency
© 2026, Penguin Random House Grupo Editorial, S. A. U.
Travessera de Gràcia, 47-49. 08021 Barcelona
© 2026, Javier Altayó Finestres, por la traducción

© Diseño: Penguin Random House Grupo Editorial, inspirado en un diseño original de Enric Satué

Printed in Spain – Impreso en España

ISBN: 978-84-204-7934-7
Depósito legal: B-1151-2026

Compuesto en MT Color & Diseño, S. L.
Impreso en Unigraf, Móstoles (Madrid)

AL79347

Capítulo I
El año que trabajé en el turno de noche de una empresa de logística

A decir verdad, no fue un año completo. Trabajé en D. Express poco más de diez meses. Entré el 12 de mayo de 2017, justo el día en el que se cumplían nueve años del gran terremoto de Sichuan. Era operario de carga en un centro de distribución que la empresa tiene en Shunde,[*] y que en aquel momento era el más grande de toda China. De esto me enteré en internet después de haberme ido. Cuando trabajaba allí, aunque me impresionaba su tamaño, me daba igual que fuera más grande o más pequeño.

Nuestro centro de transferencia de cargas estaba en un parque logístico donde había otros centros parecidos de competidores, como BEST Express, o de plataformas de comercio electrónico, como JD.com y Vipshop. Trabajaba en el turno de noche largo, de siete de la tarde a siete de la mañana, y libraba cuatro días al mes. Allí prácticamente todo el mundo tenía el mismo horario, porque el patio de clasificación no funcionaba durante el día. Era un empleo para el que no pedían estudios, pero tampoco contrataban a analfabetos (si no sabes leer, no vas a entender las direcciones de las etiquetas), así que la gente de pueblo sin trato con las letras no podía dedicarse ni a eso.

La entrevista, por así llamarla, fue un mero trámite. La realidad era que cogían a todo el mundo, aunque antes de contratarte te hacían pasar por un periodo de prueba no remunerado de tres días. En principio esto contraviene la legislación laboral, pero después de indagar un poco me

---

9

enteré de que todas las empresas del parque operaban de la misma manera. O pasabas por el aro o no podías trabajar.

Desde un punto de vista práctico, el periodo de prueba era absolutamente necesario. Muchas personas se presentaban sin tener ni idea de cuál era el trabajo o qué implicaba. Aquellos tres días les brindaban la ocasión de familiarizarse con él (también a la empresa con ellas). Por lo que vi, se quedaban menos de la mitad de los que empezaban. Muchos se iban al cabo de un par de horas. Sea como fuere, pienso que no está bien que no nos pagaran esos días a los que nos quedábamos.

Por supuesto, la empresa también tenía su lado humano: había mucha gente que venía de otras partes del país y que contaba con muy pocos recursos, así que los contratados, después de completar veinte días de trabajo, recibían por adelantado la mitad de la primera mensualidad, que de otro modo no habrían cobrado hasta el día 15 del mes siguiente.

El centro de transferencia de cargas era como un gran puerto. Trabajábamos sobre una enorme plataforma de cemento de un metro de altura, que llamábamos «patio de clasificación». Su superficie era como la de nueve o diez campos de fútbol juntos y estaba cubierta por un techo de chapa metálica. A lo largo de su perímetro se distribuían los muelles de carga y descarga, cada uno con un número, y frente a ellos los camiones aparcaban de cola para que los mozos pudieran abrir las puertas. Cada noche, al llegar, lo primero que oías era un ruido sordo y persistente como de truenos retumbando en la distancia. Era el sonido de cientos de carretillas elevadoras que rodaban de aquí para allá como hormigas obreras. Primero cargaban con los bultos de los camiones y los distribuían entre los distintos equipos para que clasificáramos su contenido; después, una vez clasificada la mercancía, la devolvían al muelle de carga correspondiente.

Me asignaron a un equipo que clasificaba bultos pequeños. Teníamos que agrupar los envíos según su destino y embalarlos. En general era un trabajo que me gustaba: no era necesario hablar con nadie ni estrujarse el cerebro, simplemente te arremangabas y lo hacías. Como estábamos en la provincia de Cantón, donde el verano dura nueve meses, pasábamos mucho calor. El sol calentaba el tejado durante todo el día, así que por la noche apenas notábamos alivio. Nada más empezar a trabajar ya tenía la camiseta empapada y no paraba de sudar hasta la mañana siguiente. Me compré un termo de tres litros y me lo acababa todas las noches. Como procuraba no ir al baño en todo el turno, expulsaba el agua por las glándulas sudoríparas.

El tercer día de mi periodo de prueba me pusieron a volcar, que era la tarea más agotadora. Los paquetes llegaban en sacos de fibra y nuestro equipo debía extraerlos, agruparlos en función de su destino y embalarlos. «Volcar» significaba abrir los sacos y colocar los bultos que contenían sobre las mesas de clasificación. Los había de todos los tamaños: los más pequeños pesaban unos pocos kilos; los más grandes, cincuenta o sesenta. Si los turnos hubieran sido de dos o tres horas, la mayoría de la gente habría podido con ello, pero volcar durante toda la noche resultaba agotador, y muchos no lo soportaban. Era el único puesto que no se asignaba a mujeres.

Ponían a volcar a todos los hombres que llegaban a nuestro equipo en fase de prueba, mientras que a las mujeres las ponían a embalar. Asignarnos las tareas más exigentes servía para que la empresa y nosotros averiguáramos si de verdad dábamos la talla, y evitaba renuncias posteriores a la contratación. De hecho, los tres días de prueba eran los más agotadores, porque el cuerpo aún no se te había acostumbrado ni a la dinámica ni a la intensidad del trabajo. Los movimientos poco familiares hacían que te cansaras de más, y por eso tanta gente lo dejaba al cabo de unas pocas horas; pero el que perseveraba se iba acostumbrando y luego ya no se cansaba tanto.

Recuerdo que una vez vino una señora. No trabajaba mal, pero, a mitad del turno, de repente desapareció. Luego me enteré de que el coordinador la había echado porque era analfabeta. Dudo que lo fuera totalmente; de ser así, no habría podido trabajar durante horas sin equivocarse. Lo más probable es que conociera solo unos pocos caracteres, tuviera que andar preguntando todo el tiempo, y que el compañero encargado de enseñarle se quejara al coordinador. Si por culpa de un error suyo hubiéramos enviado un bulto a la ciudad equivocada, nos habrían descontado dinero del sueldo a todos.

Nada más comenzar este trabajo, todo el mundo adelgaza. Un compañero, que entró solo unos días después que yo, en tres meses pasó de pesar ochenta kilos a algo más de sesenta. Yo, que no estaba gordo al empezar, a los pocos meses ya había perdido más de cinco kilos.

Trabajábamos doce horas al día. Por lo general, las dos horas antes de terminar, por la mañana, el ritmo decaía relativamente y podíamos descansar un poco. En cambio, el periodo comprendido entre las diez de la noche y las cinco de la mañana era frenético. No podíamos parar ni un segundo.

Nuestra jornada transcurría de la siguiente forma: entrábamos a las siete de la tarde y trabajábamos hasta las nueve, momento en el que parábamos media hora para cenar. El patio de clasificación tenía dos cantinas, cada una de una empresa distinta, que ofrecían diferentes estilos de comida. En ambas tenías que servirte tú mismo, al estilo bufet, y luego te cobraban al peso. El arroz blanco era gratis, así que el que quería ahorrar podía ponerse menos viandas y atiborrarse de arroz. Para ser justos, los precios eran razonables, y las condiciones, lo bastante higiénicas. Después de la cena, a las nueve y media, retomábamos nuestras tareas y ya no parábamos hasta las siete de la mañana. Durante esas nueve horas y media no había tiempo para comer. Algunos se traían bollos o galletas que engullían al mínimo respiro, mientras que otros se habían acostumbrado a pasar diez horas en ayunas. Yo solía llevar galletas, pero a veces se me olvidaban y el estómago me rugía de hambre.

Recuerdo que el primer día de mi periodo de prueba, como nadie me había hablado de los horarios, me presenté recién cenado. A las nueve, cuando todo el mundo paró, no tenía hambre y no comí nada porque pensé que tendría más oportunidades de hacerlo a lo largo de la noche. No imaginaba que fuera a tener que trabajar sin parar desde las nueve y media hasta las siete de la mañana. Durante todo ese tiempo solo bebí agua. Como no había traído ningún alimento sólido, llegué a la mañana con tanta hambre que pensaba que iba a desmayarme.

La gran mayoría de los trabajadores de aquel sitio apenas hablaban y se mostraban completamente apáticos; eran como esos campesinos ancianos que responden con desconfianza a los forasteros, aunque no fuesen tan mayores. A mí, que no soy nada sociable, me iba bien que cada cual se dedicara a lo suyo. Me sentía muy cómodo en aquel ambiente. Las veces que tenía que preguntarles algo me miraban y forzaban media sonrisa antes de contestar, no por arrogancia, sino por retraimiento.

Todas las mañanas, al terminar, celebrábamos una reunión en la que el coordinador y el director repasaban los problemas surgidos durante la jornada. Por lo general, no pasaba de dos o tres minutos. Por la noche, antes de empezar, teníamos otra reunión para repetir las medidas de seguridad y otras cuestiones, cosas aburridas que despachaban con cuatro frases. Yo no atendía demasiado; al fin y al cabo, la Revolución no se hizo con palabras vacías.

Recuerdo que, al terminar mi tercer día de prueba, uno de los adjuntos (cada equipo tenía un coordinador principal, tres coordinadores adjuntos y un gerente que se encargaba de las tareas administrativas), un chico bastante joven, vino a hablar conmigo. Me dijo que, si bien no iban a pagarme los tres días de prueba, me los compensarían con días de descanso. Por entonces aún no teníamos que fichar. Yo, al oír eso, me alegré. Sin embargo, un par de semanas después, el chico dejó el trabajo por una disputa con los otros adjuntos y nadie volvió a mencionar aquellos tres días de descanso remunerados.

El núcleo del negocio de D. Express era la logística, pero en 2013 había lanzado un servicio de entrega urgente que no marchaba demasiado bien, y en 2017, cuando yo entré a trabajar en la empresa, tenía una cuota de mercado ínfima. Nuestro equipo se encargaba justamente de clasificar aquellos envíos, pero no por eso íbamos sobrados: éramos los justos para afrontar la carga de trabajo. Los capitalistas no se dedican a mantener gente ociosa.

Los primeros meses alterné entre volcador y embalador. En nuestro equipo había cuatro puestos: por un lado estaban los volcadores y los codificadores; por otro, los clasificadores y los embaladores. Cuando el volcador dejaba los envíos sobre la mesa de clasificación, el codificador escaneaba los códigos de barras de sus albaranes con una pistola de infrarrojos y les escribía encima el código postal que correspondiera. Hecho esto, los envíos pasaban al área de embalaje, donde el clasificador los iba metiendo en distintos casilleros en función de su destino. Una vez agrupados, el embalador los empaquetaba y los colocaba en la carretilla que los devolvía a la estación de carga. En términos de intensidad de trabajo, codificar era lo más llevadero y solía dejarse a las mujeres; lo más cansado era volcar, seguido de embalar.

Al salir del trabajo íbamos a desayunar, lo que para nosotros equivalía a cenar (la mayoría comíamos solo dos veces al día). Luego volvíamos a nuestros alojamientos, nos duchábamos y lavábamos la ropa. Dejarla bien limpia costaba lo suyo: al manejar envíos de noche, es muy fácil mancharse de grasa y demás cosas. Además, cuando estás tan cansado, piensas: «¿Qué necesidad tengo de dejar la ropa impoluta si mañana voy a volver a ensuciármela?». Los detergentes buenos tampoco eran baratos, así que nos conformábamos con restregarla con jabón en pastilla. Una vez seca, seguía oliendo un poco a sudor, pero más pronto que tarde eso deja de importarle a cualquiera que se dedique a lo mismo que nosotros.

El sueño era un auténtico problema. Algunos nos adaptamos peor que otros al horario nocturno. Los primeros meses siempre me pasaba lo mismo: hacia las cuatro o las cinco de la madrugada ya no era capaz de seguir. De haber podido tumbarme, me habría dormido en segundos, pero, como no podía, me quedaba quieto y empezaba a perder el mundo de vista hasta que me sobresaltaba y me obligaba a continuar. Era la viva imagen de un zombi: mirada perdida, mente nublada y sin recuerdo alguno sobre qué había hecho un segundo antes.

Como resultado, una vez crucé las etiquetas de dos bultos: le puse al que iba a Chongqing la etiqueta del que iba Pekín y al que iba a Pekín le puse la del que iba a Chongqing. Por fortuna, me di cuenta antes de que los cargaran en el camión y pude recuperarlos para corregir el error.

No exagero si digo que todas y cada una de aquellas noches, cuando el sueño me atenazaba, me prometía a mí mismo: «En cuanto salga de aquí, pase lo que pase, me voy directo a la cama y me harto de dormir». Pero luego, al llegar la mañana, salía del trabajo sin nada de sueño.

Después de pasarte horas forzando al cuerpo a hacer algo que no le gusta, la mente, embotada por la monotonía, pide a gritos emplearse en algo que sí sea de su agrado para contrarrestar el tedio y para que el cuerpo recupere algo de vitalidad. Algunos de mis compañeros iban al karaoke después del trabajo. Cantaban hasta que oscurecía, entonces dormían una o dos horas y luego iban a trabajar. Yo, como no estoy mal de la cabeza, prefería no jugarme la salud de aquella manera. Me concedía alegrías más modestas, como desayunar algo más rico de lo habitual o ir a hacer la compra al supermercado del pueblo de al lado. Era bastante pequeño y no estaba muy bien surtido, pero, aunque al final solo me llevara un par de cosas, el mero hecho de visitarlo conseguía reducir mis niveles de estrés.

Lo malo era que seguía sin poder dormir. Cada día, conforme se acercaba la tarde, empezaba a angustiarme. La habitación donde me alojaba al principio era muy calurosa, la temperatura interior superaba los treinta grados. Durante el día, el sol abrasaba las paredes de tal forma que el ventilador no proporcionaba alivio alguno. Había elegido una habitación sin aire acondicionado para ahorrar, aunque las que lo tenían costaban apenas cincuenta yuanes extra.

En agosto, cuando ya no podía resistirlo más y sentía que iba a morir sofocado, hablé con el propietario del edificio para cambiarme de habitación, pero como era verano no tenía habitaciones con aire acondicionado libres. A partir de entonces se dedicó a darme largas. Siempre que hablábamos me prometía una para dentro de poco, pero nunca era verdad. Unos dos meses más tarde, pasada la Fiesta del Medio Otoño,* de repente contactó conmigo para ofrecerme por fin una habitación con aire acondicionado. A esas alturas, el tiempo había empezado a refrescar un poco, aunque seguía haciendo calor. En Cantón, incluso en octubre la temperatura no baja de los treinta grados, así que me mudé de inmediato. No obstante, creo que después solo encendí el aire acondicionado tres o cuatro veces, porque el calor fue remitiendo.

---

* Festividad que coincide con la octava luna llena del calendario agrícola tradicional, la cual suele darse entre finales de septiembre y principios de octubre.

Aparte del calor, otra cosa que me impedía conciliar el sueño era el ruido. El edificio no contaba con telefonillo, así que los visitantes tenían dos opciones: o avisar por el móvil para que bajaran a abrirles o pegar un grito. Cada vez que pasaba lo segundo, me despertaba sobresaltado y tenía que esforzarme mucho para contenerme y no bajar a estrangular a nadie.

Las habitaciones estaban muy mal insonorizadas. Una vez oí al hombre de la habitación contigua discutiendo con su mujer. Mientras él no paraba de decirle barbaridades, ella guardaba silencio; tal vez se sentía culpable. Oí que el marido decía: «¡Después de pasarme el día entero trabajando, lo único que te pido al llegar a casa es un poco de tranquilidad para poder dormir, pero hasta eso me niegas!...». Supuse que la mujer lo habría molestado de alguna forma. Entonces el marido, un hombre hecho y derecho, se echó a llorar. Mi naturaleza chismosa me pedía averiguar qué demonios había hecho aquella mujer, pero en aquel edificio cada uno venía de una punta distinta del país y hablaba con su acento particular, así que no pude entender mucho.

Sin embargo, aun en ausencia de ruido y tras la bajada de las temperaturas, mi insomnio persistía. Me devanaba los sesos pensando en formas de solucionar el problema. No tenía manera de conseguir somníferos, pero había oído que el chocolate negro ayudaba a dormir, así que empecé a tomarlo como el que toma un medicamento: una onza diaria antes de acostarme. Por supuesto, no funcionó. Luego compré melatonina, pero tampoco surtía efecto. Al final me vi obligado a recurrir al remedio tradicional: el alcohol.

El supermercado tenía botellas de cuatro litros de *erguotou*,* pero las de marcas conocidas como Red Star eran

---

* Una de las variedades más populares de *baijiu*, licor destilado de color transparente que se obtiene de granos como el arroz glutinoso, el trigo o, en este caso, el sorgo. Su graduación ronda el 60 por ciento.

demasiado caras, así que compraba de otras. Varias de ellas se producían en Sichuan. Su sabor era menos suave, más parecido al del aguardiente recio, pero eran muy baratas. Dentro del presupuesto que me había fijado, de cuando en cuando podía permitirme algo de más calidad, como una botella de medio litro de la marca Laocunzhang, que costaba dieciocho yuanes y era la mejor en su rango de precio.

Mientras bebía solía leer algún libro, pero al día siguiente no me acordaba de nada. Podía llegar a beberme hasta ciento cincuenta mililitros antes de dormirme. Me levantaba a las seis y media de la tarde y me consideraba afortunado si había logrado conciliar el sueño antes de las dos del mediodía. Las peores veces, cuando seguía despierto pasadas las cuatro de la tarde, me angustiaba mucho. Antes de empezar a trabajar en D. Express dormía un promedio de siete horas diarias. Trabajar en el turno de noche lo redujo a cuatro.

Otro problema de emborracharme para poder dormir es que me despertaba estando aún ebrio. Por suerte, iba al trabajo caminando. Durante todo el trayecto experimentaba la vívida sensación de que el suelo cambiaba de altura con cada paso que daba, y era incapaz de distinguir si el que iba dando tumbos era el mundo o yo. Los días que amanecía más sereno, lo hacía somnoliento y con la sensación de no haber descansado en absoluto.

De camino al trabajo pasaba por delante de varios bloques de viviendas. Cada vez que olía el aroma de los guisos que emanaba de ellas o veía a alguno de sus inquilinos repantigado en el sofá después de una larga jornada, me embargaba la certeza de que aquellos momentos de descanso eran la verdadera felicidad, y tenía la sensación de estar más agotado que ellos a pesar de no haber empezado siquiera a trabajar aún. Eran momentos en los que me maldecía con rabia: mi cuerpo maldecía mi voluntad y mi voluntad maldecía mi cuerpo. Entonces juraba que al día siguiente, en cuanto saliera del trabajo, me iría directo a dormir. Sin embargo, al terminar el turno la situación del día anterior se repetía y el ciclo volvía a empezar.

Hago aquí un inciso para describir la localidad donde vivía en aquella época, un pueblecito llamado Luoheng, separado del parque logístico solo por un riachuelo. El parque era un espacio abierto sin ningún tipo de barrera, por lo que cualquier vehículo o persona podía acceder libremente a él; Luoheng, en cambio, era todo lo contrario: salvo el lado que lindaba con el riachuelo, el resto de su perímetro estaba cercado por una alambrada con un único acceso que cerraba a las diez de la noche. Al principio me extrañó. ¿Qué necesidad podía haber de cercar el pueblo? Jamás había visto algo parecido. Luego me enteré de que la industria principal de Luoheng era el cultivo de plantas ornamentales. Había de todo: desde minúsculos y exquisitos bonsáis hasta los árboles más imponentes. Tal vez algunos ejemplares costaban mucho dinero y eso llevaba a la gente a querer proteger el pueblo de posibles robos. El caso es que todo el mundo, yo incluido, tenía que cruzar la alambrada para entrar y salir. Un día de lluvia, al pasar con el paraguas en la mano, me hice un corte en el brazo derecho con el alambre. Aún hoy conservo la cicatriz.

En Luoheng, la inmensa mayoría de la gente se apellidaba Yun.* Por lo que leí en los versos que flanqueaban la puerta del salón ancestral,** los antepasados de todos ellos se habían mudado allí desde Longzhong en tiempos de alguna dinastía remota. Al principio el pueblo se llamaba

---

* A día de hoy, sigue siendo habitual que todos los habitantes de un pueblo o una aldea pertenezcan a un mismo clan, entendido como un grupo amplio de individuos que, aun no compartiendo consanguinidad, descienden de un mismo ancestro patrilineal remoto.
** Edificio comunitario que alberga tablillas de madera inscritas con los nombres de los antepasados varones del clan, a quienes se honra en rituales solemnes. También sirve de repositorio de genealogías y otros documentos y se usa para ceremonias como bodas y funerales.

Luokeng, como vi en la placa de una casa abandonada, pero luego lo renombraron Luoheng, que suena menos tosco.* Los lugareños debían de pensar que el nombre original era malo para los negocios: si eres el dueño de una pequeña empresa del delta del río Perla y estás pensando en comprar macetas con bambú de la suerte para atraer energía positiva y ayudar a que el negocio marche mejor, te quedas mucho más tranquilo comprando unas que vengan de Luoheng que unas que vengan de un sitio con un nombre tan poco auspicioso como Luokeng.

Luoheng contaba con muy pocos servicios. No había supermercados, peluquerías ni restaurantes, sino solo dos colmados con una oferta de productos bastante limitada. La mayoría de mis compañeros vivían en Shizhou, un pueblo a media hora de camino andando. Allí iba yo a hacer la compra cada dos o tres días. Tenían un mercado tradicional, un parquecito, una cancha de baloncesto, un supermercado mediano y varios bazares. También había muchos restaurantes y alojamientos, y por la tarde colocaban puestos con carne asada y sopas picantes. Yo prefiero ambientes más tranquilos, así que estaba más a gusto en Luoheng, donde además los alquileres eran un poco más baratos: la habitación donde me alojaba costaba cuatrocientos yuanes al mes; en Shizhou, por una habitación parecida, no te pedían menos de quinientos.

Por lo general, no compraba nada por internet. Habría podido encontrar mayor variedad a mejores precios, pero los repartidores no hacían entregas a domicilio. Como no les dejaban entrar en el pueblo, te llamaban por teléfono desde la entrada para que fueras a recoger los paquetes. Cada viaje me habría tomado diez minutos y encima no tenía forma de saber a qué hora vendrían. El sueño de los que duermen de día es muy ligero: basta con que te despierte

---

* El *keng* del nombre antiguo significa «pozo», mientras que el *heng* del nombre nuevo significa «prosperidad».

una llamada para que luego ya no puedas volver a dormirte. Por eso prefería no comprar nada por internet y conformarme con lo que ofrecía Shizhou. Afortunadamente, allí todo era muy barato. Por ejemplo, me compré un hervidor eléctrico de la marca Triangle por solo veintinueve yuanes. Cuando me fui, se lo dejé al propietario. Shizhou no era sitio para vender cosas caras.

La logística es un campo de batalla, y sus aguerridos soldados van y vienen; son muy pocos los que se dedican a ella de forma continuada, por lo que la empresa no paraba de contratar gente a lo largo de todo el año. Cuando yo entré, ofrecían una comisión de trescientos yuanes por cada persona que trajeras a la empresa. Más tarde la subieron a quinientos, luego a ochocientos y, antes del Doble Once,* a mil. Una vez recomendé a un amigo para hacer de repartidor y me dieron quinientos yuanes. No me los quedé, le di todo el dinero a él. Menos de dos meses después dejó el trabajo. Según dijo, era agotador.

El patio de clasificación estaba empapelado con carteles a todo color del departamento de recursos humanos. Los veías en las paredes de los lavabos, al lado de la máquina de agua, encima de los lavamanos y en cualquier otra superficie. Reproducían testimonios de empleados. Todavía recuerdo algunos, por ejemplo, el de un señor cuyo nombre he olvidado, llamémoslo Lao Wang.** Después de años trabajando en el patio de clasificación decidió dejarlo para abrir un negocio, pero la cosa le fue mal, perdió todo el dinero invertido y tuvo que volver. Aquella experiencia le había en-

---

* Se refiere al 11 de noviembre, fecha del mayor evento de comercio electrónico del mundo, con un volumen de ventas muy superior al del Black Friday o el Prime Day.
** Literalmente, «el viejo Wang». Lejos de resultar ofensivo, en chino, anteponer Lao (que significa «viejo») al nombre o al apellido de alguien de cierta edad denota cercanía.

señado que trabajar por cuenta ajena era lo ideal, pues tenía muchas ventajas. Sus palabras estaban acompañadas por una foto suya de medio cuerpo. A juzgar por su flamante sonrisa, debía de irle de maravilla. La suya era solo una de tantas experiencias similares que podíamos leer mientras orinábamos, nos lavábamos las manos o íbamos a por agua.

Aparte de poner carteles, el departamento de recursos humanos también instaló un puesto de información a la entrada de Shizhou, pegaba anuncios por todas partes y publicaba ofertas de empleo en las aplicaciones. Lo que se dice un asalto coordinado desde múltiples frentes. En cuanto alguien asomaba la cabeza para informarse, lo empujaban al patio de clasificación para que probara. Después de todo, ellos también tenían cuotas que cumplir.

Sin duda por esa razón de vez en cuando nos llegaba gente que claramente no estaba capacitada. Recuerdo el caso de una chica bajita y escuchimizada que ya desde el primer día se veía que no iba a valer. Sin embargo, una vez dentro no podíamos devolverla al departamento de recursos humanos ni endosársela a otro equipo; teníamos que dejar que lo intentara. Nuestro supervisor no quería gente así: no solo reducían la productividad del equipo entero, sino que encima solían irse al cabo de un par meses. Nos dejó muy claro que no quería que la ayudáramos. Como ya he mencionado, los tres días de prueba eran los más duros. Una persona sin experiencia en trabajos similares podía tardar hasta dos semanas en adaptarse; eso si estaba en una forma física perfecta. Sin embargo, cuanto más frágil era alguien, menos nos dejaban ayudar: hacerlo equivalía a hacer pasar por competente a quien no lo era. Era preciso que lo pasara mal. Si al final seguía sintiéndose capaz, quería decir que lo era de verdad. Por el contrario, a los que ya se veían competentes de entrada sí podíamos echarles una mano.

Durante mi periodo de prueba, como aún no le había cogido el tranquillo a volcar, en lugar de agarrar bien los sacos entre el pulgar y el índice antes de retirarlos, usaba las puntas de los dedos. Hacerlo no me causaba dolor alguno, pero después de tres noches así acabé con las uñas de los índices levantadas. A los pocos días se me pusieron negras y luego se me cayeron. Tardaron dos o tres meses en volver a crecerme.

A pesar de todo esto que cuento, había varias personas con discapacidad trabajando con nosotros. Así lo establece la ley: cada empresa debe cubrir una cuota determinada en función del total de trabajadores en plantilla. Corría el rumor de que en el pasado habíamos recibido una multa considerable por no cumplir esta norma.

En según qué puestos, los discapacitados rendían igual de bien que los demás. El problema era que no podían rotar. Por ejemplo, no se podía poner a un cojo a volcar ni a embalar; estas dos tareas requerían estar en constante movimiento (me compré unas zapatillas de la marca Decathlon y a los cuatro meses ya se me habían gastado las suelas). A la hora de organizar el trabajo, eso complicaba la vida de los coordinadores y hacía que los discapacitados no les cayeran bien e incluso que, a veces, se permitieran hacerles algún que otro comentario despectivo.

En todos los grupos suele haber algún marginado, y nuestro equipo no era una excepción. Recuerdo el caso de una chica que acababa de terminar el bachillerato; andaría apenas por los diecinueve años, lo que la convertía en una de las más jóvenes de nuestro equipo. Era muy menuda, apenas tenía fuerza y no se movía demasiado rápido, incluso podríamos decir que lo hacía con lentitud. Eso interrumpía el flujo de trabajo y nos obligaba a ayudarla o incluso a detener la cinta transportadora. Como encima era relativamente retraída, no tenía amigos. Casi todo el mundo la odiaba. Le ponían motes desagradables, se reían de ella en su cara y le hablaban de malas maneras. Yo, en su situación, no lo habría soportado.

Sin embargo, ella demostró tener gran fortaleza mental. Puede que hubiera llegado a un punto de insensibilización. O quizá no le importaran las opiniones de los demás. Por el motivo que fuera, lo cierto es que duró bastante en el puesto, mucho más de lo que yo esperaba. Yo procuraba tratarla bien, pero aparte de eso no podía hacer nada para ayudarla.

Una noche se pasaron tanto con ella que a mitad del turno cogió sus cosas y se fue. Para nuestro coordinador fue un alivio. Llevaba un buen tiempo deseando reemplazar a una persona tan poco productiva, pero, mientras ella se empecinara en seguir en aquel puesto para el que no estaba cualificada, él no podía hacer nada. Al cabo de dos días, la chica volvió y pidió ser readmitida, cosa a la que el coordinador se negó. Entonces el novio de la chica, que también trabajaba en el patio de clasificación (era mozo de carga), fue con ella a hablar con el coordinador y pasó un buen rato comiéndole la oreja: que si «todos somos compañeros en el fondo», que si «bastante dura es ya la vida como para ponernos la zancadilla entre nosotros»... Al final el coordinador cedió, la chica volvió a nuestro equipo y siguió sufriendo.

A los pocos días de que yo entrara a trabajar en la empresa, contrataron a otro hombre. El coordinador me pidió que lo acompañara a la cantina y desde entonces ya no pude quitármelo de encima. Incluso me esperaba a mitad de camino para ir a trabajar juntos. Intentó librar los mismos días que yo, pero por suerte el coordinador no se lo permitió. La gente pensaba que nos conocíamos de antes. Su comportamiento me hacía sentir muy incómodo, pero me daba vergüenza decirle que me dejara en paz; después de todo, era muy simpático. Eso sí, tenía un defecto: demasiado fanfarrón. Se pasaba el tiempo diciéndote lo bien que lo hacía todo, lo mucho que sabía, la cantidad de gente que había tenido a su cargo en el pasado, lo capaz que era de pegarse con seis o siete a la vez... Yo me limitaba a escuchar y a asentir, no me atrevía a decirle que no me creía una palabra de lo que decía. Me pregunto lo infeliz o acomplejada que tiene que estar una persona para sentir la necesidad de alardear de esa manera.

Ahora, en retrospectiva, entiendo mejor su comportamiento conmigo. Los dos habíamos solicitado empleo en la empresa por cuenta propia, así que no conocíamos a nadie dentro; también habíamos empezado a trabajar casi a la vez, por lo que nuestros intereses solían coincidir. Formar una alianza habría sido beneficioso para ambos. Tratar de manejarse solo en un entorno nuevo es arriesgado: como tengas mala suerte, puedes acabar marginado como la chica que acabo de mencionar. Él ya era consciente de eso el día que me conoció. Yo, por el contrario, jamás fui capaz de comprender sus intenciones.

En nuestro equipo también hubo una embarazada. Su novio, otro compañero, le había conseguido el trabajo. El departamento de recursos humanos prohibía asignar a los miembros de una pareja a un mismo equipo, así que supongo que al principio el chico ocultó su relación. Más tarde, al descubrirse el pastel, el coordinador no tuvo más remedio que mirar para otro lado. Cuando ella entró a trabajar, aún no se le notaba la barriga. Además, era muy joven, tendría poco más de veinte años, gozaba de buena salud y se las arreglaba sin problema. Luego se le fue hinchando la barriga, hasta que llegó un punto en el que daba apuro verla. Estamos hablando de noches enteras de intenso trabajo físico. En privado, algunas personas describían la situación como «una tragedia humana».

Al novio le gustaba jugar a Mark Six.* Siempre andaba con la aplicación abierta, era una adicción. Se fundía el

---

* Lotería administrada por el Jockey Club de Hong Kong que consiste en acertar seis números del uno al cuarenta y nueve. Cada apuesta cuesta diez dólares hongkoneses y se opta a un premio máximo de ocho millones, que se acumula en caso de que no haya ganadores.

sueldo en cuestión de días y luego tenía que tirar del dinero de la novia para comprar comida y pagar el alquiler. Encima, la usaba para pedirnos prestado cuando él ya nos había pedido a todos y le daba vergüenza volver a hacerlo.

Al cabo de un tiempo empezaron las peleas, siempre motivadas por alguna queja de ella. Él tenía muy buen carácter y nunca explotaba, pero ¿de qué le servía? Era como tener una olla desfondada: por bien que encajara la tapa, seguía sin valer para nada. Al final, una noche, a mitad del turno, la chica se echó a llorar y se fue, imagino que harta de aguantar. Al día siguiente presentó su renuncia y nunca más volví a verla.

El novio siguió en la empresa. Por lo menos cuando yo me fui, él aún estaba. Tardó muy poco en juntarse con otra compañera, una mujer casada. Cuando alguien le mencionaba a su ex, ponía cara de cordero degollado y aseguraba que iba a devolverle todo el dinero que le debía, aunque no tengo claro que lo hiciera. Al final dejó de jugar, no sé si porque ya nadie le prestaba dinero o porque la aplicación lo había bloqueado.

De principio a fin, todos nos mantuvimos al margen de aquella situación: nadie trató de razonar con él, nadie movió un dedo por ella más allá de brindarle cuatro palabras de consuelo. Teníamos nuestros propios problemas, no nos quedaba tiempo para preocuparnos de los demás. En un entorno laboral como aquel, todo el mundo estaba tan desbordado que perdía la empatía y se volvía insensible.

Aquel trabajo también nos volvía irritables. Pasar tantas noches en vela y trabajando a destajo merma la capacidad de controlar las emociones. Yo mismo tuve dos discusiones fuertes con sendos compañeros. El primero era un tipo que cada vez que trabajaba conmigo se tomaba las cosas con demasiada calma. Encima era muy malhablado y tenía una actitud muy negativa, se creía con derecho a aprovecharse de los demás. El segundo era aún peor: me endosaba las tareas difíciles y se reservaba las fáciles. Lo hacía constantemente y llegó a un punto en el que ni siquiera se molestaba en disimular. Una vez estuve muy cerca de pegarle. Me pilló en un momento en el que me habría peleado con cualquiera, pero con él habría sido perfecto. Sin embargo, las peleas eran causa de despido. Aunque ocurrieran fuera, si la empresa se enteraba, te echaban. Así que menos mal que me contuve.

La verdad es que en nuestro equipo éramos relativamente tolerantes con los vagos. A fin de cuentas, todos compartíamos una carga de trabajo y unos ingresos de por sí injustos. Nos bastaba con que no entorpecieran a los demás. Además, por lo general, los vagos solían tener mejor carácter; quizá porque en el fondo se sentían culpables de serlo.

Nuestro sueldo se calculaba de la siguiente forma: cada una de las cincuenta y pocas personas que conformábamos el equipo obtenía una calificación (A, B o C) en función de su desempeño a lo largo del mes. Las diez personas con el mejor desempeño obtenían una A. Las que habían cometido alguna falta grave, como perder un envío o clasificarlo mal, faltar al trabajo o desobedecer instrucciones, obtenían una C. El resto, una B. Los trabajadores calificados con una A recibían una mensualidad de algo más de 5.000 yuanes. A los que tenían una B les pagaban unos 4.700, y a los que tenían una C, unos 4.300. Estas cantidades podían variar ligeramente en función de la cantidad de envíos que procesáramos, pero son una buena referencia.

Una C era una penalización, así que, mientras no cometiéramos errores, no íbamos a recibirla. Todo el mundo contaba con obtener o bien una A o bien una B. Había gente a la que le preocupaba mucho el tema, por ejemplo, el segundo compañero con el que discutí. Cada vez que no recibía una A, iba a pedirle explicaciones al coordinador para presionarlo. Por lo general, el resto de mis compañeros adoptaban una actitud de pasiva resignación. Aunque se quejaran de vez en cuando, nunca hacían nada por destacar. En su mayoría, no estaban dispuestos a esforzarse de más o pensaban que hacerlo no garantizaba nada, así que se conformaban con cumplir con lo justo y no arriesgarse a llevarse una C. El primer compañero con el que discutí hacía eso.

Se suponía que la referencia que tomaban los coordinadores para calificarnos era el número de envíos que procesábamos. Sin embargo, en la práctica eso no era un buen baremo, pues cada uno de nosotros trabajaba en puestos diferentes haciendo cosas diferentes. Muchas veces aquella cifra era un pretexto que los coordinadores usaban bien para motivarnos, bien para sacársenos de encima. Los factores que realmente se tomaban en cuenta eran dos: por un lado, la necesidad de otorgar una A de forma periódica a todos los miembros de un equipo, a fin de apaciguar y armonizar los ánimos; por otro, la intención de motivar a aquellas personas con mayor capacidad de trabajo y mejor disposición.

Yo trabajaba con mucho empeño y me llevaba bien con todo el mundo. Bueno, menos con dos personas, pero eran muy impopulares y verme discutir con ellos fue una satisfacción para muchos. Lo cierto es que yo era la persona más amable y tranquila del equipo. En un día decía «gracias» más veces que todos mis compañeros juntos.

En los diez meses que trabajé en D. Express, recuerdo que me calificaron con una A unas cinco veces, lo cual no está nada mal. Está claro que el mes de mi renuncia no iba a recibir una A. Los dos primeros meses tampoco, pues concederla a un recién llegado minaba la moral de los veteranos (al fin y al cabo, una A era un recurso escaso y todo el mundo la codiciaba), y el coordinador tampoco estaba seguro de que fueras a quedarte. Otorgarle una A a alguien que terminaba yéndose era desperdiciarla. Los coordinadores estaban obligados a maximizar su valor. Teniendo en cuenta todo esto, queda claro lo mucho que me apreciaba el mío.

Cada mes celebrábamos una votación para premiar al mejor trabajador. Al principio era secreta. Los tres primeros meses quedé primero en dos ocasiones, en la otra quedé segundo. Al advertir aquella tendencia, el gerente modificó las normas para evitar que el premio recayera siempre en los mismos. Los lotes que gané contenían principalmente productos de higiene diaria. Una vez me dieron un secador, pero, como no podía darle uso porque llevaba el pelo corto, se lo regalé a un compañero.

En el parque logístico había varias empresas de subcontratación. Cuando las plataformas de comercio electrónico celebraban algún evento, el volumen de envíos crecía hasta tal punto que necesitábamos operarios temporales. Estos operarios trabajaban bien, pero a su ritmo. Cada día los mandaban a sitios diferentes a hacer cosas diferentes, así que no estaban tan entrenados como nosotros. Además, cobraban por jornada sin que los clasificaran con A, B o C, y carecían de motivos para esforzarse más de la cuenta. Nosotros agradecíamos su presencia, pero a la vez la detestábamos. La agradecíamos porque aliviaban nuestra carga de trabajo y la detestábamos porque verlos trabajar podía ser desquiciante. Además, eran intocables. Sus servicios andaban muy solicitados en el parque logístico, así que tenían la sartén por el mango. Si D. Express hacía algo para disgustarlos, su empresa podía negarse a colaborar con nosotros y en los picos de trabajo no habría más remedio que ofrecer más dinero para convencerlos.

Entre nosotros solíamos bromear diciendo: «Con lo vago que eres, ¿por qué no te haces operario temporal?». Algunos daban el paso. El principal aliciente era la libertad, porque podían trabajar tantos días al mes como quisieran. Sin embargo, D. Express era una empresa de referencia en su sector que además cotizaba en bolsa, así que operaba de forma más seria y ajustada a las leyes. Por ejemplo, te daba de alta en la seguridad social y siempre pagaba con puntualidad. Cada cual debía sopesar los pros y los contras.

La logística dista de ser una industria de alto riesgo, pero aun así ha muerto gente en un patio de clasificación. El nuestro empleaba a varios cientos de personas, y, con la constante rotación de personal, se convertían en miles al cabo del año. Era inevitable que algunas vinieran con problemas de salud latentes que la fatiga exacerbaba hasta acabar con su vida. Durante el tiempo que trabajé allí, murió un mozo de carga. El deceso se atribuyó al sobreesfuerzo: cargó dos camiones enteros en una noche; luego se fue a casa, se acostó y ya no volvió a levantarse.

Justo antes de la Fiesta de la Primavera* de 2018, nuestro departamento creó un grupo de WeChat con cuatrocientas o quinientas personas. La víspera del nuevo año, como manda la costumbre, los coordinadores y gerentes de cada equipo empezaron a repartir sobres rojos con distintas cantidades de dinero a modo de bonificación. Pasé la noche acostado en la cama aceptando sobres virtuales y gozando de la atmósfera festiva. Nunca había estado en un grupo con tanta gente. Todo el mundo participaba compartiendo fotos de sus lugares de origen, intercambiando buenos deseos y chascarrillos y mandando los típicos emoticonos que circulan por esas fechas.

De vez en cuando, mi teléfono se congelaba unos segundos y luego aparecían diez notificaciones de golpe. Era mucho más entretenido que la tradicional gala de primavera de la Televisión Central de China. En vista de que la

---

* Así es como llaman los chinos a la celebración de su Año Nuevo, que empieza entre finales de enero y principios de febrero, con la segunda luna nueva después del solsticio de invierno.

atmósfera del Año Nuevo se debilita año tras año, tengo que decir que pasé una noche entrañable como pocas. Me quedaron bastantes sobres por abrir, no sé si fue cosa de mi móvil o de mi conexión. Conseguí apenas una docena de yuanes. Luego los envié de vuelta al grupo, la felicidad no se compra con dinero.

No recuerdo si antes o después de las fiestas, el gerente de nuestro equipo nos invitó a comer en un restaurante de *hot pot*. Me refiero a un gerente nuevo, porque el anterior había pedido el traslado. Este nuevo gerente había comenzado desde abajo en otro departamento y, como recién llegado al equipo, quería ganarse el favor de los demás empleados. Además de varios coordinadores y un adjunto, también invitó a cuatro operarios, yo entre ellos. El mensaje era claro: me veía como coordinador en potencia.

Más tarde, cuando yo ya había decidido dejar el trabajo, me enteré de que D. Express iba a abrir un centro de transferencia de carga en Baiyun, un distrito de la ciudad de Cantón, y que el gerente tenía pensado recomendarme para que fuera a trabajar allí. Nuestro parque logístico estaba en Shunde, que pertenecía a la ciudad de Foshan, pero Cantón quedaba muy cerca. Su nueva estación de ferrocarril estaba a media hora en coche, bastante menos tiempo del que se tardaba en llegar al centro de Foshan.

Imagino que, si hubiera seguido en la empresa, a estas alturas sería como mínimo gerente en potencia y me pasaría el día tirándome de los pelos y gritando al personal. Sin embargo, yo había oído que trabajar de noche aumentaba el riesgo de padecer alzhéimer. Como ya tenía cierta edad, aquel asunto me preocupaba. De hecho, había empezado a notar que mi cerebro no funcionaba del todo bien: estaba perdiendo reflejos y mi memoria comenzaba a debilitarse.

A fin de frenar mi declive mental, empecé a comer frutos secos. Me daba igual si servían o no. Por su precio, comía principalmente nueces, cacahuetes y pipas de calabaza. En Shizhou era fácil encontrar cacahuetes y pipas de calabaza de muchas clases; de media costaban menos de veinte yuanes el kilo, así que terminé probándolas todas. Las nueces también costaban todas lo mismo, pero solo había una variedad de cáscara semidura. No eran como las que comía de pequeño, capaces de deformar la bisagra de una puerta; tampoco como las de Xinjiang que venden por internet, cuya cáscara es tan fina que puedes quebrarla con los dedos. Estaban en un punto intermedio. Las aplastaba contra el suelo para abrirlas, sacaba los cotiledones y me los comía. Pero en el fondo sabía perfectamente que las nueces no iban a prevenir el alzhéimer.

En marzo de 2018 dejé mi trabajo en D. Express y me mudé a Pekín. No lo hice por trabajo, sino por amor. Todavía hoy me alegro mucho de haber tomado esa decisión, pues mi novia Juneau y yo seguimos juntos y nos va muy bien.

Nos conocimos allá por 2011, en un foro literario de internet. Durante mucho tiempo todas nuestras conversaciones tuvieron lugar dentro del foro, nunca en mensajes privados, pero en algún momento de 2017, no recuerdo por qué motivo, empezamos a hablar por WeChat. Por aquel entonces ella atravesaba un periodo bastante malo y yo tampoco estaba en mi mejor momento. Cuando dos personas que han perdido la ilusión se encuentran, saben entenderse y apoyarse. Cuando llegó la Fiesta de la Primavera de 2018, aproveché los pocos días de vacaciones que tenía para ir a Pekín a conocerla en persona.

Tan pronto como volví a Shunde presenté mi renuncia. Mi contrato me obligaba a dar un preaviso de un mes antes de finalizar la relación laboral, pero era la temporada baja del sector y apenas había trabajo; además, como siempre pasaba después de las fiestas, había un flujo constante de nuevos trabajadores. Gracias a todo eso pude marcharme al cabo de unos quince días.

No dediqué mucho tiempo a pensar en qué trabajaría al llegar a Pekín. Tenía claro que algo encontraría, pues no soy quisquilloso y estoy dispuesto a trabajar duro. Además, a Juneau nunca le ha importado que gane poco; en todo el tiempo que llevamos juntos, jamás me ha puesto pegas por cuestiones de dinero. Tenemos visiones bastante parecidas de la vida y de la escritura, y esa sintonía me hace confiar en el futuro. Ya sea en la pobreza o en la riqueza, lo importante es remar juntos, cuidarse y no dejar de apoyarse mutuamente.

Al poco de llegar a Pekín encontré trabajo en S. Express, esta vez de repartidor, y pude volver a trabajar de día. Repartir es muy duro, pero no exige trasnochar y se gana más. Nunca debí aceptar el turno de noche. Debería haberme hecho repartidor diurno desde el principio, pero como sufro de cierta ansiedad social tenía miedo de que se me hiciese muy cuesta arriba tratar con tantos clientes a diario. Sin embargo, enseguida descubrí que era perfectamente capaz.

En el momento en que escribo estas líneas, como quien quiere la cosa, llevo ya más de tres años en Pekín. Acabo de presentar mi renuncia en S. Express y pronto dejaré la ciudad. Cuando pienso en cómo era cuando trabajaba para D. Express me doy cuenta de que en algunas cosas he cambiado mucho, pero de que en otras sigo siendo el mismo. Por ejemplo, ya no tengo tantas ganas de discutir como antes, ni mucho menos de pegarme con nadie, pero sigo comiendo nueces, cacahuetes y pipas de calabaza.

Capítulo II
Repartidor en Pekín

1. La entrevista

El día de mi entrevista de trabajo en S. Express fue también el tercero que pasaba en Pekín. El primero y el segundo los había dedicado a instalarme. Aquella mañana, después de levantarme, presenté varias solicitudes a través de la web de anuncios clasificados 58.com. Era el 20 de marzo de 2018. Antes de la hora de almorzar, sonó mi teléfono. Era una mujer. Lo primero que me dijo fue que no llamaba de parte de ningún empleador, sino de una agencia de colocación subsidiaria de 58.com. Al principio pensé que quería venderme algo, pero luego me di cuenta de que su trabajo consistía en conectar empresas y candidatos. Me dijo que había visto mi perfil y que creía que era un buen candidato para una vacante en la empresa S. Express; que aquella misma tarde, si la tenía yo libre, podía ir al área de Yizhuang, en el sudeste de la ciudad, a la dirección que ella me enviaría, para hacer una entrevista. Acepté sin dudarlo un segundo. En mi caso, no valía la pena perder mucho tiempo buscando, mis posibilidades de encontrar un empleo mejor que aquel eran muy bajas. S. Express superaba con creces mis expectativas.

Antes de salir para Yizhuang recibí otra llamada: otra mujer quería saber si estaría interesado en trabajar para D. Express. Yo le conté que había dejado la empresa hacía apenas seis días y que el gerente me había avisado de que, en caso de querer reincorporarme, tendría que esperar tres meses; lo que no sabía era si aquella restricción perdía su validez al cambiar de ciudad. La mujer no supo qué responderme. El currículum que subí a la web indicaba la fecha en que había dejado de trabajar para D. Express, pero supongo que no se lo leyó con atención. Después de dudar unos instantes, me dijo que lo preguntaría y volvería a llamarme. Por supuesto, nunca lo hizo.

A día de hoy sigo sin saber a qué departamento de S. Express pertenecía el edificio de Yizhuang donde hice la entrevista, pues nunca tuve que volver. Situado en un polígono industrial rodeado de naves enormes, presentaba un aspecto bastante ruinoso, y saltaba a la vista que allí se realizaba trabajo manual. Lo raro era que dentro no había ni un alma. Recuerdo estar de pie en una sala, rodeado de una docena de candidatos más, escuchando a un director.

Creo recordar que no había sillas, o puede que nos diera vergüenza sentarnos estando él de pie. No me quedó claro qué clase de director era, pero fue el único que nos atendió durante todo el proceso. Hablaba en un tono muy cercano, como si estuviéramos charlando. Nos contó que él también había empezado como repartidor, pero ahora se dedicaba a la gestión de personal. Supongo que buscaba transmitirnos que, como nosotros, él también era de clase trabajadora y, con ello, insinuar que allí podríamos tener un futuro con amplias perspectivas de crecimiento.

Entre el corrillo que formamos a su alrededor para escucharlo y la forma en que él levantaba la voz para asegurarse de que todos lo oyéramos bien, parecía un guía turístico explicando monumentos. De hecho, su trabajo no distaba mucho del de un guía. Nos dijo que la famosa cifra de diez mil yuanes al mes tan citada en las redes llevaba a la gente a pensar que los repartidores ganaban muchísimo, pero que solo una minoría alcanzaba esa cantidad. Un recién llegado, sin experiencia, no tenía manera de conseguir ese sueldo. Eso sí, añadió enseguida que la empresa garantizaba un sueldo mínimo de cinco mil yuanes.

A continuación, nos dijo que en la industria de la paquetería urgente se trabajaban muchas horas, que el trato con los clientes podía ser difícil, que estabas expuesto a las inclemencias del tiempo, que muchos pensaban que repartir sería un trabajo fácil, pero que llegado el momento descubrían que no podían con ello... Sin duda, lo que le preocupaba no era que fuéramos incapaces de cumplir con el trabajo, sino que lo dejáramos a los dos días. Si iba a ser así, prefería que nos fuéramos ya. Probablemente fuera eso lo que intentaba provocar. Sin embargo, yo no había ido allí con la esperanza de ganar diez mil yuanes al mes con un trabajo fácil, y creo que los demás tampoco: al menos, cuando terminó de hablar, nadie se marchó decepcionado ni hizo ninguna pregunta. Comprobar que ninguno de nosotros tenía grandes expectativas complació al director, que nos entregó una pila de formularios para que los rellenáramos. Cuando terminamos, nos pidió que eligiéramos el punto de distribución de la empresa que nos quedara más cerca para personarnos. El procedimiento fue sencillo: a medida que él iba leyendo los nombres de los puntos de distribución con puestos vacantes, nosotros levantábamos la mano para que nos apuntara. El primer lugar que mencionó no me sonaba de nada. La verdad es que, en aquel momento, el 99 por ciento de los lugares de Pekín me resultaban desconocidos, así que era normal. Pero yo, preocupado, pensé: «¿Qué voy a hacer si termina de leer sin que yo haya reconocido ninguno?». Entonces le oí decir: «Liyuan», que justo era la zona a la que acababa de mudarme. Pekín es tan sumamente grande que no pude evitar tomarme aquella coincidencia como una señal del destino, así que levanté la mano para que apuntara mi nombre.

En cuanto me dio el teléfono y la dirección de la sucursal de Liyuan, abrí la aplicación Amap para ubicarla. Estaba muy cerca de mi apartamento, a apenas veinte minutos andando. Como aún era temprano, pensé que no tenía sentido perder el día. De inmediato, llamé al responsable de la sucursal, un director cuyo apellido empezaba por ele, para avisarle de que me iba a pasar a verlo. Fui demasiado optimista:

si bien el tráfico había sido fluido por la mañana al ir a Yizhuang, al regresar topé con la hora punta. Pekín me dio mi primera lección. Al cabo de dos horas, aún en el autobús, tuve que volver a llamar al director para decirle que no iba a poder llegar antes de la hora de cierre y que ya nos veríamos al día siguiente por la mañana.

El marzo pekinés sigue siendo muy frío, con temperaturas medias diez grados más bajas que las de la ciudad sureña de la que yo provengo. Al día siguiente, de buena mañana, fui al complejo residencial* del tramo sur de la avenida Yunjing en el que se encontraba el punto de distribución de Yunjing. El despacho del director L. se hallaba en el segundo piso. Antes de entrar en el edificio, vi que estaba rodeado de puntos de distribución de otras empresas como D. Express y JD.com. Con tanto camión yendo y viniendo, el pavimento estaba hecho polvo.

Además del de Yunjing, el director L. estaba a cargo de otros tres puntos de distribución cercanos. Cuando nos conocimos, descubrí que tenía preguntas que hacerme. Supongo que aquello fue la entrevista oficial. El director era un hombre de unos cuarenta años que usaba gafas de montura fina y siempre hablaba con una sonrisa educada. Debí de pillarlo desocupado, porque se puso a hablar conmigo de cualquier cosa. Sin embargo, yo no iba mentalizado para una conversación de tú a tú, así que me limité a responder lo que me preguntaba sin añadir una palabra de más. Me preguntó de dónde era y se lo dije. Luego me

---

* Pekín, una enorme metrópolis que comprende áreas urbanas y rurales, se divide en dieciséis distritos que incluyen barrios, villas e incluso cantones de minorías étnicas. Dentro de cualquiera de estas divisiones, lo que se conoce como «comunidad residencial» sigue siendo una entidad muy grande que a su vez se divide en complejos residenciales. Un complejo residencial consiste en un conjunto de edificios de viviendas (bloques o incluso torres) construidos sobre una misma área planificada con accesos, espacios, infraestructuras y servicios comunes.

preguntó cuánto tiempo llevaba en Pekín y le contesté que aquel era mi cuarto día en la ciudad. Entonces me preguntó por qué quería ser repartidor. Yo no tenía claro que quisiera serlo; si hubiera contado con opciones mejores, las habría aprovechado. Pero supuse que no quería oír esa respuesta y tampoco me atrevía a darla. Entonces cometí un error: debí haberle dicho que siempre había sentido afinidad por S. Express; querer trabajar en una empresa que te gusta tiene todo el sentido del mundo, con eso habría valido. Sin embargo, con los nervios, le dije que vivía cerca de allí y buscaba trabajo en la zona; lo cual no dejaba de ser verdad, pero no la verdad completa: de entre todos los trabajos a los que podía optar, el de repartidor era uno de los mejor pagados. Mi respuesta transmitía cierta desgana, como si mi presencia allí fuera fruto de la casualidad y no de una decisión consciente.

Efectivamente, mi respuesta lo hizo recelar. Empezó a tantearme de forma sutil: por qué había querido venir a Pekín, cuánto tiempo pensaba quedarme..., cosas así. Luego me preguntó por mi familia: que si cuántos años tenían mis padres, que si tenía hijos... Consciente de lo que le preocupaba, a partir de ahí medí mis palabras y me aseguré de responder únicamente lo que creía que él quería escuchar. Me dijo que aquel trabajo no era tan maravilloso como yo creía. Yo le contesté que no esperaba que lo fuera. Me dijo que hacer entregas urgentes era muy sacrificado. Yo le contesté que no me importaba, que venía de hacer un trabajo aún más duro. La conversación me estaba resultando muy incómoda. Yo sabía lo que él estaba pensando: tenía miedo de que fuera a dejar el trabajo a los cuatro días de empezar. Imagino que le pasaba con mucha gente y que eso le causaba muchos dolores de cabeza.

Cuando se enteró de que no tenía hijos y de que mis padres tampoco dependían de mí porque tenían seguro médico y pensión, se puso en guardia. Yo no me esperaba en absoluto aquella reacción. Estaba claro que el hecho de que yo no cargara con demasiadas responsabilidades le suponía un problema, pues me predisponía a dejar el trabajo a la más mínima insatisfacción, en lugar de callar y tragar.

Por lo demás, también creo que mis formas le parecieron demasiado refinadas en comparación con las de los otros candidatos. Aunque él también era una persona correcta y educada, descubrí que prefería contratar a gente más tosca, gente con poca autoestima. Más adelante, ya trabajando, tuve ocasión de comprobar que tenerla era un problema.

Hoy, con la perspectiva que da el tiempo, entiendo su actitud y cómo me trató. Es posible que, estando en su lugar, yo hubiera tenido que actuar de la misma forma para hacer bien mi trabajo. Intentó disuadirme, pero de forma sutil. Al fin y al cabo, los dos éramos personas educadas. Y más importante aún: el día anterior yo había ido hasta Yizhuang a buscar trabajo y luego ellos me habían mandado allí. Si no me aceptaba, tendría que darme una explicación convincente. Por eso prefería que yo desistiera de forma voluntaria. Pero no lo hice. Al final, casi a regañadientes, claudicó y me dijo que fuera al día siguiente al punto de distribución de Linhe, que quedaba cerca, para empezar mi periodo de prueba.

2. Periodo de prueba e incorporación

El punto de distribución de Linhe se llamaba así porque originalmente había estado en ese barrio. Más tarde, cuando las autoridades clausuraron el local por no pasar la inspección de sistemas contra incendios, la empresa lo reubicó en el patio trasero de un edificio de oficinas, cerca de la estación de metro de Liyuan, pero mantuvo el nombre.

Todo esto me lo contó Xiao Gao,[*] el repartidor que me guiaba durante mi periodo de prueba. Puede decirse que fue mi mentor, aunque era mucho más joven que yo, un chaval del nordeste nacido en 1995. Su zona de reparto estaba a la altura de la intersección del tramo central de la calle Liyuan y el tramo este de la avenida Yuqiao. Abarcaba tres complejos residenciales: Xingfu Yiju, Yuanquanyuan y Yuqiao Este. Los tres se encontraban prácticamente unidos, aunque delimitados por vallas de alambre.

Lo primero que me dijo Xiao Gao en cuanto me subí a su motocarro era que tenía dos de estos. Cuando el primero se le averió, lo dejó en casa y se agenció el otro.

—Fulanito lleva casi diez años trabajando en la empresa y aún sigue conduciendo el mismo motocarro con el que empezó; yo ya tengo dos —se jactó, orgulloso.

A mí aquel comentario me resultó un poco extraño, pues hablaba como si los vehículos fueran de su propiedad. Con el tal Fulanito tuve poco trato, por eso no recuerdo su nombre. Nunca le pregunté los años que llevaba

---

* Literalmente, «pequeño Gao». En chino, anteponer Xiao (que significa «pequeño») al nombre o al apellido de alguien de menor edad denota cercanía.

43

en la empresa, pero es verdad que su motocarro, un modelo muy antiguo, era diferente a los del resto.

En aquel momento, yo aún ignoraba que Xiao Gao reñía a diario con los del punto de distribución por haberse apropiado de un segundo vehículo sin permiso. Presumía de usarlo hasta para ir a hacer la compra con su novia. Claramente, lo veía como un beneficio que le concedía la empresa.

En S. Express el periodo de prueba duraba tres días y tampoco estaba remunerado. Decían que no era trabajar, que solo tenías que observar y aprender, pero la realidad era otra. Al fin y al cabo, ¿quién va a tener el cuajo de quedarse mirando lo que hace el compañero sin mover un dedo? Xiao Gao y yo cooperábamos: después de aparcar en el edificio que fuera, cada uno se ocupaba de una escalera. Xiao Gao se conocía al dedillo los tres complejos de los que era responsable y me decía en qué apartamentos habría gente en casa y en cuáles no; a qué personas podías dejarles los envíos en el vestíbulo, en un mueble zapatero o en el armario de los contadores... No me pareció un trabajo difícil. Mi sensación fue que, con un mínimo de memoria y tiempo para familiarizarse con los sitios, mi eficiencia aumentaría de forma progresiva.

La tarde del tercer día fui al hospital afiliado a la Segunda Oficina de Ingeniería de Construcción de China, que estaba muy cerca de nuestro punto de distribución, para hacerme la revisión médica. Para mi sorpresa, me dijeron que el informe tardaba tres días. De haberlo sabido, habría ido antes de empezar el periodo de prueba. Ahora me veía obligado a descansar.

Al día siguiente, Xiao Gao me llamó para pedirme que fuera a ayudarlo a repartir. Según dijo, le habían dado demasiados paquetes y no iba a poder entregarlos solo. A mí me pareció bien, me lo tomé como una oportunidad para seguir familiarizándome con la zona de reparto. Al terminar la ronda, Xiao Gao me llevó al mercado de Liyuan Este y me invitó a comer en un puesto de comida de Chengdu. Como me había hecho venir a trabajar gratis, acepté su ofrecimiento sin protestar.

El equipo de Xiao Gao estaba compuesto por seis repartidores. Sus cinco compañeros eran responsables de tres complejos llamados Binjiang Dijing, Jingyi Tianlang Jiayuan y Meiran Baidu Cheng. Por la mañana manejaban muchos envíos y apenas tenían tiempo libre, pero por la tarde iban relativamente desahogados, así que cada mediodía se reunían a la entrada de Binjiang Dijing a charlar mientras esperaban el segundo cargamento de envíos. Ese día, un chico que estaba a cargo de la zona sur de Binjiang Dijing y que había entrado a trabajar en la empresa hacía poco, como yo, me dijo:

—No hace falta esperar tres días para que te den el informe médico, por cincuenta yuanes más te lo tienen a la mañana siguiente.

—Pero si le pregunté a la enfermera si había forma de agilizarlo y me dijo que no —repliqué.

—Lo alargan a propósito para poder cobrar más. Tienes que ofrecerle el dinero tú, ella no puede pedírtelo, es ilegal.

Dijo que lo había vivido en carne propia, así que no desconfié; a fin de cuentas, no ganaba nada mintiéndome. Pero, al mismo tiempo, tampoco quería dudar de la enfermera que me había atendido; ella también parecía una persona seria.

Al final de la jornada, Xiao Gao me pidió que volviera a ayudarlo al día siguiente. Le dije que sí enseguida.

La mañana siguiente estuve repartiendo con él hasta mediodía. Por la tarde fui al hospital a recoger mi informe y lo llevé al punto de distribución de Linhe para entregárselo al supervisor, cuyo apellido empezaba por zeta. Se mostró muy poco amable y parco en palabras. No respondió a la mayoría de las preguntas que le hice; de hecho, apenas me miró. Me hizo sentir como un niño de primaria que aguanta la reprimenda de su maestro a pesar de no haber hecho nada malo.

Después de las entrevistas, los tres días de prueba y los tres días que había tardado mi informe médico, ya estábamos a 27 de marzo.

El supervisor Z. me pidió que me sentara y se puso a teclear algo en el ordenador de su escritorio, no sé si tendría que ver con lo mío o no. Al cabo de un buen rato, me dijo que el cupo de nuevas incorporaciones de marzo estaba completo y que no podría empezar a trabajar hasta el 2 de abril como muy pronto. En ese momento pensé: «¿Ahora que ya he pasado el periodo de prueba y la revisión médica, me dices que el cupo está completo?». Aunque fuera el procedimiento habitual, me pareció una falta de respeto. ¿Por qué ponían anuncios si no necesitaban gente? Encima me lo soltó sin el menor tono de disculpa; al contrario, su expresión más bien decía: «Es lo que hay, lo tomas o lo dejas».

A la mañana siguiente, Xiao Gao volvió a llamarme. Me contó que la empresa le había reclamado el motocarro que se había agenciado sin permiso y que el suyo seguía averiado, y me pidió que lo lleváramos juntos al taller. Cuando me encontré con él, lo noté muy alterado, como si acabara de discutir con alguien. Ahí empecé a darme cuenta de que era el tipo de persona que va por libre, pasa de las normas y no para de meterse en fregados.

Nos subimos al motocarro sano y remolcamos el averiado hasta un taller de la calle Linhe que tenía una entrada minúscula. Xiao Gao se fue a repartir y me dejó allí esperando. Recuerdo estar sentado, muerto de aburrimiento, mirando a mi alrededor. El suelo de cemento, muy castigado, era de color negro y brillaba porque estaba cubierto de grasa. Había piezas de repuesto amontonadas por todas partes (puede que para el dueño del taller estuvieran ordenadas). También recuerdo que vinieron dos clientes. El primero venía a recoger la batería que había encargado y el dueño le cobró seiscientos o setecientos yuanes, menos de lo que yo esperaba. El segundo cliente era un hombre de mediana edad que también estaba interesado en comprar una batería, pero que al final se fue con las manos vacías. Es curioso que recuerde esas conversaciones, pero no el motivo por el que me tenían esperando.

En retrospectiva, me doy cuenta de que era innecesario quedarse a esperar. El caso es que al final no pudieron reparar el motocarro. Después de pasar un buen rato toqueteándolo, el mecánico me dijo que le faltaban piezas o quizá herramientas, no estoy seguro. Así pues, ya a mediodía, remolcamos el motocarro hasta el mercado de Liyuan Este, donde había un taller de reparación más grande. El negocio marchaba muy bien, había que esperar turno para que te atendieran. Nos dio tiempo para ir a almorzar y al volver aún tuvimos que esperar un poco más. Al final resultó que en un taller grande como aquel tampoco eran capaces de reparar el motocarro. Creo recordar que los motocarros eléctricos de la marca Zonsen que usaban en S. Express tenían alguna pieza que no era universal y había que pedir los recambios al fabricante.

A eso de las cuatro o cinco de la tarde, quedó claro que el motocarro se iba a quedar como estaba. En ese momento, Xiao Gao seguía repartiendo y no tenía tiempo; cuando le conté la situación, me pidió que empujara el motocarro desde el mercado hasta el punto de distribución. Tardé casi una hora.

Después de aquello aún trabajé gratis dos días más. Xiao Gao parecía depender mucho de mí: me pedía que fuera a ayudarlo cada día. Puede que, como yo era mayor que él, pensara que podía confiar en mí. También puede ser que no se llevara bien con sus compañeros de equipo y prefiriera la ayuda de alguien de fuera.

Para ser más eficientes, empezamos a movernos por separado: yo metía mis envíos en un saco, me lo echaba a la espalda y entraba en los complejos con una bicicleta pública. Mientras tanto, él repartía por su lado. Cuando acabábamos, nos reencontrábamos.

Como Xiao Gao me pedía ayuda a diario, di por hecho que, al terminar los trámites de mi incorporación, me asignarían a su equipo. Procuré familiarizarme con su zona de reparto y congeniar con los demás miembros del equipo, pensando que me sería útil en el futuro, pero no fue así: el periodo de prueba se hacía en puestos aleatorios, al final no me asignaron a su equipo.

Uno de sus compañeros era bastante peculiar. Al enterarse de mi situación, me dijo: «Bueno, tómatelo como un servicio voluntario». Este señor era el líder del equipo. Aquí debo aclarar que lo de líder era un cargo oficioso, sin ningún tipo de retribución. Generalmente lo asumía la persona que llevara más tiempo en el equipo, y su cometido era coordinar el trabajo de los miembros y servir de enlace con la dirección. Si la gente accedía a desempeñar el papel de líder era porque, al llevar más tiempo trabajando, habían podido quedarse con los mejores complejos; así que, bien eran los que más ganaban, bien eran los que menos esfuerzo tenían que hacer, o bien habían encontrado un equilibrio entre ambas cosas.

Aquel señor que me dijo lo del servicio voluntario me contó que, cuando él empezó en la empresa, también trabajó una docena de días gratis, porque nadie le advirtió de que tenía que cumplir con los trámites de incorporación y porque él tampoco tuvo la iniciativa de preguntar al supervisor. Ni siquiera sabía que, sin estar dado de alta, no se podía cobrar.

Otro día me estuvo contando lo mucho que admiraba al señor W., el CEO de S. Express. Cada año, por la Fiesta de la Primavera, la empresa seleccionaba a los cien mejores trabajadores de entre los cuatrocientos mil que tenía repartidos por todo el país y les pagaba el avión para ir a conocerlo a la fiesta que celebraba la sede central. Se moría de ganas de que lo eligieran. Lo contaba con tanta pasión y sinceridad que no supe qué decirle. No parecía caerles demasiado bien a sus compañeros de equipo, así que procuré evitarlo a partir de aquello.

Movido por mi conciencia proletaria, cuando Xiao Gao me escribió por la mañana pidiéndome que fuera a echarle una mano una vez más, le respondí que tenía muchas cosas pendientes y que en el futuro ya no iba a poder ayudarlo. Pasé dos días en casa: hice la compra, cociné y limpié. La mañana del tercer día, 2 de abril, fui al punto de distribución de Linhe a recoger el formulario firmado por el supervisor Z. A la una, fui a llevarlo al punto de distribución de Yunjing, pero el despacho del director L. estaba vacío. En la puerta había un aviso que decía: «Los trámites de incorporación se procesarán a partir de las dos de la tarde».

Como vi que al lado había una sala de reuniones con la puerta abierta, entré y me senté a esperar. Poco a poco fueron llegando más personas, todas para hacer los trámites de incorporación. Primero nos mirábamos de reojo con curiosidad, luego cada uno se ponía a mirar el móvil y nadie decía una palabra.

A eso de las tres de la tarde, quizá pasadas, apareció el director L. conversando animadamente con dos administrativas. Venían de comer. Una de las administrativas, que estaba a cargo de la contabilidad, era también la que tramitaba las incorporaciones. Venía riéndose, pero en cuanto nos vio se puso seria de golpe. Ni siquiera intentó disimular el desprecio que sentía por nosotros.

Cuando llegó mi turno y le entregué los papeles, no encontraba mi nombre en el ordenador. Resultó que el supervisor Z. se había limitado a entregarme el formulario de incorporación, sin introducir mi solicitud en el sistema. La contable me dijo que volviera a hablar con él, pero al devolverme los papeles se fijó de pasada en mi informe médico y vio que uno de los parámetros, mi «recuento de neutrófilos», estaba ligeramente por encima del rango normal.

—No podemos contratarte —me dijo impasible mientras lo señalaba—, no has pasado el examen físico.

En cuanto salí de allí, me fui directo al hospital. La unidad de revisiones médicas estaba en un edificio aparte, detrás del de consultas externas. Entré con el informe en la mano y fui directo a hablar con el médico de guardia.

—¿Por qué me han puesto que soy apto si uno de los parámetros de mi análisis de sangre no es normal?

El doctor cogió el informe para echarle un vistazo.

—¿Por esta tontería no lo admiten en S. Express?

Cuando le dije que así era, añadió:

—Pero si este parámetro no tiene la menor importancia... Cualquier persona sana puede tener una pequeña inflamación local que lo altere, pero al cabo de unos días vuelve a la normalidad. Es ridículo que no quieran contratarlo por esto.

Meneando la cabeza, repitió: «Es ridículo» un par de veces más. No sé si porque realmente se lo parecía o porque quería apaciguar mi enfado. Entonces le dije:

—Ya que no tiene importancia, cámbiemelo.

—Uy, no; no puedo —respondió él enseguida—, va contra las normas.

—¿Y qué hago yo ahora?

—Otro análisis.

Repetir el análisis costaba dinero, así que le pregunté:

—¿Qué pasa si me lo hago y el resultado sigue siendo el mismo?

—No se preocupe —dijo rápidamente—. Le garantizo que no será así.

Su respuesta me dejó descolocado. ¿Cómo podía garantizarlo? ¿Y si seguía inflamado? Sin embargo, al final seguí su consejo: a la mañana siguiente fui a hacerme otro análisis de sangre. No tenía otra opción.

Después volví al punto de distribución de Linhe. El supervisor Z. no estaba, así que le pedí a la única administrativa presente que me incluyera en el cupo de nuevas incorporaciones.

Los resultados de mi segundo análisis estuvieron listos esa misma tarde: efectivamente, todo estaba en orden. Aquello demostró que los informes no tenían por qué tardar tres días: de todas las pruebas que te hacían, la única que no proporcionaba los resultados de inmediato era el análisis de sangre. Y, aun en el caso de que la extracción fuera por la tarde, los resultados estaban al día siguiente.

Tener que repetir el análisis de sangre me costó cincuenta y pico yuanes más. Quizá el repartidor joven que me advirtió tenía razón: aquel hospital no era de fiar.

La mañana del 4 de abril fui al despacho del director L. por tercera vez, pero la contable de gesto agrio se había pedido el día, así que no hubo forma de tramitar mi incorporación. El director L. me dijo que volviera al día siguiente.

En aquella época, recién llegado a Pekín y sin haber comenzado a trabajar de forma oficial, tenía mucho tiempo libre, así que todas las noches escribía unas pocas líneas a modo de diario. Solo anotaba las cosas que hacía, no mis pensamientos; así que ahora, al releer la entrada de aquel día, soy incapaz de saber qué pasó por mi cabeza.

No acostumbro a desoír las instrucciones que me dan, pero aquel día lo hice. En lugar de esperar al día siguiente, como el director L. me dijo, me fui al punto de distribución de Linhe a hablar con el supervisor Z. Supongo que ya no me fiaba del director.

Los dos puntos de distribución estaban bastante cerca, así que fui andando; apenas tardé media hora en llegar. Cuando hablé con el supervisor, me dijo que, si me corría prisa, podía ir a la sede central de la empresa. Esta se encontraba en el parque logístico del aeropuerto, a más de treinta kilómetros de Liyuan, por lo que me fui para allá inmediatamente. Llegué ya entrada la tarde. Todos los miembros del departamento de recursos humanos de la central eran jóvenes y muy agradables, y me atendieron con mucha amabilidad. Por supuesto, también tenían un nivel de estudios más alto que la gente de los puntos de distribución. Fue allí donde sentí por primera vez que S. Express era una empresa moderna. Cuando me preguntaron por qué había ido hasta allí para tramitar mi ingreso, les dije que la contable del punto de distribución de Liyuan no había ido a trabajar ese día. Alguien murmuró: «Otra vez...». Al parecer tenía la costumbre de ausentarse. Luego descubrieron que no les había enviado la fotocopia de mi documento de identidad, lo cual les impedía procesar mi solicitud.

Me puse en contacto con ella de inmediato:

—No puede ser —me dijo desde el otro lado de la línea—, recuerdo perfectamente haberla enviado.

Todo el mundo se puso a investigar. Al rato, descubrieron que la había enviado al buzón de no sé qué empleado en lugar de al sitio que tocaba. Enseguida saqué el carnet de identidad de la cartera para que hicieran una nueva fotocopia, pero me avisaron de que se enviaba a la policía para cotejar los datos, con lo que el proceso se alargaría un día más. El día siguiente, viernes, era el Día de los Difuntos. Sumando aquella festividad al fin de semana, iba a tener que esperar tres días más.

Durante todo el camino a casa, no dejé de preguntarme si todos los problemas que estaba encontrando se debían a la mala suerte o más bien a que alguien me los estaba creando de forma deliberada. El enfado que sentía en aquel momento me inducía a pensar que el director L. se dedicaba a ponerme zancadillas. Sin embargo, aunque hubiera sido así, yo llevaba ya medio mes tramitando mi incorporación en S. Express, sin buscar trabajo en ningún otro sitio. Había pagado una revisión médica. Había trabajado siete u ocho días gratis. No podía desistir, al menos no sin haber recuperado el dinero que había invertido.

En ese momento me llamó Xiao Gao. Se había enterado de que mi incorporación seguía en el aire y quería convencerme para que no la completara. Según dijo, tenía que ir a su ciudad natal a solucionar un asunto, pero no sabía cuánto tiempo le llevaría y la empresa solo daba tres días de permiso para asuntos personales. Quería que, durante su ausencia, trabajara por él usando su código de empleado, el dinero me lo daría luego. También quería que, a su regreso, los dos usáramos su código de empleado: él pediría hacerse cargo de dos complejos residenciales más que serían para mí.

Evidentemente, rechacé aquella propuesta tan poco fiable. En el punto de distribución había gente que funcionaba de esa manera, pero todos tenían vehículo propio. Yo no lo tenía, aquel segundo motocarro que Xiao Gao se había agenciado ya no estaba en su poder. Ni siquiera se le había pasado por la cabeza.

Tras el puente, la tarde del lunes 8 de abril volví a presentarme en el despacho del segundo piso del punto de distribución de Yunjing. Como de costumbre, el director L. y las administrativas no volvieron de comer hasta después de las tres. Aquel día yo era el único que esperaba para tramitar su incorporación. Una vez más, la contable me dijo que no sé qué cupo estaba lleno, pero luego añadió que podía entrar en no sé qué otro, lo cual implicaba que tenía que esperar un día más.

Advirtiendo la impaciencia que empezaba a dibujarse en su rostro, no me atreví a preguntarle de qué cupos hablaba. Más tarde supe lo que quería decir: el cupo de trabajadores a tiempo completo estaba lleno, por lo que de momento solo podía ser admitido como trabajador por horas y esperar a que hubiera nuevas vacantes para la jornada completa.

Los trabajadores por horas no tenían sueldo base ni otras prestaciones y la empresa no los aseguraba. Por lo general solo se encargaban de entregar envíos, no de recogerlos. Ganaban 2,2 yuanes por entrega (frente a los 1,6 que ganaban los empleados a tiempo completo). Además, en los paquetes que superasen un kilo de peso, recibían un plus de 0,2 yuanes por cada kilo adicional. Ciertos envíos, como los artículos de televenta por los que había que cobrar al cliente, tenían una comisión adicional.

Como mi formulario de ingreso ya no era válido, a primera hora del día siguiente tuve que volver al punto de distribución de Linhe para hablar con el supervisor Z. Para mi sorpresa, no lo encontré. Me dijeron que estaba en el punto de distribución de Yunjing y que no regresaría hasta el mediodía. Cansado de esperar, me fui corriendo hacia Yunjing. Sin embargo, una vez allí me encontré con que la puerta del despacho del director L. estaba cerrada con llave. El encargado del almacén me dijo que nunca llegaba tan temprano. Frustrado por la impotencia, me fui a casa y me senté a esperar. A las once volví y por fin pude hablar con el director. Lo primero que me dijo en cuanto me vio fue:

—¿Qué haces aquí? Vete a Linhe y espérame.

Yo pensé: «Si no llevaras dos semanas mareándome, no sería tan insistente».

Por la tarde, el supervisor Z. por fin me dio el formulario de ingreso para empleados por horas. La contable se había ausentado de nuevo, pero yo ya estaba acostumbrado; es más, no me apetecía tratar con ella. Volví a hacer el trayecto de dos horas hasta la sede central de la empresa y allí completé al fin los trámites de incorporación.

Me tocó esperar turno detrás de un hombre bastante gordo, calculo que pesaría unos noventa kilos. Había dejado el trabajo por una temporada y ahora quería reincorporarse. Cuando el del mostrador echó un vistazo a su informe médico, le dijo inmediatamente que tenía los lípidos disparados. Luego, levantando una ceja, añadió:

—Estos meses te has hinchado a comer, ¿eh?

Todas las personas de su alrededor se echaron a reír y el hombre, rojo como un tomate, no supo qué responder. Entonces, un señor que tenía al lado le dijo:

—Pídele a un amigo que se haga la revisión por ti, no pasa nada.

El hombre del mostrador lo oyó perfectamente, pero ni se inmutó. No le señaló con firmeza: «Estaría cometiendo un fraude», ni nada por el estilo.

3. De aquí para allá

El punto de distribución de Linhe contaba con más de sesenta repartidores distribuidos en una docena de equipos. Al principio yo no tenía motocarro propio: los trámites de mi incorporación se habían alargado tanto que, para cuando terminó el proceso, ya se habían asignado todos los disponibles. A otro hombre que entró a trabajar el mismo día sí le dieron uno, pero eso fue porque un compañero, paisano suyo, se había encargado de que se lo reservaran. Como yo no conocía a nadie en la empresa, me convertí en el tercer trabajador del punto de distribución sin vehículo propio. Los otros dos se habían incorporado unos días antes que yo y tenían equipo asignado; yo no tenía ni eso, porque todos estaban completos.

Así pues, durante los primeros quince días, lo primero que hacía cada mañana al llegar al trabajo era dirigirme al supervisor Z., que llevaba la coordinación. Si alguien estaba de baja o se había pedido el día libre, me asignaba temporalmente a su equipo; si no faltaba nadie, me endosaba en uno al azar. Aquella situación dificultaba mi trabajo y me restaba eficiencia. Si hubiera tenido vehículo propio, habría podido manejarme, pero sin él constituía una carga, me asignaran al equipo al que me asignasen. Teniendo que repartir a pie, era imposible hacerlo tan rápido como mis compañeros. Algunos bultos eran relativamente grandes y no podía cargar con todos a la vez, así debía pedirles que los entregaran por mí. Además, como cada día me enviaban a un sitio diferente, no había manera de familiarizarme con ninguno para ser más eficaz. Amap no proporcionaba la numeración de los edificios de algunos complejos, y eso me obligaba a ir preguntando a la gente, que no siempre me daba indicaciones fiables. En otros complejos, aunque la aplicación sí aportaba la numeración, yo demoraba más de la cuenta porque no marcaba muchos de los atajos y accesos secundarios que había, y mis compañeros no podían enseñármelos todos. Al fin y al cabo, les echaba una mano un día y desaparecía al siguiente; para ellos, enseñarme era una pérdida de tiempo. Muchas veces me llevaban de un edificio a otro en su motocarro, pero entonces yo no trabajaba de manera independiente y les servía de muy poca ayuda. Además, no estaba allí de aprendiz, es decir, no era mano de obra gratuita: los paquetes que repartíamos juntos me pertenecían, era yo quien cobraba la tarifa por entrega. Teniendo en cuenta todo esto, sumado al hecho de que el supervisor Z. los obligaba a cargar conmigo, no cuesta imaginar su actitud.

De vez en cuando pasaba lo contrario. Por ejemplo, había un equipo bastante peculiar formado por solo dos personas. Se encargaban de un área tan pequeña que, de haber metido a una tercera, ninguna habría ganado suficiente para comer. Lo que no sé es por qué no les cedían parte de las zonas vecinas, a fin de añadir más repartidores. Como no era así, los dos únicos miembros del equipo tenían que encadenar jornadas interminables sin apenas descansar. A la que faltaba uno, el otro tenía que trabajar el doble, lo cual era inasumible, pero a veces inevitable. Recuerdo que, en una ocasión, uno de ellos sufrió una infección grave en las uñas y estuvo varios días sin poder trabajar. Cuando acudí a prestar ayuda, su compañero se mostró encantado de verme y me trató de maravilla.

Durante el periodo en que me tuvieron yendo de aquí para allá trabajé prácticamente en todas las zonas de reparto que cubría el punto de distribución: hasta el complejo Jinyu 7090 de la comunidad de Qiaozhuang en el este y hasta el edificio 25 del barrio de Jiukeshu, al lado de la gasolinera Sinopec, en el oeste; hasta el complejo Xinqiao Jiayuan de la comunidad de Tuqiao en el sur y hasta la avenida Yunhe en el norte. Más tarde, un compañero al que llamábamos Fei Ge* me tomó bajo su protección. A diferencia de a los demás repartidores, no le importaba compartir su cuota de reparto conmigo, así que durante un tiempo salimos a repartir juntos en su motocarro todos los días.

Fei Ge me contó que había empezado a trabajar muy joven. Primero fue peón de obras públicas, y excavó túneles en las montañas; luego se dedicó a criar todo tipo animales. Recuerdo que, al mencionarme los burros, le pregunté si criar caballos era difícil y cuánto dinero se necesitaba. Me respondió con gesto desdeñoso que los caballos no daban dinero, aunque más tarde me reconoció que con sus burros tampoco había ganado nada.

Una vez, al ver un palomar en un balcón, me contó que también había criado palomas. Según dijo, las palomas de carreras costaban varios miles de yuanes, incluso decenas de miles si eran de buen linaje. Poco a poco me fui dando cuenta de que sentía verdadera fascinación por la cría de animales, aunque puede que no hubiera superado la pérdida de sus inversiones anteriores y abrigara la esperanza de volver a intentarlo.

Yo trabajaba muy a gusto con él, pero apenas ganábamos dinero. Fei Ge era el tipo de persona que se dedica a pasar los días sin el menor deseo de progresar. En abril, cuando los cedros** de la ciudad empezaron a echar brotes, me llevaba a recogerlos por todas partes. Curiosamente, aunque en casi todos los complejos residenciales de Liyuan había cedros, sus brotes seguían vendiéndose en los merca-

---

* Literalmente, «hermano mayor Fei». En chino, añadir un término de parentesco al nombre o al apellido de alguien con quien no se tienen lazos familiares es otra forma de denotar cercanía.
** Se refiere al cedro chino (*Toona sinensis*), cuyos brotes y hojas tiernas no solo son comestibles, sino que además se usan en preparados de medicina tradicional.

dos a más de veinte yuanes el kilo. Fei Ge tenía mucha labia. Una vez vimos a un matrimonio mayor cortando brotes con una hoz atada a un palo y él se acercó a charlar con ellos. Después de apenas un par de frases, tuvo el descaro de pedirles que le regalaran unos cuantos brotes y ellos accedieron encantados. Los puñados que conseguía de esta manera no satisfacían su apetito ni de lejos, así que, cada vez que topábamos con un cedro que a sus ojos merecía la pena, lo trepaba y se ponía a arrancar todos los brotes que podía.

Aunque Fei Ge llevaba ya medio año en S. Express, seguía trabajando por horas igual que yo, habilitado solo para hacer entregas y no recogidas. Los otros cuatro integrantes de su equipo, incluidos dos que entraron después que él, eran todos repartidores a tiempo completo, pero Fei Ge no mostraba muchas ganas de serlo: decía que trabajando por horas se sentía más libre.

Durante la Fiesta de la Primavera, ante la escasez de repartidores dispuestos a quedarse en Pekín, la empresa había subido la tarifa de los trabajadores por horas a tres yuanes por entrega a modo de incentivo. Gracias a eso, aquellas fiestas Fei Ge había ganado incluso más dinero que un empleado a tiempo completo. Lo contaba muy satisfecho, afianzado en su determinación de no cambiar su estatus.

Un día, en horario de trabajo, me llevó a ver el mercado de flores, pájaros, peces e insectos de Qiaozhuang, en el área metropolitana de la ciudad. Acababa de llover y hacía un poco de fresco. Nuestro destino resultó ser un gran descampado lleno de barro y charcos con varias torres de alta tensión erigidas en la lejanía. El llamado mercado de flores, pájaros, peces e insectos se reducía a unas pocas hileras de barracas con algunos puestos al aire libre al lado. Quizá porque no era un día festivo, estaba prácticamente desierto.

Fei Ge conocía bien el lugar. Primero me llevó a visitar unos puestos que vendían plantas en macetas. Se interesó por unos plantones de flores y parecía que iba a comprarlos, pero no consiguió que el vendedor le hiciera la rebaja que él quería. Luego me llevó a ver los puestos de perros y gatos, convencido de que me harían más gracia; le daba reparo haberme arrastrado hasta allí para dedicarse solo a sus asuntos. Al final encontró una tienda que vendía tortugas y se puso otra vez a regatear.

Las tortugas estaban expuestas en cajas a la entrada de la tienda, y el vendedor, un señor de unos cincuenta años, no atendía con demasiado entusiasmo. Fei Ge tenía una tortuga caimán adulta en casa y había venido a buscarle una compañera, aunque eso me lo contó después, y en aquel momento yo ni lo sospechaba. De repente estiró el brazo, agarró por la cola un enorme ejemplar que pesaría ocho o nueve kilos, lo levantó, le dio la vuelta y me enseñó a sexarla mirándole la cloaca. La tortuga presentaba un aspecto bastante fiero: piel rugosa, caparazón con pinchos y un pico tan cruel y afilado como el de un águila. Sin embargo, era muy dócil; no opuso resistencia alguna. El hombre se limitó a observarnos sin decir ni pío. No trató de vendérnosla ni nos gritó aquello de «¡Si no vais a comprarla, no la toquéis!», como yo me temía.

Ni se me ocurrió pensar que Fei Ge acabaría comprándola. Tampoco sabía nada sobre tortugas caimán, ni siquiera que las había falsas y auténticas. Hoy, al recordar la imagen de Fei Ge sujetando al animal por la cola, puedo afirmar que se trataba de una tortuga mordedora común. Fei Ge estuvo un rato haciendo preguntas con un desinterés tan bien fingido que hasta yo me lo creí. Es posible que aquel tipo de tortuga tuviera poca salida, porque al final el vendedor, con cara de enorme disgusto, accedió a vendérsela por la cantidad que él le ofreció. Después, cargando con la tortuga en su caja, Fei Ge me llevó de vuelta a los puestos de las macetas. Aunque ya nos habíamos marchado una vez, el dueño se mantuvo firme en el mismo precio, así que nos fuimos sin comprarle nada.

Tan pronto como me familiaricé con su área de reparto, Fei Ge se volvió aún más vago que antes. Cada mediodía se iba a su casa y me dejaba solo haciendo las entregas de la tarde. La verdad es que la eficiencia de los dos repartiendo juntos en el mismo motocarro no era mucho mayor que la de uno solo, así que Fei Ge prefirió ganar menos y descansar más; total, él, de por sí, nunca había sido especialmente trabajador. Debo decir que siempre se portó muy bien conmigo. Es cierto que no inspiraba mucha confianza, porque era muy exagerado al hablar y un poco fanfarrón, pero no tenía una gota de malicia. Jamás me la jugó ni intentó aprovecharse de mí.

Su interés por las plantas y los animales no solo era económico, sino que le gustaban de verdad. Una vez, mientras repartíamos en el patio de una vieja residencia, de repente señaló un agujero en la pared y me dijo:

—Ahí vive una colonia de gatos callejeros.

Entonces paró el motor del motocarro, se bajó y se puso a maullar con la intención de atraerlos.

Por desgracia, al poco tiempo me asignaron a otro equipo y dejé de verlo tan a menudo. Más tarde cambié de trabajo y ahí sí que perdimos el contacto. Ya ni siquiera chateamos por WeChat. Eso sí, todavía sigue reenviándome anuncios de S. Express cada dos por tres, lo cual demuestra que aún ronda por la empresa.

Al cabo de otras dos semanas conseguí por fin mi propio motocarro. Tuve que recogerlo a más de treinta kilómetros en el distrito de Shunyi. Me hicieron ir a un sitio llamado Tianlong Auto Parts City, que estaba a la altura del sexto anillo de circunvalación de la ciudad. Encontré mucho tráfico, pero ni un solo peatón. En realidad, Tianlong Auto Parts City había cerrado hacía tiempo, pero la parada de autobús de enfrente seguía llamándose así. S. Express tenía alquilado el solar para almacenar vehículos de reparto descartados. Cuando alcé la vista no vi más que hilera tras hilera de vehículos apiñados; como poco habría varios centenares de motocarros y motocicletas, la mayoría en condiciones tan malas que apenas conservaban su forma original.

Me atendieron tres chicos jóvenes que resultaron ser mecánicos. Dos de ellos parecían menores de edad y el otro tampoco sería mucho mayor. Los tres vestían chaleco y pantalón corto e iban bastante sucios. Uno de ellos, señalando un grupo de motocarros que había a su lado, me dijo:

—Todos esos están reparados, elige el que quieras.

El estado de los vehículos era deplorable, no se salvaba ni uno: exhibían puertas que cerraban mal, techos agujereados por los que se filtraba el sol y, por tanto, la lluvia... Además, estaban muy sucios, como si no los hubieran lavado nunca. Los destrozos de las carrocerías eran aún más chocantes. Uno de los motocarros tenía las ruedas traseras de diferente diámetro, de modo que el chasis quedaba inclinado. El mero hecho de que pudieran moverse ya suponía un milagro, lo cual despertó mi admiración por el talento de aquel trío de jóvenes mecánicos.

Fei Ge había recibido un vehículo nuevo al entrar a trabajar. Aunque llevaba medio año conduciéndolo, lo mantenía en mucho mejor estado que cualquiera de los que ahora yo tenía delante. Acostumbrado a usar el motocarro de Fei Ge, tener que conformarme con una de aquellas tartanas era una decepción. Normalmente, soy el primero en querer alargar al máximo la vida útil de las cosas; supongo que iba con demasiadas expectativas y por eso me llevé un buen chasco.

Elegí un motocarro a la fuerza, sintiéndome como el que escoge la galleta menos sucia del montón que se ha caído al suelo. El chico le instaló las baterías, le quitó el cepo y me entregó la llave. Solo entonces me di cuenta de que no usaba baterías de litio, sino de plomo-ácido, que son muy pesadas; juntas, las dos que necesitaba aquel motocarro pasaban de los treinta kilos. Yo vivía en un sexto piso sin ascensor y, desde entonces, cada noche tenía que subirlas para cargarlas y cada mañana volver a bajarlas.

Por la tarde fui al punto de distribución, donde inmediatamente me enviaron a la comunidad residencial de Tuqiao a echar una mano. Una vez allí, cuando estaba repartiendo en el complejo de Xinqiao Jiayuan, intenté dar marcha atrás y las tres ruedas del motocarro dejaron de moverse. Tuve que empujarlo hasta un taller que había enfrente del centro comercial Huayuan Haotiandi, a unos trescientos metros. Llevaba el motocarro lleno hasta los topes y la carretera estaba en pendiente, así que llegué chorreando de sudor.

El dueño del taller era un hombre con enanismo que también hacía de mecánico.

—El regulador está roto, hay que cambiarlo —anunció con seguridad.

Así pues, antes de ganar un solo céntimo con mi motocarro, tuve que pagar ciento cincuenta yuanes por su reparación. Más tarde, al contárselo a mis compañeros, me dijeron:

—Te ha timado, seguro que solo era un fallo de conexión.

La verdad es que, cuando el mecánico me dijo que el regulador estaba roto, yo también pensé: «Si hubiera sido un mero fallo de conexión, ¿me lo habría arreglado por diez yuanes o me habría dicho de todos modos que el regulador estaba roto para cobrarme ciento cincuenta?». Pero, como ya me lo había cambiado, decidí confiar en él. Después de todo, cabía la posibilidad de que fuera una persona honrada.

Aquella noche, al dejar aparcado el motocarro al lado de mi edificio por primera vez, sentí un gran alivio. Mi trabajo iba cobrando estabilidad.

4. Asignación de equipo

Poco después de recibir mi motocarro me asignaron a un equipo de forma definitiva. Nuestra área de reparto era Yirui Este, una comunidad residencial al sur de la estación de metro de Tuqiao. Yo tenía a mi cargo dos complejos llamados Gaoloujin y Xincheng Leju, y parte del parque Universal Studios, que por aquel entonces aún se estaba construyendo. El recinto de la obra era enorme: según leí en internet, tenía una extensión de unos cuatro kilómetros cuadrados. Estaba completamente cerrado, pero había más de veinte accesos repartidos alrededor de su perímetro. Yo solo era responsable del número tres, que estaba justo frente a la entrada de Xincheng Leju.

El acceso número tres recibía pocos paquetes, apenas una docena al día, pero no era nada fácil entregarlos. Como no se me permitía entrar en la obra, debía quedarme fuera esperando a que salieran los destinatarios (no había casilleros exprés y los guardas de seguridad no se hacían responsables de ningún bulto). La obra estaba dividida en múltiples secciones, cada una pertenecía a una constructora diferente y los guardas correspondientes no formaban parte de un mismo sistema. Muchos destinatarios no tenían coche, así que venían andando y aparecían, de media, al cabo de veinte minutos largos, a menudo arrastrando los pies, o al menos eso me parecía.

Había gente realmente ocupada que no podía dejar sus tareas. Por ejemplo, a un operador de grúa torre le encantaban las compras online. Muchas veces, cuando lo llamaba, me decía que estaba trabajando a gran altura y que no podía bajar, que volviera al día siguiente; al día siguiente volvía a pillarlo atareado y él volvía a pedirme que regresara al siguiente. Cada entrega requería múltiples viajes, pero con todo y con eso su afición por las compras nunca decayó.

Entrado el verano, aparcaba el motocarro frente al acceso número tres y, en cuestión de minutos, la carrocería se calentaba tanto que quemaba al tacto. Para cuando terminaba de hacer las diez o doce llamadas que tocaban, estaba chorreando de sudor. Solía ir dos veces al día y por lo general tenía que esperar media hora, si no más. Había personas que se hacían de rogar y me obligaban a llamarlas una y otra vez para que salieran. Siempre decían: «¡Estoy llegando, estoy llegando!», pero nunca era verdad, sino una táctica para ganar tiempo. A veces, a la hora de haberme ido alguno me llamaba diciendo: «Ya estoy aquí, ¿por qué no lo veo?».

Mi primera parada del día era el complejo de Gaoloujin. Por la mañana tardaba unos veinte minutos en llegar desde el punto de distribución. Era una urbanización de realojo, la mitad de los residentes eran familias campesinas reubicadas después de que la expansión de la ciudad absorbiera su área de origen. Nada más entrar por la puerta principal, a la derecha, había una pantalla de cinco metros de ancho por tres de alto. Todos los días, cuando entraba con mi motocarro, la encontraba encendida emitiendo el noticiario matinal. Puede que fuera una costumbre heredada de los cines al aire libre de las zonas rurales.

Cuando alguien fallecía, la familia levantaba una carpa de duelo temporal a la entrada del complejo para que los parientes y amigos pudieran ir a presentar sus respetos. Estas carpas solían ser de colores, no blancas y negras como las que yo estaba acostumbrado a ver. Medían unos treinta o cuarenta metros de largo, tres de alto y cuatro de ancho, y consistían en un armazón de hierro desmontable cubierto con lona impermeable. Además, su entrada solía estar rematada por un pórtico ceremonial con pilares y aleros (todos desmontables, claro). La primera vez que vi una pensé que era una de esas carpas promocionales de las marcas de electrodomésticos.

Gaoloujin comprendía dieciséis bloques de apartamentos. Los que iban del uno al siete acogían a las familias reubicadas y el resto se destinaba a inquilinos que podían ser de cualquier parte. En los primeros era bastante fácil hacer las entregas, ya que solía haber personas mayores en casa durante el día; si me encontraba con que habían salido a hacer la compra o lo que fuera, podía dejar el paquete en la puerta o meterlo dentro del armario de los contadores de la electricidad. Allí todos se conocían, así que nadie, ni siquiera un repartidor de correo comercial, se atrevía a acercarse siquiera a un paquete por miedo a levantar la suspicacia de los vecinos.

Por contrapartida, repartir en los bloques que acogían inquilinos era una lotería. La mayoría de los residentes eran jóvenes trabajadores migrantes que compartían piso. Durante el día todos salían a trabajar, así que no quedaba nadie en casa para abrir la puerta. Además, como los vecinos no se conocían entre ellos y había mucho trajín de desconocidos entrando y saliendo, los paquetes se perdían con gran facilidad.

Cuando me destinaron a Gaoloujin, un compañero de mi equipo me dijo que me encargara de las entregas de los edificios ocho a dieciséis y que le dejara a él las de los números uno a siete. Así pues, todos los días tenía que repartir en tres zonas diferentes: la mitad de Gaoloujin, todo Xincheng Leju y el acceso número tres de las obras de Universal Studios. Terminaba completamente exhausto y con un humor de perros.

Poco a poco empecé a amargarme. Descubrí que había complejos fáciles y complejos difíciles y que quedarse con uno fácil implicaba que otro tuviera que cargar con uno difícil. Eso daba pie a una especie de competición entre compañeros en la que solo podía ganar uno: o estabas contento tú o estaba contento él; los dos a la vez no podía ser.

Todo el mundo empezaba repartiendo en los peores complejos. Algunos abandonaban a las pocas semanas, otros se quedaban. Los que resistían tenían la posibilidad de ser asignados a complejos un poco más fáciles y dejarles los difíciles a los recién llegados. En general, los nuevos no solían protestar demasiado, pero poco a poco se iban dando cuenta de lo injusto que era el reparto. Este proceso podía culminar en uno o dos meses, a veces en menos tiempo. Si las cosas no mejoraban lo bastante pronto, tiraban la toalla. Por eso en cada equipo había un 50 por ciento de miembros veteranos empeñados en quedarse con lo que tenía y otro 50 por ciento que no paraba de cambiar.

Yo no quería pelearme con mi compañero de equipo ni enredarme en discusiones desagradables, pero tampoco me gustaba trabajar con una persona que se estaba aprovechando de mí. Si seguía terminando más tarde que los demás y ganando menos, acabaría frustrado y resentido y con el tiempo se me quitarían las ganas de trabajar.

Como ocurre con los peces abisales ciegos o los animales del desierto resistentes a la sed, la clase de persona que soy está determinada en gran medida por el entorno en que me hallo y no por mi supuesta naturaleza. De hecho, yo mismo me daba cuenta de que la situación en el trabajo poco a poco me estaba cambiando: me iba volviendo más impaciente, más irritable y menos responsable. En resumen, aquello me impedía estar a la altura de las exigencias que yo mismo me había impuesto y también me robaba las ganas de hacerlo.

Había momentos en los que esos cambios me ayudaban a aliviar mi insatisfacción. Por ejemplo, una vez le grité a una desconocida como si nada. Lo recuerdo tan vívidamente porque es algo que casi nunca hago.

Normalmente, cuando repartíamos dentro de un complejo, no nos molestábamos en sacar la llave del contacto del motocarro. Repetir aquel gesto cientos de veces al día habría sido una enorme pérdida de tiempo; además, no habría tenido sentido: a ningún vecino se le habría ocurrido robar un vehículo de reparto.

Un día, mientras subía una caja de paquetes por las escaleras de un edificio, me dio por mirar por la ventana y vi a una mujer de mediana edad sentando a un niño pequeño en el asiento del conductor de mi motocarro para que jugara. El niño puso las dos manos en el manillar y empezó a hacer ver que conducía. Consciente de que lo único que los separaba del desastre era un leve giro de manillar, solté la caja y eché a correr escaleras abajo.

Justo por aquella época, uno mis compañeros se olvidó de echar el freno de mano al subir a un edificio y una ráfaga de viento hizo que su motocarro se estrellara contra un coche. Tuvo que pagar mil seiscientos yuanes de indemnización.

No quiero ni imaginar lo que podría haber pasado si aquel niño hubiera girado el acelerador. Podría haber estrellado el motocarro contra el coche que estaba aparcado delante (y yo no habría tenido forma de cargar con el coste de la reparación), podría haber atropellado a alguien o, peor aún, podría haberse caído del asiento y haber muerto aplastado por una de las ruedas traseras. La sola idea me nublaba la vista. Hecho una furia, empecé a abroncar a la mujer, que se limitó a mirarme con sonrisa incómoda. Recuerdo que le dije: «Que un niño no tenga conocimiento tiene un pase, pero ¿y tú que eres mayor?». En realidad, tomé prestada la frase de una película protagonizada por el gran Ge You.

Es muy habitual que un repartidor pague indemnizaciones de su bolsillo. La mayoría de las veces es por haber extraviado algún envío, pero también hay otras causas.

Por ejemplo, una vez, en Gaoloujin, un chico joven que trabajaba para Yunda Express iba a toda velocidad con su motocarro cuando de repente se le cruzó una embarazada. Tuvo que dar tal volantazo para esquivarla que el motocarro volcó y el parabrisas se desprendió y quedó hecho añicos. La mujer salió ilesa del incidente, pero quedó conmocionada y hubo que indemnizarla. Entre eso y los gastos de reparación del motocarro, el chaval acabó pagando cerca de dos mil yuanes de su bolsillo. Dejó el trabajo a raíz de aquello. Aún recuerdo su cara de espanto al decirme que no seguía; no creo que quedara menos conmocionado que la mujer.

La indemnización más cuantiosa y más absurda de la que he tenido noticia tuvo lugar después de un incidente ocurrido en el complejo Fangheng Dongjing, cerca de la calle Linhe. Un repartidor, tratando de encajar a la fuerza un paquete dentro un armario contra incendios, rompió no sé si la tubería o la rosca, el agua empezó a salir a chorros, se coló por el hueco del ascensor y acabó dañando el motor del ascensor. Tuvo que pagar treinta mil yuanes.

En comparación, yo tuve bastante suerte durante los seis meses que trabajé en S. Express. No solo no perdí ningún paquete, sino que tampoco tuve que indemnizar a nadie. Sin embargo, una vez fui a entregarle una caja de fruta a una mujer de Gaoloujin y, cuando llamé al timbre de su apartamento, me gritó desde el interior que dejara el paquete en la puerta. Era una cosa bastante habitual: algunas personas tenían mascotas y necesitaban sujetarlas antes de abrir la puerta; otras, sobre todo mujeres solteras, no se atrevían a abrir la puerta a desconocidos y esperaban a que me fuera para salir. Yo, por supuesto, entendía todo eso, aunque no acababa de creerme que en Gaoloujin pudiera haber alguien que se atreviera a cometer un delito a plena luz del día. El caso es que hice lo que me pidió: dejé el paquete en el suelo y me fui.

Para mi sorpresa, al rato la mujer me llamó y me dijo que no aceptaba el paquete. Yo le expliqué que pedirme que lo dejara en la puerta contaba como aceptarlo, que ya lo había marcado como recibido en el sistema y, una vez que pasaba eso, ya no había forma de cambiarlo.

—No sea usted tan rígido, apenas han pasado dos minutos, ¿cómo no va a haber forma de cambiarlo?

—Le digo que no se puede; ni a los dos minutos ni a los dos segundos —le respondí—. Cuando piense que podría querer rechazar un envío, tiene que inspeccionarlo conmigo delante. Si no, ¿cómo sé que no lo ha manipulado?

Me quedó por decirle que habían pasado veinte minutos y no dos como ella había dicho.

Igualmente, se enrabietó. Empezó a decir que ella no había llegado a tocar el paquete, que cómo podía haber dado por buena la entrega en su nombre antes de que tuviera la oportunidad de comprobar el contenido...

En ese momento me enfadé de verdad. Su mala educación y sus argumentos ilógicos y contradictorios me enfurecieron hasta el punto de que preferí poner de mi bolsillo las decenas de yuanes (no recuerdo la cantidad exacta, pero la caja pesaba un par de kilos) que costaba la devolución antes que perder más tiempo tratando con ella.

Cuando fui a recoger la caja, volvía a estar en el suelo frente a la puerta, pero se notaba que la habían abierto y vuelto a sellar. Durante todo el proceso, no llegué a ver la cara de aquella mujer ni una sola vez, pero me estafó varias decenas de yuanes. Ella, que quería protegerse del mundo exterior, acabó extorsionándome a mí. Ante personas así, uno se queda sin palabras.

En otra ocasión, dejé a un señor de unos sesenta o setenta años esperándome en la calle durante casi tres horas.

Lo peor es que no recuerdo haber sentido ni una pizca de culpa.

Por diversas razones, mucha gente no escribía su dirección completa en la hoja de envío. Eso complicaba mi trabajo. Una vez me encontré con que un destinatario de Gaoloujin no había especificado ni el número del piso ni el de la puerta, solo el del edificio. Cuando lo llamé, unos cinco minutos antes de llegar, me dijo que en realidad no vivía en Gaoloujin, pero que todos los días hacía la compra en su mercado. Añadió que estaba a punto de salir de casa y que podía llegar en media hora, pretendía que yo lo esperara. Yo llevaba el motocarro hasta arriba de bultos, así que no es que no pudiera esperarlo media hora: no podía esperarlo ni cinco minutos. Le pedí que me llamara cuando hubiera llegado, pero después, cuando me puse a repartir, me olvidé de él por completo.

No recibí una sola llamada suya en toda la mañana. Cuando terminé mis entregas matutinas y ya me iba al punto de distribución a recoger las de la tarde, un anciano que estaba al borde de la carretera junto al mercado me hizo señas. Por su pelo completamente blanco y las gafas de culo de botella que llevaba, calculé que tendría como mínimo setenta años. Cuando me acerqué a él, me preguntó:

—Joven, ¿es usted de S. Express?

Le dije que sí enseguida. Para entonces ya había adivinado quién era. Busqué rápidamente su paquete en el motocarro y se lo entregué. Al recibirlo, refunfuñó:

—Llevo aquí media mañana. ¿Por qué no me ha esperado?

Me quedé de piedra. Aquel hombre llevaba casi tres horas allí de pie.

—¿Y usted por qué no me ha llamado? —repliqué.

—¡Su teléfono no daba señal!

Era totalmente creíble: mi tarjeta SIM, de China Unicom, no tenía cobertura en la mayoría de los ascensores y rellanos de los edificios de Gaoloujin.

Por la mañana, cuando lo llamé, yo iba conduciendo. Entre el agobio del tráfico y las prisas, puede que mi tono no fuera el más amable. Además, la gente que no escribía su dirección completa me irritaba: si tanto valoraban su privacidad, que no usaran servicios de mensajería. Dicho esto, no me di cuenta de que el destinatario era un hombre tan mayor.

Le expliqué que hacía muchísimas entregas al día y no podía permitirme esperar a nadie. No estoy seguro de que entendiera bien lo que dije, porque me espetó:

—¡Menudo trato! ¿A usted no le han enseñado que el cliente es Dios?

Me dejó con la boca abierta, pero enseguida reaccioné y me defendí:

—Se supone que Dios solo hay uno, yo tengo que atender a muchos todos los días.

El señor se echó a reír. No estaba enfadado de verdad, solo lo había fingido para gastarme una broma. Resultó tener bastante sentido del humor. Sacudiendo ligeramente el paquete, me susurró:

—Mi mujer no quería que me comprara esto, por eso no podía decirle que me lo trajera a casa.

En S. Express muchos de los envíos eran productos de televenta. Algunos clientes compraban ropa y te hacían esperar mientras se la probaban; luego, si no les gustaba o no les quedaba bien, la rechazaban y tú, después de esperar como un tonto en la puerta, tenías que volver a doblarla y empaquetarla. Naturalmente, no nos pagaban más por hacer eso.

Una vez fui a entregar un hervidor eléctrico y el cliente, después de abrirlo y montarlo, decidió que no lo quería. Me llevó más de media hora volver a encajar todas las piezas en el poliespán. Por experiencias como esta, todos los repartidores detestábamos los productos de televenta.

En otra ocasión me tocó entregar uno de esos productos a una anciana de Gaoloujin que me recibió con mucha amabilidad. Había comprado un robot que hablaba inglés para regalárselo a su nieto y quería abrirlo para probarlo, pero no se aclaraba. Aunque no era parte de mi trabajo, me puse a leer las instrucciones para enseñarle. Enseguida me di cuenta de que tanto el producto como el embalaje y las instrucciones eran de muy mala calidad, probablemente era una de esas imitaciones baratas que abundan en Huaqiangbei.* Como mucho valdría trescientos o cuatrocientos yuanes, pero el albarán indicaba que la señora había pagado más de dos mil. Ella tampoco parecía convencida con su compra, sobre todo porque el robot era mucho más pequeño de lo que parecía en la tele.

Aunque yo también pensaba que aquel producto no valía lo que la señora había pagado, sentí que no me correspondía intervenir, así que le dije:

—En tecnología, más grande no siempre equivale a mejor. A veces, cuanto más pequeño es un aparato, más vale.

Todavía muy indecisa, la señora me pidió que esperara un momento. Entonces sacó el móvil y llamó al servicio de atención al cliente. No le contestaron, pero justo después de que colgara alguien le devolvió la llamada. Como estaba de pie a su lado, vi que el identificador de llamadas decía: ESTAFA COMERCIAL.

Entonces escuché la voz de un agente tratando de convencerla de que pagara y asegurándole que, en caso de que surgiera algún problema después de usarlo, podía volver a llamar y le devolverían el dinero.

Después de colgar, aunque claramente no se había quedado tranquila, al verme empapado de sudor puede que sintiera que me estaba haciendo perder el tiempo y me dijo:

______

* Subdistrito de la ciudad de Shenzhen con una enorme concentración de mercados y tiendas de productos electrónicos, tanto originales como de imitación.

—Bueno, pues se lo pago. Dicen que, si no quedo satisfecha, puedo llamarlos para que me devuelvan el dinero.

De repente, se me hizo un nudo en la garganta; no sé muy bien por qué, porque su situación económica era sin duda mejor que la mía. Pero aquello era más una cuestión de principios que de dinero, aunque a mí personalmente no me habría hecho ninguna gracia malgastar tanto. Por eso, armándome de valor, le dije:

—Una vez que haya pagado, puede que ya no sean tan complacientes.

La señora me miró asombrada, quizá tratando de adivinar mis intenciones. Yo le dije:

—No creo que este robot valga dos mil yuanes.

—Yo tampoco —respondió ella, suspirando—, pero me sabe mal que haya venido hasta aquí por nada.

—No se preocupe, yo solo soy el repartidor, no voy a perder dinero.

En realidad, si se lo hubiera quedado, yo habría recibido una comisión del 0,02 por ciento. Pero eso jamás habría compensado el sentimiento de culpa que habría arrastrado durante años.

La temporada baja del sector de la logística y la mensajería dura hasta principios de otoño. Según el supervisor Z., ese era el momento de «adiestrar a los soldados para ganar la guerra» de la temporada alta. Él era militar retirado. A fin de «adiestrarnos» nos pegaba unos sermones de campeonato. Se notaba que disfrutaba dándolos (hablarnos de forma individual ya no le gustaba tanto). Como su dicción no era la mejor, muchas veces me costaba entenderlo desde la última fila.

Todas las mañanas, después de descargar los bultos de los camiones, aunque todos estábamos deseando cargarlos en los motocarros y salir a repartir, antes teníamos que escuchar su perorata. Se ponía serio y hablaba con mucha solemnidad, pero no decía gran cosa. Día tras día se limitaba a repetir frases como «¡Aquí se hace lo que yo digo!»; «¡Si queréis trabajo, tomáoslo en serio; si no, ya podéis largaros!»; «¡La empresa no necesita a nadie, sois vosotros los que la necesitáis a ella!»; «¡Se os está dando una oportunidad, así que menos humos!»; «¿Acaso alguna vez habéis conseguido un solo cliente por vuestra cuenta? ¡Es la plataforma la que os los asigna!»; «¡No os creáis imprescindibles, puedo sustituiros por el primero que entre por la puerta!». Todas estas lindezas y aun otras más por el estilo que también nos dedicaba tenían como objetivo dejarnos claro que el éxito de la empresa era mérito exclusivo de esta. Nosotros no éramos más que piezas de engranaje susceptibles de ser reemplazadas en cualquier momento. Era evidente que había reciclado la retórica del ejército, solo que cambiando a la madre patria por S. Express.

Como en las reuniones matutinas no se agotaban sus ganas de motivar, dos o tres veces por semana también teníamos reuniones nocturnas. Comenzaban cuando todos habíamos vuelto de repartir, habíamos procesado y cargado en camiones las devoluciones, y habíamos limpiado el local, lo cual solía ser a las nueve y media pasadas. Las reuniones nocturnas duraban mucho más que las matutinas, solían alargarse hasta después de las once de la noche. Los dos primeros meses asistí a todas las reuniones nocturnas, pero me parecían una pérdida de tiempo: no solo me robaban horas de descanso, sino que tenía que aguantar sermones sin ninguna clase de compensación.

Los empleados por horas cobrábamos por bulto entregado y no teníamos prestaciones ni beneficios de ningún tipo, así que la empresa no podía obligarnos a asistir a aquellas reuniones. Evidentemente, el supervisor Z. no lo veía así, pues no paraba de anunciarlas en nuestro grupo de WeChat, lo cual provocaba que yo no me atreviera a faltar.

Pronto descubrí que el fin último de las reuniones nocturnas era imponer disciplina y humillar de forma pública a los que cometían algún error. Recuerdo que una vez, habiendo terminado mi jornada más temprano de lo habitual, me fui primero a casa a cenar. Cuando volví al punto de distribución, la reunión ya había empezado. Desde fuera vi al supervisor Z. pegando gritos a todo el mundo. Había puesto a varios compañeros a hacer flexiones como castigo. Uno de ellos, indignado ante aquel trato, empezó a discutir con él muy acaloradamente. Parecía que fuera a pegarle de un momento a otro. Yo sabía el motivo de su enfado: había perdido un paquete y le habían descontado tres mil yuanes del sueldo.

Si ya iba con el miedo en el cuerpo por llegar tarde, ver aquel panorama terminó de espantarme. Por suerte, nadie de dentro había advertido mi presencia aún. Para no revelarla, en lugar de dar marcha atrás (mi motocarro emitía un aviso sonoro que no se podía apagar), me bajé y lo empujé hacia atrás con sigilo hasta sacarlo del patio del punto de distribución. Cuando llegué a casa, aún me duraba el susto.

Al día siguiente, trasladaron a aquel compañero que se encaró con el supervisor Z. Según dijeron, a un punto de distribución cercano, pero ya no volví a verlo. Después de aquel incidente dejé de asistir a las reuniones nocturnas, y por suerte nunca me descubrieron. Podía soportar que me despidieran, pero no que me humillaran.

Es verdad que, desde un punto de vista objetivo, aquellos métodos servían para que la empresa se librara de las personas más rebeldes e indisciplinadas. Como dejaban el trabajo por iniciativa propia, no había que pagarles ni un céntimo. Los que se quedaban eran más dóciles o, como mínimo, manejables.

5. Baja médica y asignaciones temporales

Siempre había oído cosas muy buenas de S. Express: decían que era «la Haidilao* de las empresas de mensajería». En las reuniones, el supervisor Z. nos insistía en que, después de cada entrega, teníamos que ofrecernos a sacar la basura del cliente. Yo me sentía incapaz de pedirle a nadie que me diera su basura, así que nunca lo hice. Otra cosa era que el cliente lo solicitara por iniciativa propia, entonces no tenía problema, pero solo me pasó una vez. El supervisor Z. también nos exigía que pidiéramos a los clientes que nos dejaran una valoración de cinco estrellas. Llegó a colgar en la pared una tabla con el conteo de valoraciones positivas que recibía cada uno de nosotros. Lo actualizaba a diario y cada noche señalaba a los que quedaban entre los últimos.

Yo eso lo llevaba fatal. Vivía en constante estado de ansiedad. Por un lado me aterraba quedar entre los últimos, pero por otro no me sentía capaz de decirles esas cosas a los clientes. Así pues, cada noche, después del trabajo, cogía el móvil y me ponía a enviar mensajes de texto a los clientes que había atendido durante el día, pidiéndoles que me dejaran una buena valoración. Escogía específicamente a aquellos que habían sido amables conmigo (excluyendo a las personas mayores, porque, aunque quisieran ayudarme, no sabrían manejarse bien con el móvil). Cada noche mandaba entre veinte y treinta mensajes. Siempre me ha resultado más fácil expresarme por escrito que cara a cara.

---

* Cadena de restaurantes de *hot pot*, famosa por su excepcional servicio, donde los comensales que aguardan turno disfrutan de todo tipo de atenciones como masajes de espalda, manicuras o limpieza de zapatos.

Muchas veces los clientes me halagaban en persona rematando el cumplido con esta frase: «El vuestro sí que es un buen servicio, no como el de esas otras empresas de pacotilla». A mí me daba mucho apuro escuchar eso, porque siempre había envidiado a los repartidores de «todas esas empresas de pacotilla». Su labor se limitaba a repartir: no tenían reuniones matutinas ni vespertinas, no tenían que sacar la basura de los clientes ni pedirles valoraciones positivas y tampoco vivían con el temor constante a ser denunciados.

A partir de julio, las temperaturas de Pekín suelen superar los treinta y cinco grados. Mi alojamiento de aquel entonces no tenía aire acondicionado, así que muchas veces me despertaba en mitad de la noche empapado en sudor. Imagino que no dormir bien, sumado a apenas beber agua en horario de trabajo para ir menos veces al baño, fue lo que me hizo caer enfermo. Agarré una especie de resfriado que me duró muchísimo tiempo. Para acabar de arreglarlo, como junio y julio son temporada baja en logística, dos trabajadores veteranos de mi equipo cogieron vacaciones para visitar sus lugares de origen, lo que provocó que durante dos meses seguidos yo no pudiera disfrutar de los días de descanso que me correspondían.

Al principio no le di mucha importancia. Otros años también me había resfriado y se había solucionado a base de ibuprofeno. Sin embargo, esta vez, pasadas dos semanas seguía sin mejorar. Cada mañana, antes de salir a repartir, me tomaba una pastilla y aguantaba como podía, hasta que un mediodía, andando a pleno sol, estuve a punto de desmayarme. Sentía que la cabeza me iba a explotar y los oídos me retumbaban con un zumbido que no sabía de dónde venía.

Esa noche, al llegar a casa, me tomé la temperatura y vi que había subido a 39,7 °C. De inmediato, avisé en el grupo de WeChat de mi equipo de que al día siguiente no podría ir a trabajar. A la mañana siguiente, fui a la clínica de fiebre del hospital Luhe.

Tal vez por el ibuprofeno que me tomé antes de salir de casa, en el hospital la temperatura me marcó 38,8 ºC. La doctora me preguntó cuánto tiempo llevaba resfriado, y le dije que más de medio mes; luego me preguntó si me había puesto el termómetro en casa, y le dije que sí. Cuando me preguntó por la temperatura más alta que había alcanzado, le dije que la noche anterior había llegado a 39,7 ºC, a lo que ella murmuró: «Guau». Luego imprimió una hoja y me dijo que me iban a hacer un TAC.

El diagnóstico fue neumonía vírica. La médica me recetó terapia intravenosa durante una semana y me dijo que volviera para una revisión al terminarla. Sin embargo, yo estaba empleado por horas en S. Express, así que la empresa no me pagaba seguro médico. Iba a tener que pagar cincuenta yuanes cada día que fuera a aquel hospital a que me pusieran el gotero. Me parecía muy mal negocio tener que pagar cada vez. Solo iba a recibir la medicación, no necesitaba que me visitaran ni que me diagnosticaran. Entonces se me ocurrió preguntarle a la médica si la enfermedad se me curaría sola. Ella me miró muy seria, probablemente pensando: «Está usted un poco mayor para preguntar chorradas». Luego me contestó que no.

—Si quiere —añadió con un tono más suave—, le extiendo una receta para que se la administren en una clínica.

¡Claro! Yo solo necesitaba que me enchufaran a un gotero, me daba igual dónde; no tenía sentido que ocupara los recursos de un hospital terciario de clase A.[*] Me puse a buscar en Amap y encontré un hospital comunitario en la calle Qunfang Zhongyi, cerca de donde yo vivía, así que

---

* Los hospitales públicos chinos se clasifican en tres clases (A, B y C) en función de sus capacidades asistenciales, docentes e investigadoras. La clase A representa el grado máximo de excelencia.

cogí una bicicleta pública y me fui para allá. Nadie puede subestimar mi determinación de ahorrar dinero, ni siquiera cuando estoy enfermo.

Tan pronto como entré por la puerta del hospital comunitario vi la sala de perfusiones. A través de la mampara de cristal se traslucía una hilera de ancianos sentados, conectados a los equipos de goteo. Había encontrado el lugar adecuado: allí los tratamientos intravenosos eran el negocio estrella. Sin embargo, después de leer la receta, el médico que me atendió me dijo:

—Esto es un antiinflamatorio, aquí no se lo podemos administrar.

Su respuesta me extrañó. ¿Por qué rechazaba la oportunidad de ganar dinero? Pero no quise indagar en el asunto. Salí, cogí otra bicicleta y, por suerte, encontré otra clínica no muy lejos de allí, en la calle Qunfang Centro Dos. Hasta entonces ni siquiera sabía de su existencia.

No parecía tener mucho éxito, no había enfermeras ni pacientes, sino solo una doctora que también parecía ser la dueña. Después de leer mi receta, pareció dudar. Me preguntó si tenía neumonía, y le dije que sí. Entonces murmuró algo que no alcancé a oír bien, pero no le pedí que lo repitiera; en aquel momento estaba muy débil y no tenía ganas de discutir, solo quería escuchar un sí o un no. Finalmente, aceptó de mala gana.

Entonces fui yo el que dudó. La actitud en aquellas dos clínicas despertó mi desconfianza. ¿Por qué se lo pensaban tanto? ¿Podría ser que el medicamento que me habían recetado conllevara algún riesgo y temieran no tener medios para salvarme en caso de que me pasara algo? Ante esa idea, mi desconfianza se hizo aún mayor. Fue entonces cuando reparé en que aquella clínica era diminuta; su distribución no se adecuaba en nada a la de un hospital; más bien parecía un centro de masajes o de fisioterapia. Había hasta un póster con el mapa de puntos de acupuntura, cosa en la que yo no creo en absoluto, pues confío en la medicina y en los fármacos occidentales. Después de vacilar un instante, me inventé una excusa y volví al hospital Luhe.

Estuve de baja una semana entera. Por la mañana iba al hospital a que me pusieran el gotero y por la tarde dormía en casa. Al octavo día, sintiéndome recuperado por completo, no fui a la cita de seguimiento que me había programado la doctora. Tenía miedo de que quisiera hacerme otro TAC; el primero me había costado más de trescientos yuanes. Más tarde, haciendo cuentas, descubrí que, incluidos los días de trabajo perdidos, la enfermedad me había supuesto una pérdida de más de tres mil yuanes, el equivalente a medio mes de sueldo.

Durante el tiempo que estuve enfermo, el punto de distribución destinó a repartidores de otros equipos para suplirme. Era algo que ocurría de cuando en cuando, y yo mismo tuve que hacerlo en varias ocasiones. Por ejemplo, un día, aquel equipo de solo dos repartidores del que ya he hablado volvió a necesitar ayuda. Eran bastante propensos a necesitarla porque, siendo dos, no tenían margen para cubrirse entre ellos. Aquel repartidor al que transfirieron por negarse a hacer flexiones había sido uno de los dos miembros de aquel equipo, pero para entonces ya lo habían sustituido por un chico nuevo. El caso es que el miembro veterano que quedaba pidió permiso para irse a su pueblo, no sé por qué motivo, y me dijeron que fuera a suplirlo. Yo, por supuesto, acaté la orden sin rechistar, pero lo cierto era que a ninguno de nosotros nos gustaba ir a apoyar a otros equipos. Después de todo, rendíamos más en las zonas con las que estábamos familiarizados. Aunque yo ya había repartido en la de aquel equipo, seguía sin conocerla a fondo.

El nuevo repartidor del equipo se llamaba Xiao Ma. Ya no recuerdo cuántos días estuve ayudando en su equipo, solo sé que la última noche nos peleamos. En realidad la cosa era muy sencilla: yo, al ser trabajador por horas, solo me encargaba de hacer entregas, mientras que él también tenía que hacer recogidas, así que su carga de trabajo era, sin duda, más pesada. Pero yo solo estaba allí como refuerzo, no era del equipo. En mi opinión, cuando terminaba de hacer las entregas del área de reparto que me correspondía, ya podía irme. Xiao Ma, no sé si porque aún no estaba familiarizado con su área de reparto o porque simplemente era lento, cada noche, cuando yo ya había terminado mis entregas, seguía con un montón de paquetes por repartir.

Los primeros días me quedaba a ayudarlo. Aunque para mí hacer más entregas significaba ganar más dinero, al tratarse de complejos que no conocía, como la zona norte de Yuqiao Sur, donde todo eran bloques antiguos de seis pisos, encima de noche, con unas farolas que apenas alumbraban, me costaba distinguir los números de las casas. Trabajar así era agotador y costaba mucho ganar dinero.

Xiao Ma veía el asunto de la siguiente manera: si me habían enviado a su equipo a ayudarlo, yo era su compañero temporal y debía asumir las mismas responsabilidades que él, no limitarme a cumplir con mi parte. Pero para entonces yo estaba quemado y no me esmeraba tanto como al principio. Me habían pasado demasiadas cosas: los trámites de mi incorporación se retrasaron más de medio mes; empecé sin motocarro, por lo que el trabajo me resultaba extenuante y apenas ganaba dinero; me asignaron a un equipo demasiado tarde, lo cual implicó tener que asumir un área de reparto difícil; como trabajador por horas, no me pagaban seguro médico, lo que me obligó a pagar de mi bolsillo mucho más de lo que debería en atención sanitaria... Aquella cadena de infortunios había erosionado mi buena disposición y me impedía coincidir con Xiao Ma. Desde mi punto de vista, el que tenía que responder por su equipo era él. Yo solo estaba allí para echar una mano. Y punto. En cualquier caso, ya me había quedado a ayudarlo unas cuantas veces, no podía seguir haciéndolo de forma indefinida. Quería volver temprano a casa (lo de «temprano» es un decir), y no me apetecía trabajar codo con codo con él hasta las tantas.

La noche del último día, después de ayudarlo a terminar las entregas atrasadas, exploté. Le dije que estaba harto, que no pensaba volver a ayudarlo dijeran lo que dijesen en el punto de distribución. Esa misma noche me pedí el día siguiente libre (en su equipo, si no pedías permiso, nunca descansabas). Antes de que me mandaran a ayudarlo, llevaba casi un mes sin tener un solo día de descanso en mi propio equipo. Así que le dije al supervisor Z. que tenía que atender un asunto personal.

Al librar yo, el punto de distribución no tuvo más remedio que enviar a otra persona a ayudar a Xiao Ma. Esta persona era un recién llegado llamado Xiao Yan, oriundo de Shanxi. Los novatos eran más fáciles de convencer; con los veteranos no había manera. En aquella época Xiao Yan estaba trabajando con Fei Ge, que le había hablado de mí, así que cuando me vio me trató con gran deferencia a pesar de que no habíamos trabajado juntos un solo día. El caso es que el primer día que Xiao Yan fue a prestar apoyo ya hubo problemas. Como era primerizo y no dominaba el oficio, ir a una zona desconocida lo ponía muy nervioso. Para colmo, Xiao Ma, agobiado con lo suyo, ni siquiera se molestó en darle un par de consejos al principio de la jornada, y en consecuencia Xiao Yan no fue capaz ni de encontrar la entrada del complejo que le asignaron. En toda la mañana, apenas logró repartir una docena de paquetes.

A mí no me habían hecho falta los consejos de Xiao Ma, porque había trabajado en su equipo en otras ocasiones y más o menos me acordaba de lo que había que hacer. Además, después de haber pasado por tantos equipos, había acumulado cierta experiencia trabajando en lugares desconocidos, así que al menos no sucumbía al pánico. En cambio, Xiao Yan no sabía ni usar Amap. Se dedicaba a dar vueltas buscando su objetivo con la mirada. Por supuesto, así era imposible encontrar nada; Pekín no es precisamente una llanura.

Aquella tarde, Xiao Ma me llamó para decirme que Xiao Yan no daba la talla y pedirme que fuera a echarle una mano. Yo le dije que estaba ocupado. Después me llamaron del punto de distribución para preguntarme si estaba disponible y les dije que estaba fuera de la ciudad. Para entonces ya tenía el corazón endurecido, llamara quien me llamase, no iba a mover un dedo.

Ignoro cómo resolvieron el problema, porque no pregunté; supuse que buscarían a otra persona, la verdad es que me traía sin cuidado. Después de mi día de descanso, regresé directamente a mi equipo sin dar explicaciones a nadie y sin que nadie me lo recriminara. Está claro que la gente tiende a abusar de los blandos y a temer a los duros.

Xiao Yan dejó el trabajo poco después, probablemente porque no se adaptaba. No estaba muy fino de salud; me contaron que un día llegó a toser sangre. Encima era muy bajito, apenas medía metro y medio, y le costaba bajar los paquetes grandes de la baca. Se volvió a su Shanxi natal y encontró trabajo como administrador de propiedades en Taiyuan, con un sueldo de poco más de mil yuanes. Seguimos en contacto por WeChat; una vez me preguntó si sabía de algún trabajo, porque quería volver a Pekín, pero, como no podía dedicarse a la mensajería, no pude ayudarlo.

6. Temporada alta y cambio de empleo

Al llegar septiembre, la empresa empezó a prepararnos para el inminente comienzo de la temporada alta. Lo primero que hicieron fue organizar una sesión motivacional en el punto de distribución: nos sentamos todos juntos, comimos sandía y bebimos refrescos. El director L. acudió en persona a dirigirla y darnos ánimos. Nos separó en dos grupos, según hubiéramos entrado a trabajar antes o después de la Fiesta de la Primavera de 2018. Cerca de dos tercios de mis compañeros estaban del mismo lado que yo, es decir, la mayoría de los repartidores del punto solo llevábamos trabajando allí unos meses.

Un empleado veterano me dijo en tono de broma que, si bien en temporada baja los jefes nos dirigían látigo en mano, cuando llegara la temporada alta tendrían que suplicarnos de rodillas que saliéramos a repartir. En esas fechas, por más denuncias que nos cayeran, ellos se encargarían de lidiar con todas.

Un par de semanas después, nos juntaron con los repartidores de otros tres puntos de distribución cercanos para cenar en la calle Tongma, en un restaurante de comida casera al estilo de Harbin. Fue una cena espléndida, la mejor que tuve ocasión de disfrutar desde mi llegada a Pekín. Yo siempre había vivido en el sur y no sabía que la comida del nordeste pudiera estar tan buena: bañados en salsas densas y untuosas, aquellos manjares saturados de grasa y azúcar que relucían como el oro reavivaron por completo mi apetito, atenazado desde hacía mucho.

Como suelo ser bastante indiferente con la comida, pocos pueden adivinar lo mucho que me atrae un banquete gratis. Comí sin reservas hasta que el estómago dijo basta, pero los camareros siguieron trayendo platos y más platos, además de cerveza y *erguotou*. Me dolió en el alma, fue como cuando uno va a un bufet caro en un mal día y no puede atiborrarse como es debido. Por desgracia, como empezamos a cenar pasadas las diez de la noche y al día siguiente teníamos que empezar a trabajar a las siete, no pudimos quedarnos más rato para recuperar fuerzas y seguir comiendo. Aquella cena fue lo mejor que me pasó durante el medio año que trabajé en S. Express.

Por aquella época sucedió algo curioso. Un día estaba repartiendo por Gaoloujin cuando de repente recibí una llamada de Fei Ge. Me dijo que quería pasarse a verme, lo cual me pareció muy raro: él trabajaba en Gebutian Sur y yo en aquel momento estaba en Yirui Este, a varios kilómetros de distancia. ¿Por qué querría pasarse a verme? Aunque, tratándose de él, pensé que no tendría ganas de trabajar.

Cuando llegó no me contó que nada anduviera mal. Simplemente se dedicó a charlar conmigo mientras yo repartía. Le pregunté si estaba pensando en transferirse a mi equipo y enseguida me dijo que no, que solo había venido a verme. Luego, aprovechando que yo tenía que subir a un piso, fue a comprarme un refresco, como si aún fuéramos un equipo. Estuvo conmigo más de una hora y luego se marchó, dejándome confundido.

Más tarde me enteré de que lo habían pillado haciendo el vago y habían querido imponerle un castigo ejemplar. En el punto de distribución sabían perfectamente cuánto trabajaba cada uno, porque monitorizaban los datos en tiempo real: no había manera de fingir ser productivo sin serlo. Aunque Fei Ge no estuviera interesado en ganar más dinero, ellos no podían permitirse que ocupara un puesto y unos recursos sin ser eficiente.

Con la temporada alta a la vuelta de la esquina, el punto de distribución estaba tomando medidas contra quienes no rendían. Nuestros superiores le habían ordenado ir a verme trabajar porque, de entre todos los repartidores que trabajaban por horas, era el más productivo. Aquello suponía, claro está, una humillación en toda regla; después de todo, él tenía más antigüedad que yo. Pero ese era el propósito: avergonzarlo para que reaccionara y empezara a esforzarse.

Ante la inminente llegada del Doble Once, el punto de distribución obtuvo permiso para ofertar nuevas plazas de repartidores a tiempo completo. Sin embargo, antes de contratar a nadie de fuera, primero había que regularizar a algunos de los trabajadores por horas. Nos clasificaron según nuestro volumen mensual de entregas, y a los cuatro primeros los obligaron a convertirse en trabajadores a jornada completa.

Yo quedé justo en cuarto lugar, pero para entonces ya no quería ser repartidor a tiempo completo. El único de mi equipo que lo era había dejado la empresa y yo estaba pensando en hacer lo mismo. Nos habían asignado un área de reparto muy mala, y costaba mucho ganar algo de dinero; para colmo no se sabía cuánto tiempo pasaría hasta que pudiéramos cambiarnos a otra mejor. Lo cierto es que yo había empezado a plantearme mi salida de S. Express desde el asunto de la neumonía. Pero, para hacerlo, antes debía encontrar a mi próximo empleador.

Tenía varias opciones sobre la mesa: un repartidor de YTO Express me había contado que ellos, en temporada baja, ganaban más de seis mil yuanes saliendo a las siete y me había animado a probar. También habían contactado conmigo del punto de recogida que Cainiao, la filial logística de Alibaba, tenía en Gaoloujin. Me ofrecían ocuparme de tres edificios. El trabajo era llevadero, te pagaban dos comidas al día y te garantizaban un sueldo mínimo de cinco mil yuanes. La pega era había que cargar el vehículo por la noche y no salías hasta las diez y media pasadas. Entretanto, intentó reclutarme un repartidor de Pinjun Express. Según él, en temporada baja cobraban alrededor de seis mil yuanes y salían bastante temprano. Además, como Pinjun Express, igual que S. Express, era de gestión nacional directa y no una franquicia, daba de alta a sus trabajadores en la seguridad social y siempre pagaba a tiempo.

Pasé un tiempo dándole vueltas y esperando, pero cuando S. Express me obligó a convertirme en trabajador a tiempo completo terminé de decidirme. Una vez que estuviera a jornada completa seguiría teniendo que repartir en Gaoloujin, solo que en el puesto del compañero que se había marchado. Él solía contarme lo mal que lo pasaba, pero yo no me compadecía porque mi situación era igual, si no peor. Desde luego, no tenía ninguna gana de reemplazarlo, pero dejar el trabajo justo en aquel momento era una insensatez.

El supervisor Z. solía decirnos que se necesitan mil días para formar un ejército, pero solo uno para destruirlo. Ese día, en realidad, eran dos: el Doble Once y el Doble Doce,* causantes de los periodos de máxima actividad logística del año

Después de tragarme las arengas del director L., de asistir a aquella cena de encomio a la tropa (y de ponerme las botas), con la guerra a la vista yo solo quería desertar.

Por suerte, relevaron al supervisor Z. de su puesto por aquellas fechas (probablemente porque, bajo su gestión, los datos del punto de distribución eran demasiado malos y la dirección no confiaba en su capacidad de liderar las tropas en la conquista del Doble Once). Poco después

---

* Se refiere al 12 de diciembre, fecha de otro gran evento de comercio electrónico concebido como una extensión del Doble Once, pero con un volumen de ventas bastante menor que aquel.

empezó a trabajar en JD.com. Hoy sigue compartiendo anuncios de esa empresa por WeChat.

El director L. me recibió con gesto de desprecio:

—¿Te vas a ir ahora, justo antes de la época en la que ganáis más?

No es difícil imaginar que aquello confirmaba lo que había pensado de mí desde el principio: que no duraría mucho en S. Express. Tampoco era de extrañar que estuviera disgustado: había decidido irme apenas después de que me notificaran mi paso a empleado a tiempo completo. Al ver su gesto contrariado, no pude evitar sentirme un poco nervioso, como si hubiera vuelto a aquel momento, seis meses atrás, en que acudí a él para solicitar el puesto. Pero entonces él no quería que entrara y ahora no quería que me fuese.

Aun así, yo no estaba a gusto en S. Express. Pregunté con cautela:

—¿Los empleados a tiempo completo pueden elegir área de reparto?

En realidad, yo ya sabía la respuesta: de ninguna manera. Mucha gente acudía a los jefes a pedir cambios. Si se les concedieran a todos, los complejos difíciles se quedarían sin repartidores.

La verdad es que fui bastante hipócrita. Como no quería que pensara que renunciaba solo por eso, me inventé que mis padres eran mayores y necesitaba un trabajo con horario reducido para poder cuidarlos. Al fin y al cabo, en S. Express salía de casa a las seis y pico de la mañana y, si había reunión nocturna, no terminaba hasta pasadas las once. El trabajo me absorbía por completo sin ninguna necesidad. Como mis padres ni siquiera vivían en Pekín, creo que el director L. se dio cuenta de que le estaba mintiendo, pero no quiso ponerme en evidencia. No podía decirle que había encontrado un trabajo nuevo, pues se habría disgustado aún más.

El día que tramité mi renuncia, volví a ver a aquella contable de gesto agrio. Parecía aún más infeliz que seis meses atrás, tal vez por la cantidad de gente que iba y venía como olas que rompen sin descanso contra un acantilado, desgastándola e importunándola. Yo, en cambio, estaba muy contento, porque era la última vez que la vería.

Después de dejar la empresa, el departamento de recursos humanos me mandó un mensaje de despedida. Por supuesto, se enviaba de forma automática: todos los repartidores que se marchaban lo recibían. Además de agradecerte el servicio prestado y lamentar tu partida, te preguntaban si habías encontrado mejores condiciones en otras empresas del sector. En caso de que así fuera, te invitaban a comunicárselo con la promesa de que se esforzarían en igualar o incluso mejorar la oferta.

Yo tenía muy claro que aquello no era más que palabrería, pero la redacción de aquel mensaje estaba tan cuidada (debería haberlo guardado en su momento) que daba la impresión de que S. Express era una empresa que valoraba a sus empleados y se preocupaba por ellos.

Me pregunto si la persona que redactó aquel mensaje seguirá trabajando allí y si en el momento se creía de verdad todo lo que puso.

7. Nuevo trabajo

Aunque no soy de queja fácil ni muy hablador, de vez en cuando me desahogaba criticando a la empresa delante de otros repartidores. Cuando coincidíamos, por ejemplo esperando el ascensor o tomándolo, quejarnos de nuestros respectivos empleadores era algo natural y rutinario. No porque estuviéramos especialmente insatisfechos, sino porque esas quejas servían para romper el hielo, simpatizar y establecer una camaradería de clase basada en el odio hacia un enemigo común. Digamos que, para nosotros, hablar de esas cosas era tan natural como para los pekineses preguntarse «¿Has comido?».[*]

Justo en uno de aquellos intercambios casuales, alguien se enteró de mi descontento con S. Express y me habló de una oportunidad laboral.

La cosa no pudo ir mejor. Claro que yo tampoco soy demasiado exigente. Resumiendo, en septiembre de 2018 dejé S. Express y me fui a trabajar a Pinjun Express. La elegí porque formaba parte —junto a la propia S. Express, D. Express, JD.com y Tmall Delivery, más tarde rebautizada como Daniao— del puñado de empresas de mensajería que operaban bajo un sistema de gestión directa: en la época, eran las únicas que daban de alta en la seguridad social. Después de la neumonía, la cobertura médica no me parecía algo baladí. De haberla tenido en S. Express, me habría ahorrado un dineral. Además, las empresas de men-

---

[*] Hacer esta pregunta al encontrarse con alguien a la hora de alguna comida es una forma de saludar muy común en todo el norte de China, especialmente en zonas rurales.

sajería conocidas colectivamente como «las cinco grandes» (STO Express, YTO Express, ZTO Express, BEST Express y Yunda Express) tenían fama de retrasarse en el pago de los salarios, así que no eran una opción.

Es posible que haya gente a la que no le suene Pinjun Express. Venía a ser como JD Logistics: una empresa de logística vinculada a una plataforma de comercio en línea, en este caso, Vipshop. Aunque ofrecía servicios de mensajería urgente, su actividad principal eran las entregas y devoluciones de Vipshop. El punto de distribución en Liyuan de Pinjun Express estaba en la calle Yunjing Sur, al lado de la entrada del complejo Jinqiao Shidai Huayuan, mucho más cerca de mi casa que mi antiguo punto de distribución de S. Express.

El encargado, mi nuevo jefe, era un joven orondo y sonriente que recordaba al buda de la felicidad. Su apellido empezaba por eme. Fue muy amable conmigo: respondió a todas las preguntas que le hice y me ofreció muchos otros detalles sin necesidad de que yo se los pidiera. La diferencia con lo que pasó el día que conocí al supervisor Z. fue abismal.

El encargado M. también se ofreció a ayudarme a rellenar el formulario de incorporación. En el apartado de «ocupación previa» puso «agricultor», a pesar de que yo estaba registrado como residente urbano[**] y nunca había trabajado en el campo.

—Si ponemos que trabajaste en S. Express, te pedirán que lo acredites —me advirtió.

Completé mis trámites de incorporación en la sede central de la empresa, situada en el parque logístico de la villa de Majuqiao. Seguía perteneciendo al distrito de Tongzhou, pero estaba a veinte kilómetros de Liyuan. Allí

* El sistema de registro de hogares establecido en 1958 agrupa a las personas por familias y las vincula con su lugar de nacimiento, clasificándolas como residentes rurales o urbanos. Estar registrado como un tipo u otro de residente determina la zona del país donde se tiene derecho a vivir legalmente.

recibí un día de formación que consistió sobre todo en explicarnos la cultura de la empresa y su código de conducta. Por la tarde, al acabar, nos hicieron una prueba escrita que aprobamos prácticamente todos.

El proceso de admisión se redujo a eso.

Durante un tiempo, no dejaba de preguntarme cómo era posible que mi ingreso en Pinjun Express hubiera sido tan sencillo, cuando en S. Express todo habían sido trabas. O por qué el encargado del punto de distribución de Pinjun estaba ansioso por contratarme, pero el de S. Express me trató con desdén y me lo puso difícil.

Esto podía deberse a muchos factores, algunos de los cuales ya he mencionado, pero aún había otro que, al no poder comparar, yo no había percibido: como empresa líder de su sector, S. Express tenía una gran facilidad para captar personal, así que partía de una posición de fuerza a la hora de relacionarse con sus trabajadores. Se hablaba mucho de ideales corporativos y de responsabilidad social, pero los mandos intermedios tenían que lidiar con la realidad y no dudaban en utilizar la posición dominante de la empresa para cumplir con sus objetivos de rendimiento. Eso dificultaba recibir un trato igualitario y respetuoso de parte de personas como el director L. o el supervisor Z.

En cambio, Pinjun Express, con una posición más débil, estaba en desventaja a la hora de atraer repartidores frente a gigantes como Meituan, Ele.me, S. Express o JD.com. Por eso, en comparación, la actitud de la gerencia era más humilde. Dicho de otra forma: los trabajadores teníamos más poder de negociación, trabajábamos en un ambiente relativamente libre y ganábamos más o menos lo mismo que en S. Express.

Soy una persona, no una bestia de carga; nunca me ha gustado trabajar a latigazos. Evidentemente, estaba mucho más a gusto en Pinjun Express. Cuando les conté a mis nuevos compañeros que en S. Express teníamos reuniones hasta pasadas las once de la noche, todos me miraron con cara de lástima.

La plantilla del punto de distribución de Pinjun Express en Liyuan se reducía a ocho personas en total. El encargado M. gestionaba otros dos puntos más a la vez, así que apenas le veíamos el pelo. Su puesto equivalía al del director L. de S. Express. La persona que llevaba el día a día de nuestro punto de distribución era el subencargado, un chico que, como nosotros, también salía a repartir todos los días. Mis compañeros eran jóvenes y parecían llevarse muy bien. Como en Pinjun la jornada terminaba relativamente temprano, cada tarde, después de repartir, se quedaban un rato en el punto de distribución jugando con los móviles o charlando. Para un repartidor, desahogarse con los compañeros criticando la empresa, las normas, el entorno o a los clientes es una forma muy eficaz de aliviar el estrés; también lo es compartir anécdotas divertidas o hablar de los clientes excéntricos con los que se encuentra. En ese momento, faltaba algo más de un mes para el Doble Once, así que aproveché el tiempo para familiarizarme con el nuevo entorno y aprender la nueva forma de trabajar.

Si ya los envíos de S. Express se hallaban más dispersos que los de las cinco grandes, los de Pinjun Express lo estaban con creces. Pronto descubrí que, en Pinjun, la mayoría de los complejos apenas recibían una docena de envíos al día, algunos incluso menos. En consecuencia, nuestras áreas de reparto eran muy grandes. La que a mí me asignaron abarcaba ocho comunidades residenciales, dos centros comerciales, dos edificios de oficinas y dos parques empresariales; si hubiera querido ganar más dinero, habría podido pedir que me la ampliaran. Debido a ello, trabajar en Pinjun requería unas tácticas distintas a las que había usado en S. Express, un enfoque más eficiente. Al principio no me di cuenta, porque aún no tenía mucho trabajo y podía cumplir con mi cuota diaria usara el método que usase.

Uno de los complejos que tenía a mi cargo se llamaba Yulanwan. Era el sitio en el que pasaba más tiempo cada día, también el que recibía más envíos (en realidad, serían unos veinte diarios). Con doce edificios, era uno de esos complejos residenciales de lujo diseñados al estilo de los clásicos jardines chinos con árboles, flores, colinas artificiales, canales, puentes, pabellones y todas esas cosas. Para sus residentes era un entorno bucólico con senderos serpenteantes que llevaban a rincones tranquilos, pero para los repartidores resultaba mucho menos agradable: no había un solo camino recto; a veces, para ir de un edificio al siguiente, aunque estuvieran cerca, había que dar un rodeo impresionante. Como encima prohibían la entrada de vehículos de reparto, no me quedaba otra que entrar andando con mi carretilla a hacer las entregas, lo cual me restaba mucha eficiencia.

A veces el destinatario no estaba en casa y me pedía por teléfono que le dejara el paquete en los casilleros exprés que había en la entrada, pero al rato, antes de que yo hubiera terminado de repartir dentro del complejo, volvía a llamarme y me decía:

—Oiga, ¿qué ha hecho con mi paquete? ¿Por qué no he recibido el código de recogida?

Entonces yo respondía:

—Aún no he terminado las entregas del complejo, tenga un poco de paciencia.

A lo que el destinatario me replicaba:

—¡Ah, pues, si aún está repartiendo en el complejo, tráigamelo a casa, que ya he vuelto!

Por lo general, esto me ocurría cuando ya estaba a punto de salir. Volver sobre mis pasos solo por un cliente era una pérdida de tiempo que no me hacía ninguna gracia, pero tampoco sabía negarme.

Al cabo de una semana, el subencargado vino a hablar conmigo.

—El Doble Once está al caer, y después vendrá el Doble Doce. Para entonces, el volumen de envíos que tendrás que entregar será, como mínimo, el doble. Si ya te está costando cumplir la cuota, ¿cómo piensas hacerlo?

La verdad es que, si él no hubiera venido a hablar conmigo, yo ni siquiera me habría dado cuenta de que tenía un problema, porque no iba agobiado. Si en S. Express salía a las siete o a las ocho de la tarde, ahora siempre lo hacía antes de las seis. Me sentía hasta culpable. Pero él tenía razón al preocuparse: de seguir igual, cuando me doblaran las entregas no iba a ser capaz de hacerlas. Como yo mismo tenía curiosidad por saber qué hacían mis compañeros para terminar tan rápido, nos pusimos a repasar todo lo que había hecho aquel día. Cuando le conté lo que solía pasarme en Yulanwan, me interrumpió inmediatamente:

—Nunca vuelvas sobre tus pasos. Cuando te pidan una segunda entrega, les dices que no podrás hacerla hasta al día siguiente.

—Pero, si antes me han pedido que les deje el paquete en el casillero y yo aún no lo he hecho, saben que aún estoy dentro del complejo. ¿Qué les digo entonces?

—Les dices que ya has dejado el paquete en el casillero, pero que el sistema tarda en enviar el mensaje con el código de recogida.

En cuanto el subencargado me dijo eso, todo cobró sentido: a diferencia de S. Express, que me exigía prestar un servicio de máxima calidad, Pinjun Express me pedía eficiencia. Partiendo de aquella conclusión, ajusté mi comportamiento en muchos otros casos que no le mencioné. El servicio prémium de S. Express se sustentaba en costes y tarifas elevados: tenían tres repartidores solo para Yulanwan, cada uno a cargo de cuatro edificios. Yo solo, en cambio, tenía que cubrir un área de varios kilómetros; no podía estar disponible siempre que me llamaran, mucho menos volver sobre mis pasos. Pinjun Express cobraba tarifas muy baratas, así que los clientes debían entenderlo (aunque a algunos no les daba la gana o se hacían los tontos).

Por aquellas fechas, me hice amigo de uno de los repartidores de S. Express en Yulanwan. Era un chico muy joven, entró a trabajar casi al mismo tiempo que yo, pero en otro punto de distribución. Para un repartidor de S. Express, Yulanwan no era un buen destino; de hecho, era incluso más ingrato que el que yo había tenido, Gaoloujin. Como Yulanwan era tan grande y no se permitía entrar con motocarro, a fin de garantizar la rapidez de las entregas, S. Express había asignado tres repartidores al complejo. Cada uno tenía cuatro edificios a su cargo, lo cual acortaba el tiempo de respuesta, pero también reducía los ingresos de todos.

El chico me contó que su sueldo neto no llegaba a los cinco mil yuanes y que no iba a tener forma de aumentarlo hasta que no lo asignaran a otra área de reparto. Siendo el más joven de los tres repartidores asignados al complejo, las primeras oportunidades de cambiar que surgieran no serían para él, así que no sabía cuánto tiempo tendría que aguantar antes de poder progresar.

Un día, charlando, me contó que un cliente le había pedido que le dejara el paquete en la puerta, pero que al llegar a casa no lo encontró. Por suerte, él había grabado la llamada y podía probar que había sido el cliente quien le pidió que dejara el paquete en la puerta. También había tomado tres fotografías que demostraban que lo había hecho. Estaba muy orgulloso de ello, pero a mí me pareció una estupidez. Le pregunté:

—¿Cada vez que te piden que dejes un envío en la puerta haces tres fotos?

Me contestó que sí, que siempre. Yo le dije:

—Te pagan 1,6 yuanes por entrega y aun así tienes que hacer llamadas, grabar las conversaciones, hacer fotos... ¿Realmente te compensa tanto esfuerzo?

Más que a él, mi frase iba dirigida a mi antiguo empleador. El supervisor Z. solía decirnos:

—S. Express requiere que el cliente firme personalmente cada entrega. Si os piden que dejéis el paquete en un casillero, en la tienda de la esquina, en portería, en la boca de incendios, en el armario de los contadores o en cualquier otro sitio y lo hacéis, como ese paquete se pierda, los que pagarán la compensación de su bolsillo seréis vosotros y no la empresa.

No obstante, una vez un compañero del punto de distribución de Yangzhuang le pidió a un cliente que firmara la entrega y este, no sé si porque estaba de mal humor o porque pensaba que era innecesario, ante su insistencia, lo denunció por «trato descortés». La denuncia fue admitida y en Yangzhuang lo sancionaron con tres días de suspensión. Durante ese tiempo, tuvo que ir cada mañana a un punto de distribución vecino diferente a leer en voz alta una autocrítica. La mañana que vino al nuestro, después de que se fuera, el supervisor Z. nos preguntó:

—¿Creéis que han sido injustos con él?

Todos respondimos que sí, a lo que el supervisor Z. nos dijo:

—Yo no. Enviar un paquete con las cinco grandes cuesta solo diez yuanes, mientras que con nosotros cuesta veintitrés. ¿Seguís pensando que es injusto?

Todos nos quedamos callados. Sin embargo, aquellos veintitrés yuanes no eran para nosotros: solo nos llevábamos 1,6 yuanes por entrega, una cantidad similar a la que pagaban en las cinco grandes. Cuando trabajaba en S. Express tenía que aguantar las lecciones de aquel tipo a diario. Durante un tiempo llegué a creer que todas las empresas del sector estaban igual de atrasadas, que la mayoría de los trabajadores eran personas sin formación y que los abusos y las mentiras estaban normalizados. Sin embargo, tras irme de S. Express me estaba dando cuenta de que quizá no fuera algo generalizado, sino que simplemente había tenido mala suerte.

Después de escucharme, el chico se puso serio y se quedó callado.

Desde entonces su actitud hacia mí cambió. Ya no sonreía al verme ni me buscaba para hablar. Menos de un mes después, uno de sus compañeros me contó que había dejado la empresa. El paquete perdido terminó apareciendo: se lo había llevado un basurero al pensar que era una caja para reciclar. Como el guarda de seguridad del complejo lo conocía, cuando lo vio en la grabación de las cámaras de seguridad, contactó con él.

8. Coste de tiempo

No sé si habrá gente a la que de verdad le guste esto de repartir. Si la hay, seguro que no es mucha. Ni a mí ni a ninguno de los repartidores que conocí nos pasaba. Por lo general, solo sentía que mis esfuerzos merecían la pena cuando me pagaban, no cuando un cliente me sonreía con gratitud ni cuando me daba las gracias encantado. No es que esos gestos me resbalaran, pero hacía cuentas: en nuestra zona, el salario medio de mensajeros y repartidores era de unos siete mil yuanes al mes. Esa cantidad, condicionada por el alto coste de la vida en Pekín y la intensidad del trabajo, había ido estableciéndose de forma natural a lo largo de muchos años; ofreciendo menos, la mano de obra se habría mudado a otras áreas o habría cambiado de profesión.

Así pues, trabajaba veintiséis días al mes y ganaba doscientos setenta yuanes al día. Ese era el valor de mi trabajo (evito expresamente usar la palabra «precio»). De las once horas que trabajaba al día, una se me iba en descargar, clasificar y volver a cargar la mercancía al llegar al punto de distribución por la mañana, y otra en desplazarme a los distintos complejos residenciales. Este gasto de tiempo era fijo. En las nueve horas efectivas que me quedaban para repartir tenía que generar treinta yuanes por hora, es decir, medio yuan por minuto. Esto representaba lo que valía mi tiempo. Teniendo en cuenta que me pagaban dos yuanes de media por entrega, si no quería perder dinero, estaba obligado a hacer una cada cuatro minutos. O llevaba ese ritmo o ya podía ir pensando en cambiar de trabajo.

Poco a poco, me acostumbré a ver las cosas desde una perspectiva puramente económica y a considerar el tiempo como un coste. Por ejemplo, si cada minuto de mi trabajo valía medio yuan, parar a hacer mis necesidades me costaba uno entero (los servicios públicos eran gratuitos, pero tardaba dos minutos). Almorzar a mediodía me salía aún más caro: tardaba veinte minutos, diez de ellos solo en esperar la comida, por lo que ahí se me iban diez yuanes. Sumándole los quince que me costaba un plato sencillo, la broma me salía por veinticinco yuanes. ¡Todo un lujo para mí! Por eso casi nunca paraba a almorzar. Y, para reducir las visitas al baño, por las mañanas apenas bebía agua.

Al repartir, si me encontraba con que el destinatario no estaba en casa —algo bastante frecuente, porque en horario laboral la mitad de los apartamentos quedaban vacíos—, dedicaba un minuto a llamarlo, con lo cual no solo perdía 0,1 yuanes de saldo telefónico, sino también 0,5 yuanes de tiempo. Si el destinatario me pedía que le dejara el envío en un casillero exprés, el coste se disparaba, porque hacerlo me costaba 0,4 yuanes adicionales de media. En ese momento ya empezaba a perder dinero. Si el cliente me pedía que volviera a llevarle el envío a casa otro día, mi pérdida era todavía mayor, pues no solo había tenido que hacer una llamada, sino que tenía que dedicar el doble de tiempo. Y esos eran los casos en los que todo salía bien. Cuando no me cogían el teléfono, perdía un minuto (o sea, 0,5 yuanes) esperando en vano. A veces sí me lo cogían, pero me tenían hablando mucho tiempo sin poder colgar, porque se empeñaban en exigirme cosas que yo no podía hacer. A veces, en una sola llamada el coste de tiempo ya superaba la cantidad que yo iba a recibir por entregar el paquete que seguía en mis manos.

Por ejemplo, en una ocasión, también en Yulanwan, fui a recoger una devolución de Vipshop a la hora fijada por el cliente, pero me encontré con que no estaba en casa. Cuando llamé al número indicado, me contestó la amable voz de una señora de mediana edad. Me dijo que no regresaría hasta las siete de la tarde y me pidió que me pasara entonces.

Yo, que a las siete ya no trabajaba, le pedí que cambiara la hora para el día siguiente, pero ella me respondió que tampoco iba a estar, que aquel era su horario habitual.

Le sugerí que cambiara la devolución a su lugar de trabajo, pero me dijo que trabajaba en un hospital y no le permitían atender asuntos personales durante la jornada. Dadas las circunstancias, la única opción que le quedaba era tramitar la devolución por su cuenta, pues el servicio de recogida a domicilio de Vipshop no funcionaba tan tarde, lo que era un gran inconveniente para ella: en Yulanwan los únicos otros repartidores que recogían paquetes a domicilio eran los de S. Express, que cobraba una tarifa muy superior a los diez yuanes por devolución que cubría la plataforma, motivo por el que la mayoría de la gente no quería contratarlos. Además, si optaba por otra empresa de mensajería diferente, tendría que llevar ella misma el paquete a uno de sus puntos de distribución, lo que podía resultarle difícil o engorroso. En comparación, le resultaba mucho más cómodo tratar de convencerme por teléfono de que me encargara yo.

Se notaba que era una de esas personas que disfrutan hablando y creen que pueden salirse con la suya con tal de insistir. Después de que yo me negara a varias de sus propuestas, tuvo la ocurrencia de sugerirme que me acercara a Yulanwan después de cenar «para dar un paseo» y, de paso, recoger su devolución. Lo soltó con tal aplomo y naturalidad que me dejó maravillado.

Sin embargo, ir a su complejo por la noche no habría sido una experiencia tan agradable como ella pretendía: habría tardado una hora entre ir y venir, habría tenido que soportar el tráfico, las bocinas, el humo, los semáforos... ¿Qué persona en su sano juicio elegiría dar semejante paseo después del trabajo en vez de irse a su casa a descansar o a estar con su familia? Desde un punto de vista económico, hacer el viaje solo por su paquete tampoco tenía sentido: recoger una devolución me devengaba tres yuanes y medio.

Yo no estaba dispuesto a perder una hora para ganar esa miseria, menos aún fuera de mi horario. Quizá ella fuera una adicta al trabajo, dispuesta a hacer lo que hiciese falta por la empresa, y diera por hecho que en esta sociedad tan competitiva todos debíamos actuar del mismo modo; yo, desde luego, no tenía ese grado de entrega. De hecho, me entraron ganas de decirle: «¿Y por qué no se da el paseo usted y lleva el artículo a un punto de distribución?». Por supuesto, no lo hice; simplemente le puse una excusa. Más adelante le entregué unos cuantos paquetes y siempre fue impecable en persona, jamás me mostró el menor rencor por mi negativa (o al menos yo no se lo noté).

Lo cierto es que ser consciente del valor de mi tiempo no me ayudó a ganar más dinero. En la práctica, mi manera de trabajar siguió siendo casi la misma: no empecé a meter los envíos en los casilleros de cualquier manera, no dejé de contestar llamadas, no bloqueé los números desconocidos... Fue como si me hubiera convertido en alguien preocupado por el dinero, pero solo hasta cierto punto. Envidiaba a los jóvenes repartidores de las cinco grandes Ya no subían a los pisos en más de la mitad de los complejos de Liyuan: o bien dejaban los paquetes directamente en los casilleros, o bien los llevaban a un piso del complejo alquilado por su empresa para usarlo como estafeta. En ambos casos, los destinatarios recibían un mensaje de texto para que fueran a recoger su envío ellos mismos.

Pero a mí me seguía gustando Pinjun Express. Era una empresa relativamente pequeña, pero su modelo de gestión directa (no franquiciada) evitaba una gran cantidad de conflictos, algo que yo agradecía enormemente. Por si fuera poco, contar con el respaldo de Vipshop le garantizaba cierto grado de estabilidad. En lo relativo a las entregas, nos exigían lo mismo que en S. Express: llevar el envío hasta la puerta del destinatario. Sin embargo, mi forma de repartir no era siempre la misma en cada complejo. Con el tiempo, cada comunidad alcanzaba ciertos acuerdos tácitos con los repartidores. Así, al asumir un complejo nuevo, empezaba por fijarme en el método de reparto de los demás para tratar de imitarlo en la medida que lo permitieran mis circunstancias.

Evidentemente, en algunos sitios era más fácil entregar paquetes que en otros. Yo lo veía de la siguiente manera: el tiempo que me sobraba en los sitios fáciles servía para compensar el que perdía en los difíciles, así que los clientes de estos últimos tenían que estar agradecidos con los de los primeros.

También descubrí que muchas personas, a pesar de recibir y devolver paquetes casi a diario, seguían sin entender cómo trabajábamos los repartidores. Yo tiendo a atribuir este hecho a que no tenían ni idea de lo que nos pagaban. Por ejemplo, una vez, repartiendo en el centro comercial Jingtong Roosevelt Plaza, me encontré con que una de las destinatarias, que trabajaba allí de dependienta, había sido trasladada a otro centro comercial, el Tongzhou Wanda Plaza. Cuando la llamé para explicarle que si quería recibirlo allí tendría que esperar al día siguiente y ya no sería yo el que se lo entregara, me preguntó:

—¿Cómo va a tardar un día entero, con lo cerca que está? ¿No me lo puede traer en un momento?

No era la primera clienta que me pedía algo así y tampoco sería la última. De hecho, los clientes me hacían peticiones similares bastante a menudo. Eso me enseñó que algunas cosas que para mí resultaban obvias podían no serlo en absoluto para ellos y que debía armarme de paciencia para explicárselas.

En primer lugar, el Tongzhou Wanda Plaza no estaba tan cerca del Jingtong Roosevelt Plaza como ella daba a entender con su despreocupación. Incluso aunque hubiera tenido la batería del motocarro cargada al máximo, ir y volver me habría llevado más de media hora. En segundo lugar, todo dependía del punto de vista: para una mujer joven que sale de compras en su día libre, la distancia entre dos centros comerciales de la ciudad es insignificante, pero los repartidores pasábamos mucho tiempo en cada complejo. Para mí, el Tongzhou Wanda Plaza (a unos pocos kilómetros) era igual de inalcanzable que la plaza de Tiananmen (a varias decenas de kilómetros). Por último, el Tongzhou Wanda Plaza era un centro comercial enorme con el que yo no estaba familiarizado, y recorrerlo a pie en busca de una tienda concreta me habría llevado muchísimo tiempo. Los centros comerciales me apabullaban; en cuanto un sitio era mínimamente grande me costaba horrores orientarme.

La destinataria habría sido capaz de imaginar todo esto que cuento si hubiera estado dispuesta a ponerse en mi lugar. Lo único que no podía figurarse —al menos eso prefiero pensar— es que solo me pagaban dos yuanes por entrega. Me niego a creer que, de haber sabido lo que cobraba, aún hubiera tenido la desfachatez de pedirme que hiciera un viaje especial solo por ella.

Mi área de reparto incluía dos centros comerciales adyacentes a la estación de metro de Jiukeshu. El primero era el Jingtong Roosevelt Plaza y el otro se llamaba Sunshine New Life Plaza, pero casi nadie lo conocía por ese nombre: todo el mundo se refería a él como «el Carrefour», aunque técnicamente el hipermercado solo ocupaba las plantas segunda y tercera del edificio. Este segundo centro comercial no permitía la entrada de repartidores, así que teníamos que llamar a los destinatarios por teléfono desde la puerta y esperar a que salieran a recoger sus envíos. A los jóvenes repartidores de las cinco grandes les venía de maravilla, pues no solían tener muchas ganas de moverse: llegaban, aparcaban, hacían las llamadas pertinentes y se apalancaban en el motocarro a esperar. Yo, en cambio, tenía muy pocos paquetes para el Carrefour, como mucho tres o cuatro al día, y los destinatarios estaban trabajando, así que tardaban lo suyo en salir. Pasarme media hora esperando por tres o cuatro paquetes no me salía a cuenta, pero si llamaba a los destinatarios con demasiada antelación me arriesgaba a que los más rápidos no me encontraran al salir. Por eso, a veces optaba por entrar en el edificio a hacer las entregas; al fin y al cabo, hasta andando era más rápido que ellos. Sin embargo, después de unas cuantas veces, un guarda de seguridad me pilló.

Ocurrió en la cuarta planta, a la altura de la tienda de electrodomésticos GOME, cuando ya casi había llegado a mi destino. Le dije:

—Lo siento, es la primera vez que vengo y no conozco las normas.

En realidad, sí las conocía, pero tenía que decirle eso. Luego añadí:

—Abajo no hay ningún cartel que prohíba el acceso a los repartidores. Hace un momento, al entrar, nadie me ha dicho nada. Bueno, en fin, me voy.

Sin embargo, él agarró con fuerza el manillar de mi carretilla para impedir que me marchara. Entonces le dije:

—Primero no quieres que entre y ahora no quieres que me vaya. ¿Qué pretendes?

—¡Requisarte la mercancía, para que aprendas de una vez!

Y ahí nos quedamos, en aquel pulso absurdo.

Yo seguí haciéndome el tonto. Insistí en que era nuevo y nunca había hablado con él; a decir verdad, otros repartidores me habían avisado de que en aquel centro comercial nos prohibían la entrada, pero eso él no lo sabía. Nunca me había amonestado, así que su acusación de reincidencia carecía de sentido. Además, yo estaba seguro de que no podía requisarme la mercancía: ¿acaso no vivíamos en un Estado de derecho? Su actitud era absurda: mi transgresión no había causado daño real al centro comercial. Yo no era un ladrón.

Había infringido las normas, pero la cosa no pasaba de ser una falta menor; no tenía por qué mirarme con aquel odio. Decidí no seguirle el juego: no estaba dispuesto a alimentar la vanidad que derivaba de ejercer su minúscula parcela de poder.

—Más te vale dejarme ir —le dije—. Vosotros no tenéis derecho a requisar nada.

No sé si no me entendió o si directamente no me estaba escuchando, pero se aferró a mi carretilla como un pitbull a su presa. Entonces le dije:

—Como sigas así, llamo a la policía.

Me contestó que podía llamar a quien me diera la gana, de modo que saqué el teléfono y marqué el 110. Si no recuerdo mal, era la primera vez en mi vida que llamaba a la policía. Después de tomarme los datos, la operadora me dijo que colgara y estuviera atento a la llamada de un agente local. Entonces el guarda usó su walkie-talkie para comunicarse con su compañero y superior. Yo sentí curiosidad por ver hasta qué extremo iban a ser capaces de llegar por un asunto tan trivial como aquel.

Cuando apareció el superior del guarda de seguridad, se puso a echarme la bronca (más por cumplir que por otra cosa). Yo insistí en que era nuevo y no conocía las normas, pero también recalqué que el centro comercial no tenía derecho a retener mi mercancía y que por eso había llamado a la policía. Al oírme mencionar a la policía, el hombre, que era más listo que su subordinado, cambió la cara. Me soltó un par de reproches más para salvar las apariencias, pero luego suavizó el tono y me dijo:

—Anda, llámalos otra vez y diles que el asunto está resuelto. Puedes llevarte la mercancía, pero a partir de hoy no vuelvas a entrar más.

Yo pensé que la cosa iba a quedar ahí, pero aún faltaban más enredos. Mi destinataria, la responsable de un gimnasio de aquella misma planta, apareció muy alterada. Yo acababa de contarle lo que me había pasado por teléfono y, en cuanto vio al superior del guarda de seguridad, empezó a gritarle. Al parecer tenían viejas rencillas. Lo llamó «matón de tres al cuarto» y más cosas por el estilo; su tono era muy agresivo, pero no llegó a decirle nada del otro mundo. En mi opinión, todos los calificativos que usó se correspondían con la verdad: lo único que distinguía a aquellos guardas de seguridad de los delincuentes era el uniforme.

Antes no he mencionado que el guarda de más nivel tenía una cicatriz en la cara. Además, sus gestos y su forma de hablar rezumaban chulería. Sé que no está bien juzgar a las personas por su aspecto, pero me atrevo a decir que su pasado era algo turbio.

Después de que la encargada del gimnasio se fuera, don Cicatriz, enfurecido por la reprimenda, se volvió hacia mí y me dijo:

—¡Este paquete se queda conmigo! Ya veremos qué pasa si intenta recuperarlo.

No tuve más remedio que seguirlo hasta la sala de control del centro. Tenía que vigilar de cerca la mercancía, porque, como la destinataria aún no había firmado la entrega, seguía estando bajo mi responsabilidad. Una vez allí, un agente de la comisaría de Jiukeshu me devolvió la llamada. Después de contarle lo que pasaba percibí cierto reproche en su voz, como si pensara que estábamos armando jaleo sin motivo. Me preguntó dónde estaba. Cuando le dije que estaba en la sala de control, llamó al teléfono fijo. Por lo visto, la comisaría y el centro comercial estaban conectados por vía directa. Don Cicatriz respondió a la llamada con el mismo tono bronco de antes, pero después de colgar accedió a devolverme la mercancía. Eso sí: en lugar de entregármela directamente, me exigió que primero fuera a buscar a la responsable del gimnasio para que firmara una carta de compromiso o de arrepentimiento o de qué sé yo.

—Pero si ni siquiera ha firmado la entrega —protesté.

—Fírmala tú mismo si quieres, pero a ella tráemela; la cosa no va contigo.

9. Quejas y «venganzas»

Poco después llegó el Doble Once. Recuerdo que los días previos al comienzo de las «megaofertas» (que no se circunscribían al 11 de noviembre, sino que empezaban el primero del mes), el volumen de envíos que manejábamos cayó en picado; había días que terminábamos a las tres o a las cuatro de la tarde. Resultó que los clientes estaban mucho más atentos a las promociones de la plataforma de lo que yo pensaba y estaban reprimiendo las ganas de comprar hasta el inicio de la campaña.

Aquel breve periodo de calma fue asfixiante. Lo viví con mucha angustia, como quien ve venir una tormenta pero no puede hacer nada por escapar. Descubrí dos fuerzas opuestas en mi mente: una era el deseo de ganar lo máximo posible durante la campaña, la otra era el pánico a cometer algún error (y la experiencia demostraba que en la vorágine de esos días nadie se libraba de equivocarse). Tengo que decir que la segunda era bastante más poderosa que la primera.

Temiendo que los motocarros nos dejaran tirados en plena campaña, el encargado M. nos recordaba a diario por el grupo de WeChat que los pusiéramos a punto. En esa época, la empresa nos reembolsaba la mitad de los gastos de reparación y mantenimiento, pero yo no le encontraba problemas al mío: las cubiertas de los tres neumáticos estaban prácticamente nuevas, así que las cámaras de aire también debían de estar bien. Las pastillas de freno tenían un desgaste normal y la distancia de frenado era un poco larga, si bien no tanto como para justificar una reparación. El faro delantero también funcionaba, aunque no tardó en estropearse (y nunca llegué a repararlo).

Quizá porque iba muy mentalizado, cuando por fin empezó la campaña descubrí que no me cansaba tanto como me había temido. Durante los primeros tres o cuatro días, nuestro volumen de envíos prácticamente se triplicó, pero luego se mantuvo en torno al doble del habitual. Que el volumen de envíos se duplicara no significaba que yo tuviera que trabajar el doble de tiempo: después de todo, mi área de reparto seguía siendo la misma; lo que había aumentado era la densidad de envíos. Por ejemplo, tardaba casi el mismo tiempo en hacer diez entregas en el Jingtong Roosevelt Plaza que en hacer tres. Cada mañana, después de descargar la mercancía, el punto de distribución, ya de por sí angosto, se llenaba hasta los topes. La marea de paquetes casi me llegaba por la cintura y se desbordaba hacia la puerta. Desayunaba a las seis y media y me ponía a trabajar; después de eso, no volvía a comer nada hasta pasadas las nueve de la noche, pero tampoco tenía hambre. Es posible que, en los momentos en que debería haberla sentido, estuviera tan concentrado que no prestase atención a lo que me decía el cuerpo y que después la sensación desapareciera. Mi cuerpo se regulaba solo, como un obrero explotado que se resigna y abandona toda reivindicación al ver que su patrón no piensa escucharlo.

Comparado con noviembre, diciembre fue aún más duro. Para empezar, los días se acortaron: no amanecía hasta después de las siete de la mañana y antes de las cinco ya empezaba a oscurecer. Sentías como si el tiempo se te escurriera de las manos, lo cual te predisponía a tener ataques de ansiedad. Por otro lado, en pleno invierno las baterías de nuestros motocarros rendían apenas un tercio de lo que duraban en verano. Era como cargar con una bomba de relojería que podía explotar y paralizarnos en cualquier momento. En verano ni pensaba en la batería, pero en invierno, especialmente dentro de los complejos, donde tenía que ir de bloque en bloque, mi inquietud aumentaba con cada parada y cada arranque.

Además, en esas fechas la temperatura de Pekín ya había caído en picado y pasábamos días enteros por debajo de los cero grados. Yo soportaba bastante bien el frío moderado (por ejemplo, en un día de cinco grados podía salir solo con unos vaqueros, porque así era como había pasado los inviernos del sur desde niño), pero no estaba acostumbrado a lidiar con temperaturas negativas. He vivido inviernos en cinco ciudades distintas, pero solo en dos el termómetro llegaba a bajar de los cero grados: Shanghái y Pekín. En Shanghái trabajaba a cubierto, así que a lo sumo tuve que soportar unos dos o tres grados bajo cero. En cambio, en Pekín salía de casa a las seis de la mañana todos los días, y con temperaturas de más de diez grados bajo cero.

Al pasar tantas horas a la intemperie usando la pantalla táctil del móvil, no me quedaba otra que llevar mitones. También le puse una funda térmica al manillar del moto-carro, que algo ayudaba, pero aun así las manos se me helaban con frecuencia. Había veces en las que no es que fuera incapaz de usar el teléfono, sino que ni siquiera conseguía doblar los dedos. Por si esto fuera poco, para poder cargar con los paquetes y subir y bajar escaleras con soltura, no podía vestirme con ropa demasiado gruesa; mucho menos con ropa cara, porque era muy fácil que se manchara o se rompiera. De todos modos, no es que usara ropa de marca; lo más caro que tenía eran unas deportivas New Balance de algo más de doscientos yuanes, que, al cabo de un año de uso, tenían la suela desgastada y medio rota. En temporada baja solía dar entre diez y quince mil pasos diarios; en temporada alta, más de veinte mil. Durante el Doble Once y el Doble Doce llegué a superar los treinta mil. Aun así, mi conteo en WeRun[*] no era nada del otro

---

mundo, porque tenía añadidos a muchos compañeros y rara vez logré colarme entre los tres primeros.

En los meses más fríos (diciembre y enero) salía a trabajar con una camiseta térmica de algodón, un jersey de lana, un chaleco acolchado con cremallera y una chaqueta de grosor medio; en las piernas, sobre unos calzones térmicos de algodón, me ponía un pantalón de montaña impermeable. Cuando estaba de reparto y el frío me resultaba insoportable, me refugiaba en algún descansillo hasta que me recuperaba.

Como recompensa a tantas penurias, aquel diciembre el sueldo de todos los repartidores del punto de distribución superó los diez mil yuanes netos.

En la Fiesta de la Primavera de 2019 no fui al sur a ver a mis padres, porque solo me correspondieron cinco días de vacaciones. El eslogan promocional de Vipshop de aquel año fue «No cerramos en fiestas» y eso mismo les decía yo a los clientes, aunque al final no se cumplió. El conductor del camión que nos traía la mercancía cada mañana nos dijo que durante las fiestas nadie de su flota iba a trabajar, así que no serviría de nada que el punto de distribución abriera: no nos iban a llegar paquetes. De todas formas, en esas fechas apenas había actividad comercial: las marcas ya habían liquidado todo el stock del que querían deshacerse y aún no habían sacado las novedades (o las habían sacado, pero todavía no tenían rebaja), de modo que, aunque la gente tuviera ganas de comprar, no había nada que valiera la pena. Recuerdo que el primer día de trabajo después de las vacaciones procesamos los envíos acumulados y el volumen apenas llegó al de un día normal.

Pasadas las fiestas me encontré con que unos cuantos clientes habían desaparecido. O bien dejaron de comprar en Vipshop de repente —cosa muy poco probable—, o bien se fueron de Pekín. Otros cuantos, y no eran pocos, habían cambiado de dirección. A lo largo del mes siguiente me encontré con una docena de paquetes con direcciones erróneas, siempre porque el destinatario se había mudado y no había caído en actualizar sus datos. Muchos de ellos iban de piso compartido en piso compartido, así que los paquetes solían terminar en manos de sus antiguos compañeros. En esos casos no me quedaba otra que pagar de mi bolsillo el reenvío, porque, para cuando me avisaban del error, el paquete ya figuraba como entregado en el sistema. Aun así, yo hacía lo posible por solucionar estos malentendidos y no acumular demasiadas pérdidas.

Por ejemplo, un día, repartiendo en el sector sur del complejo Ruidu International, me encontré con que una destinataria no estaba en casa y la llamé. Me pidió que le dejara el paquete en el armario del contador de la luz junto a su puerta y así lo hice, pero por la noche me llamó diciendo que no lo encontraba. Entonces descubrimos que al hacer el pedido había puesto su dirección antigua. Acababa de mudarse al distrito de Changping, y cuando me llamó por la mañana pensaba que yo estaba repartiendo por allí.

Le dije:

—Si quiere mañana vuelvo, recupero el paquete y se lo envío a Changping, pero usted tiene que correr con los gastos.

Ella aceptó enseguida y se disculpó por las molestias que me estaba causando, pero la gente así era una minoría. La inmensa mayoría no estaba dispuesta a pagar un céntimo y se ponía a discutir conmigo. Por ejemplo, en otra ocasión, le dije por teléfono a un cliente:

—Si quiere que se lo vuelva a enviar, tiene que pagar el coste del envío.

—¿Y eso por qué? —me preguntó él—. El envío era gratis...

—Ya, pero usted se equivocó de dirección, y el paquete ya consta como entregado.

—¿Cómo que «entregado»? Si no lo he recibido.

—Yo lo llevé a la dirección que usted puso y allí alguien lo aceptó.

—¡Pero ese alguien no era yo!

—Yo a usted no lo conozco, me limité a llevar el paquete a la dirección que usted puso.

—¿Y no comprobó a quién se lo entregaba?

—Dije su nombre y me lo cogieron. ¿Qué más podía hacer?

Muchas de las personas que vivían en apartamentos compartidos desconocían los nombres de los demás inquilinos. Si la dirección era correcta, cogían el paquete y lo dejaban en el área común. El hombre era perfectamente consciente de eso, pero no quería pagar ocho yuanes de envío por haberse equivocado, así que me dijo:

—Hablaré con su servicio de atención al cliente.

A partir de ese momento ya no hubo más que hablar. Como no me convenía que llamara al servicio de atención al cliente, tuve que pagar el reenvío de mi bolsillo. Aunque solo fueran ocho o diez yuanes, me dio mucha rabia. Creo que, si lo hubiera tenido delante, le habría soltado un puñetazo.

Otra vez me pasó algo parecido: fui al parque cultural y creativo Hongxiang 1979 a entregar un paquete para una empresa que se había trasladado. En la dirección encontré a varias personas de pie hablando; supongo que estarían discutiendo asuntos de trabajo. Cuando dije el nombre del destinatario en voz alta, una mujer se acercó a mí y aceptó el paquete. Al día siguiente, el destinatario me llamó para preguntarme dónde estaba su envío. Aunque ya se había dado cuenta de que había puesto la dirección antigua, fingió ignorarlo. Cuando le expliqué la situación, empezó a ponerse gallito conmigo.

—¿Así de irresponsables son ustedes al repartir? —me reprochó, haciéndose el indignado—. ¿No verifican nada?

Yo le respondí:

—Siempre digo el nombre del destinatario, alguien firmó por usted.

—¡Pero yo no conozco a esa persona! ¿Cómo permitió que firmara por mí?

Entonces repliqué:

—Si no la conoce, ¿por qué puso su dirección al hacer el pedido?

—Aunque la dirección estuviera mal escrita, la persona que aceptó el paquete no era yo. ¿Por qué no lo comprobó?

Ignoro qué esperaba que hiciera. Yo no tenía autoridad para pedirle el carnet a nadie. Tampoco sabía por qué aquella mujer había aceptado un paquete a nombre de un desconocido; puede que acabara de entrar a trabajar en la empresa y aún no conociera a todo el mundo. Aun en el caso de que yo hubiese estado habilitado para exigir identificaciones, el tiempo que habría perdido haciéndolo habría supuesto una merma considerable de mis ingresos. Si ya de por sí ganaba poco, aquello habría sido como quitarme comida de la boca.

Yo me estaba ofreciendo a hacer un viaje en balde para recuperar su paquete y enviárselo a la dirección correcta, pero él no estaba dispuesto a pagar los míseros ocho yuanes del envío que había que repetir debido a un error que había sido suyo.

Decidí no seguir discutiendo. Su actitud era muy hostil; no solo no sentía remordimiento alguno, sino que hablaba con aires de suficiencia, diciendo que él también era trabajador asalariado y entendía las dificultades de serlo, pero que yo no podía ser tan descuidado con mi trabajo y otras perlas por el estilo… Daba la impresión de que quería enseñarme a ser buena persona. Si le hubiera respondido como merecía, podría haberme puesto una queja en el sistema y quién sabe qué les habría contado a los de atención al cliente, así que claudiqué. Fui a recuperar el paquete y pagué de mi bolsillo los ocho yuanes del reenvío, pero me guardé sus datos en la aplicación de notas del móvil. Estaba muy enfadado; furioso, de hecho, pero, si quería conservar el trabajo, no me quedaba otra que tragarme la ira. Me dije a mí mismo que, cuando cambiara de trabajo, iría a verlo para ajustar cuentas; al fin y al cabo, la venganza es un plato que se sirve frío.

Evidentemente, nunca lo hice. La rabia que sentía se me pasó al poco tiempo. Mi lista de venganzas pendientes llegó a contener apenas dos nombres y, en ambos casos, acabé tachándolos sin haber tomado represalias.

Un día, en una charla con los compañeros del punto de distribución, uno contó que conocía a un repartidor que destrozó un Audi en plena calle. El motivo fue que el conductor, que iba detrás de él, no paraba de tocar el claxon para meterle prisa. Cuando se le hincharon las narices, frenó, bajó con una barra de hierro que llevaba y se lio a golpes hasta que le dejó el capó y el parabrisas destrozados. Yo también tuve impulsos parecidos más de una vez. Tal vez no tan violentos, pero sí lo bastante fuertes para llegar a hacer daño. Esos impulsos son como un cable de acero que, al romperse, rebota con furia: sueltan la tensión acumulada y sirven de desahogo ante la frustración con el mundo. Según mi compañero, aquel repartidor de la barra de hierro acabó en la cárcel porque no pudo —quizá ni siquiera quiso— pagar los destrozos que causó. Quizá ese sea el sentido de «quien no tiene nada que perder, no teme lo que le pueda pasar».

Yo hacía lo posible por no enfadarme con nadie, pero una vez una señora me puso una queja cuando había sido ella quien se equivocó de dirección. Se había mudado al complejo de Tongjingyuan, pero la dirección de entrega del paquete seguía siendo la antigua, en el sector norte del complejo Ruidu International. Como los dos complejos estaban a menos de dos kilómetros de distancia, yo no noté nada raro al hacer la entrega. Recuerdo que me abrió un chico joven, le dije el nombre de la destinataria y él cogió el paquete sin abrir la boca (ni para decir que no conocía a nadie con ese nombre ni para darme las gracias). De hecho, esto era habitual: hay personas a las que no les gusta hablar, y me encontraba bastantes a diario. Yo tampoco era ningún detective como para ir sospechando de la gente, y además siempre llevaba prisa: muchas veces dejaba la puerta del ascensor trabada con algún objeto para no perder minutos esperándolo. Por principios, me obligaba a ser rápido al hacer las entregas y no me entretenía hablando con el destinatario; de lo contrario, podía molestar a los vecinos que pudieran estar esperando el ascensor en otros pisos.

Sin embargo, dos días después me llegó la queja. El subencargado del punto de distribución me informó por WeChat de que la destinataria había reclamado la pérdida del paquete, a pesar de que en el sistema constaba como entregado. Esa infracción se conocía como «entrega falsa» y acarreaba una multa de cincuenta yuanes (que yo podía apelar). Inmediatamente, llamé a la señora. Recuerdo que acababa de salir de la comunidad Jinchengfu y estaba lloviznando, así que me metí en el motocarro para hacerlo. En general hablaba por teléfono mientras conducía para ahorrar tiempo, pero no cuando estaba enfadado. Le dije:

—¿A qué viene su queja? Fue usted la que se equivocó de dirección.

—Me quedé sin paquete —replicó ella, ofendida—. ¿Cómo puede decir que lo firmé?

—Lo firmó alguien de la dirección que usted puso. ¿Acaso tendría que haberle pedido el carnet?

—Perdóneme. Intenté ponerme en contacto con usted, pero no encontraba su número en la aplicación. No me quedó otra que llamar al servicio de atención al cliente. En ningún momento dije que quisiera presentar una queja contra usted, fueron ellos los que lo gestionaron todo.

Yo no acababa de creerla. Es verdad que conocía la manera de actuar del servicio de atención al cliente: en temporada baja alentaban las reclamaciones para meternos presión y hacernos mejorar, mientras que en temporada alta nos disculpaban todo lo posible para no afectarnos y asegurar la estabilidad de las entregas; tanto el encargado como el subencargado nos lo habían advertido. Aun así, yo sospechaba que ella no había sido sincera con ellos y les había ocultado que se había equivocado de dirección al hacer el pedido, seguramente por miedo a que no aceptaran su reclamación. Mi número de teléfono constaba en la información de seguimiento del pedido; ella había dicho que no lo encontraba, pero sonaba a excusa. Seguramente no me llamó porque temía que me negara a ayudarla. Recurrir al servicio de atención al cliente era la manera de obligarme.

Por supuesto, todo esto no eran más que conjeturas mías, pero tampoco podía preguntarle; a fin de cuentas se había disculpado y, en mi opinión, no se había mostrado arrogante ni irrespetuosa, solo un poco alterada. Así pues, volví al sector norte del complejo Ruidu International, recuperé el paquete (todavía estaba en la sala de estar, me lo devolvió otro inquilino) y lo llevé al complejo Tongjingyuan. No estaba dentro de mi área de reparto, pero quedaba justo enfrente del complejo Qijian Kaixuan, que sí estaba a mi cargo, así que pasaba por delante todos los días.

Cuando me encontré con la mujer, la vi muy compungida, parecía que fuera a ponerse a llorar. Quiso darme cincuenta yuanes, porque yo le había comentado que su queja podía acarrearme una multa por esa cantidad, pero yo podía recurrirla, con que ella explicara lo ocurrido cuando el servicio de atención al cliente volviera a llamarla ya me valía, así que no acepté el dinero. Para mí, el verdadero perjuicio fue tener que hacer tres viajes por un solo envío: primero para entregarlo en la dirección equivocada, luego para recuperarlo y finalmente para entregárselo en la dirección correcta. No estaba enfadado por el dinero, sino por la falsa acusación y por las molestias; quizá también por todas las normas injustas e inhumanas de las que disentía, pero que no tenía más remedio que acatar. Aun así, no podía descargar mi enfado en ella, porque entonces yo también habría sido injusto e inhumano.

Antes he mencionado que mi lista de venganzas pendientes solo llegó a contener dos nombres. Ahora voy a contar la historia del segundo.

Ocurrió allá por junio o quizá julio de 2019. Un día tenía que entregar una caja de fruta refrigerada en el complejo Xincheng Yangguang. Cuando llegué a casa de la clienta, sobre las ocho de la mañana, nadie me abría. Los envíos refrigerados no son como los ordinarios: tienen que entregarse lo antes posible, especialmente en verano, porque la comida que contienen se estropea con facilidad. Hice tres llamadas telefónicas sin moverme de la puerta, pero la destinataria no respondió. Según el procedimiento habitual en aquellos casos en que no te abría nadie y tampoco te contestaban el teléfono, yo debía llevarme el paquete y volver a intentar entregarlo por la tarde cuando volviera al complejo; pero aquel día hacía mucho calor, la caja de mi motocarro era un horno y temía que la fruta se estropeara. Era muy posible que la destinataria hubiera salido a desayunar o a hacer la compra y no fuera a tardar mucho en volver. De ser así, podría recoger el paquete mucho antes si lo dejaba allí, así que fui a depositarlo en el casillero exprés del complejo, que estaba entre los edificios 31 y 32 y, al estar flanqueado por estos, no recibía sol en todo el día. La destinataria vivía en el edificio 34, a apenas cien metros de distancia. Como no me contestaba al teléfono, además del código de recogida que el casillero enviaba automáticamente, yo también le envié un mensaje de texto avisándola de que se trataba de un envío refrigerado y debía recogerlo cuanto antes.

Pensé que a la sombra estaría mejor que en mi moto-carro. En caso de que ella siguiera sin aparecer ni contestarme el teléfono, por la tarde lo sacaría del casillero y volvería a llevármelo. En el punto de distribución no había frigoríficos: cualquier envío refrigerado que no pudiera entregarse se devolvía por la noche. Salí del complejo alrededor de las nueve. Al terminar mis entregas en los complejos de Sunwangchang y Yulanwan la llamé dos veces más, sobre todo porque temía que no hubiera visto el mensaje de texto y quería recordarle que recogiera el paquete lo antes posible, pero no contestó. Hacia las doce del mediodía, de repente me devolvió la llamada. En ese momento yo acababa de llegar al complejo de Qijian Kaixuan, que estaba a unos tres o cuatro kilómetros del suyo. Pensaba que querría darme las gracias; después de todo, las medidas que tomé minimizaban la posibilidad de que la fruta se estropeara. Pero no fue así:

—He comprado un durián, ¿cómo se le ocurre dejarlo en el casillero?

Debía de ser un durián ya sin cáscara, porque la caja isotérmica no era tan grande. Le recordé:

—Esta mañana no había nadie en su casa.

—Igualmente usted no puede dejarlo en el casillero, tráigamelo ahora.

No me gustó nada su tono, sonaba como si me estuviera echando la culpa. Después de exponerle mis motivos para dejar el paquete en el casillero, añadí:

—Ahora mismo no estoy en Xincheng Yangguang. Si le viene bien, baje usted misma al casillero. Yo tardaré un par de horas.

—No puedo esperar tanto, tengo que irme dentro de poco. Tráigamelo ahora.

En aquel momento yo acumulaba mucho retraso, aún tenía que hacer la primera tanda de entregas del día en otros dos complejos. Encima hacía mucho calor, tenía la boca seca y no me apetecía discutir, así que le dije:

—Ahora no puedo. Si usted me espera, dentro de dos horas, cuando vuelva a Xincheng Yangguang, se lo entrego; si no puede esperarme, baje usted misma a recogerlo.

Al oír eso, ella me amenazó:

—¡Pues ahora mismo le pongo una queja en la aplicación! ¡Ha puesto mi paquete en el casillero sin preguntar!

En vista de cómo se puso, decidí no gastar más saliva y colgué. Para mi sorpresa, al momento volvió a llamarme. Por un momento contemplé no contestar, pero luego lo hice.

—¿Me lo va a traer? —me preguntó. No en un tono cortés, por supuesto.

Le expliqué que estaba muy lejos, pero le dio igual.

—Mire, ahora mismo es imposible que vaya —le dije—. Cuando vuelva a su complejo, sí; así que, si puede esperar, espere.

Ella siguió erre que erre:

—Pero ¿por qué ha dejado mi paquete en el casillero? ¿Acaso le he dado permiso?

—Si yo no hubiera puesto su durián en el casillero, ahora estaría conmigo dando vueltas con la solanera que hace hasta las dos y media. Si no quiere bajar por él, no pasa nada; esta tarde, cuando vuelva a Xincheng Yangguang se lo subo. Ahora no puedo, estoy repartiendo en otro sitio. Me ocupo de más complejos residenciales además del suyo.

—¡Usted esta mañana ni siquiera se ha pasado por mi casa!

Ahí sí que me encendió.

—La he llamado tres veces desde la puerta de su casa. ¿Por qué no me ha cogido el teléfono?

En lugar de responder, ella volvió a la carga:

—¡Igualmente usted no tenía por qué dejar el paquete en el casillero sin permiso, tráigamelo ahora!

Yo repliqué:

—Bueno, pues no lo recoja, quédese esperando.

Entonces colgué. Estaba decidido a no contestar si volvía a llamarme, pero no lo hizo. Estaba tan furioso que me temblaban las manos. Pensé: «Mira cómo te pagan tus buenas intenciones». Pero aún tenía paquetes sin entregar en el motocarro, así que decidí no perder más tiempo con ella.

Al final bajó a recoger su paquete. Luego me puso una queja, pero pude anularla porque tenía el registro de llamadas y los mensajes en los que le mencionaba que no había nadie en su casa.

Al cabo de un par de semanas pidió otra caja de fruta refrigerada. Era igual que la anterior, de poliestireno, no sé si sería un durián de nuevo. Por la mañana fui a su casa y, una vez más, no estaba. Era justo lo que yo quería. La vez anterior la había llamado desde el número de Tianjin Telecom que nos pagaba la empresa, pero esta vez la llamé usando mi número personal de Yunnan Unicom, con la esperanza de que al ver un número desconocido de otra provincia no contestara. Así yo podría llevarme el paquete, atarlo al techo del motocarro para que le diera el sol toda la mañana y entregárselo por la tarde. Sin embargo, respondió al momento. No sé si me reconoció o no. Le pregunté:

—¿Quiere que le entregue el paquete esta tarde?

Esperaba que me dijera que sí, pero después de dudar un instante dijo:

—No, déjemelo en los casilleros.

Después de eso, ya nunca tuve que entregarle nada más.

10. Penalizaciones

Cualquier repartidor que lleve un mínimo de tiempo trabajando ha experimentado que le descuenten dinero del sueldo. Entre nosotros solíamos bromear con el tema diciendo: «Cuanto más trabajas, más te quitan; así que trabaja poco y te quitarán poco. ¡Y, si no quieres que te quiten nada, quédate en tu casa!». A uno de los repartidores más jóvenes de nuestro punto de distribución le caían penalizaciones cada dos por tres. Al final se hartó y lo dejó. Por lo que oí, cambió de profesión.

Existen tantos motivos para descontarle dinero a un repartidor que sería imposible enumerarlos todos. Por ejemplo, el chico joven que acabo de mencionar le echaba muchas ganas, pero su falta de experiencia lo llevó a precipitarse y, pensando solo en ganar más, aceptó encargarse de un área de reparto demasiado grande. Mientras duró la temporada baja no hubo problema y lo cierto es que ganó más que nadie, pero al llegar la temporada alta no daba abasto y empezó a encadenar fallo tras fallo. Era el repartidor que más quejas recibía de todos porque, como no conseguía cumplir con sus tareas, solía recurrir a artimañas como dejar los envíos en los casilleros exprés sin antes contactar con los destinatarios. Pinjun permitía reclamar este tipo de conducta: como empresa de logística asociada a un gigante como Vipshop, no podía permitirse ofrecer una experiencia tan deficiente.

Al principio, tanto el encargado M. como el subencargado le cubrían las espaldas y lo ayudaban a buscar excusas para apelar las reclamaciones. Luego, conforme se acumularon las incidencias, fueron perdiendo la paciencia con él.

Aun así, él siguió empeñado en que ganaba poco y se negó a ceder parte de su área de reparto a pesar de ser incapaz de cubrirla.

Quejas aparte, una vez también perdió una batería. Estaba de reparto y, para ahorrar tiempo, aparcó el motocarro en un sitio que no era seguro. Según su propio relato, apenas se ausentó dos minutos, pero, cuando volvió, la batería había desaparecido. También se le extraviaban muchos envíos. Un día se le ocurrió poner uno que iba en una bolsita en la baca del motocarro, que generalmente era un sitio para bultos grandes y pesados. Imagino que tendría que entregar la bolsita primero y decidió dejarla en el sitio más accesible. Como resultado, al poco de salir del punto de distribución, el viento se la llevó volando. Más tarde, un barrendero nos contó que la bolsita se la había llevado una anciana que se la encontró por casualidad. Contenía un conjunto de ropa interior femenina, así que, aunque apenas pesaba unos gramos, costaba más de cuatrocientos yuanes.

Se podría decir que el chico jugaba con fuego y no paraba de quemarse. Si bien era cierto que ganaba más que el resto, una vez descontadas las penalizaciones, sus ingresos reales no debían de ser mucho mayores. Encima se cansaba muchísimo y siempre estaba de mal humor. Para colmo, al recoger devoluciones de Vipshop había tenido que poner dinero de su bolsillo más de una vez, porque el artículo no coincidía con el del pedido. Pero eso nos pasaba a todos.

El proceso de devolución de Vipshop era distinto al de otras plataformas de comercio electrónico como Taobao o Tmall: nosotros no solo recogíamos la mercancía, sino que también éramos responsables de revisarla. Cuando el cliente nos la entregaba, nosotros la marcábamos en el sistema como recibida y, en ese mismo momento, la plataforma le hacía el reembolso al cliente. Después de eso, el paquete volvía al almacén. Si allí detectaban que el producto no era el que tocaba o presentaba signos de uso que impidieran su reventa, entonces el monto del pedido se nos descontaba del siguiente sueldo. Así pues, gestionar devoluciones no solo nos resultaba tedioso, sino también arriesgado. Los pedidos solían incluir varias prendas: a veces, hasta una docena; y nosotros teníamos que revisarlas una por una, volver a embolsarlas, cerrar el paquete y pegarle la nueva etiqueta de envío. Hacer todo eso tomaba mucho más tiempo que entregar un simple paquete. Algunas prendas tenían diseños complicados. Como se te pasara por alto un agujero en alguna parte poco visible o una mancha de pintalabios, te tocaba pagarla. En el caso de las prendas blancas, como llevábamos las manos sucias de trabajar, teníamos que inspeccionarlas casi sin rozarlas, porque si las manchábamos o las estropeábamos también nos las hacían pagar.

Había otra situación todavía más común: que el cliente nos devolviera un producto que no coincidía con el del pedido. Esto podía deberse a que el propio cliente se hubiera confundido al seleccionar el producto a devolver o a que Vipshop le hubiera mandado un producto equivocado. En ambos casos, si nosotros no lo detectábamos, nos tocaba pagar.

Durante el año y pico que trabajé en Pinjun Express, no me descontaron un solo céntimo por una queja. Tampoco es que sea una gran hazaña, claro; igualmente, perdí dinero en tres ocasiones. En dos de ellas fue por no asegurarme de que el producto a devolver coincidía al cien por cien con el que constaba en el pedido.

La primera tuvo que ver con un conjunto de ropa infantil de color verde claro. Era un modelo que se vendía en varios estampados y el cliente había recibido uno distinto al que había pedido. En otras palabras, Vipshop se había equivocado. Yo, al recoger la prenda, en vez de sacarla de la bolsa y revisarla, me limité a escanear el código de barras, que era el correcto. Este tipo de situación solía darse cuando la prenda había sido devuelta por un cliente previo que la había metido en la bolsa que no era, de modo que el código de barras no se correspondía con el de la prenda. Como el personal del almacén se limitaba a escanear las bolsas, la prenda se había vendido a un segundo cliente —el mío— que, al recibirla y encontrarse con un estampado distinto al que quería, pidió la devolución. Como yo tampoco detecté la discrepancia entre producto y envoltorio al recoger el conjunto, esta siguió inadvertida hasta que la prenda volvió al almacén y, esta vez sí, detectaron el problema. Fue una especie de juego de la patata caliente en el que la responsabilidad de la cadena de errores recayó en las últimas manos que habían tocado el paquete, pero como aquel conjunto de ropa infantil costaba solo veintinueve yuanes (solía pagar treinta por la reparación de una rueda) no me lo tomé muy a pecho.

La segunda ocasión en que me descontaron dinero del sueldo también fue porque Vipshop mandó un producto equivocado. Me tocó ir a recoger unas deportivas de suela gruesa de la marca Boerdiqi. El código de barras de la caja era el que tocaba y el modelo de las deportivas que iban dentro también, pero el dibujo del lateral era ligeramente diferente. La marca vendía varios modelos casi idénticos, tenías que fijarte mucho para no confundirlos. Supongo que ese día andaría con prisa y no noté la diferencia. Las zapatillas costaban ciento noventa y nueve yuanes. Cuando me descontaron el importe del sueldo, el almacén me las envió, así que en la práctica fue como si las hubiera comprado. De inmediato, puse un anuncio en la plataforma de compraventa de productos de segunda mano Xianyu y a los pocos días ya las había vendido por ciento veinte yuanes, lo que significa que en realidad solo perdí setenta y nueve yuanes.

La tercera ocasión en que me descontaron dinero del sueldo fue la experiencia más dolorosa que tuve en todo el tiempo que fui repartidor. Mis dos descuidos anteriores me habían costado apenas unas decenas de yuanes; cantidades que, para ser sincero, no me quitaron el sueño. Sin embargo, en esta tercera ocasión perdí mil yuanes de golpe; así que la experiencia se me quedó grabada. Aquel día, al salir de hacer mis entregas en Yulanwan, descubrí que el paquete de la plataforma de comercio electrónico Dangdang que había dejado en el techo del motocarro había desaparecido. Mi vehículo estaba aparcado en la acera junto a otros vehículos de reparto. Yo aparcaba ahí todos los días, puede decirse que era una plaza «reservada», aunque solo los demás repartidores la reconocieran como tal.

En aquel momento, llevaba un año repartiendo en Yulanwan. La mayoría de los días, siempre que no lloviera, llevaba varios bultos en el techo del motocarro. Era de los que menos bultos dejaban: los repartidores de JD.com o de Tmall apilaban verdaderas montañas en los suyos. Aun así, jamás había oído que nadie hubiera sustraído nada. Solían ser envíos voluminosos que no cabían en la caja del vehículo: sacos de pienso para perros, cajas de cerveza... Robar bultos así resultaba muy aparatoso y llamaba la atención; era muy fácil que te pillaran, por no hablar de que la mayoría apenas tenían valor o solo lo tenían para el destinatario. Por ejemplo, dudo que quien me robó la caja de libros lo hiciera para leérselos. Y treinta y pico kilos de libros vendidos como papel reciclado apenas valían diez o doce yuanes.

Es posible que el ladrón no supiera que Dangdang vendía sobre todo libros y pensara que la caja contenía algo más valioso, pero, aunque hubiera contenido arroz, aceite, manzanas o detergente, no creo que le hubiera compensado ni el esfuerzo que tuvo que hacer ni el riesgo que asumió al robarla, por no hablar del daño a su propia integridad moral. Llegué a sospechar que no se habían llevado la caja por codicia, sino para hacer daño, del mismo modo que hay personas que se dedican a destrozar el mobiliario urbano o maltratan animales.

Mi primera reacción fue ir a preguntar a otros repartidores, guardas de seguridad y barrenderos, pero nadie había visto nada. Algunos dudaron que hubiera perdido el paquete; pensaban que me lo habría olvidado en el punto de distribución y seguiría allí. Cuando descarté esa y todas las demás posibilidades y confirmé que realmente había sido víctima de un robo, estuve a punto de perder las ganas de seguir trabajando. Me sentí como si me hubiera arrollado un tren, sin fuerzas ni ánimos de volver a levantarme. No recuerdo nada de lo que hice el resto del día. Tengo la sensación de que me quedé congelado en el sitio, pero en realidad seguí y, aturdido como estaba, me fui al siguiente complejo, luego al siguiente..., hasta que terminé todas las entregas.

De vuelta en el punto de distribución, el subencargado me ayudó a averiguar el valor del paquete: algo más de mil yuanes. Trató de consolarme y me dijo:

—Cuando empecé a trabajar, me robaron una batería y tuve que pagar más de mil yuanes.

Sus palabras no me reconfortaron.

Seguí su consejo y, aunque no tenía ninguna esperanza de recuperar la caja, fui a la comisaría de Jiukeshu a denunciar el robo. Me atendió un policía joven y orondo que hablaba con marcado acento pekinés. Era muy amable, pero se enrollaba como una persiana. Cuando terminó de redactar el parte, le pregunté si creía que podrían atrapar al ladrón y me dijo:

—Eso es algo que nadie puede asegurar. Pero, de la misma forma que no puedo decirle que resolveremos el caso, tampoco puedo decirle que no vayamos a hacerlo; de lo contrario, ¿para qué estamos aquí?

Entonces le pedí que me dejara ver las grabaciones de las cámaras de seguridad.

—No puedo, va en contra de nuestras normas —me explicó—. Cuando las haya revisado, me pondré en contacto con usted.

Sin embargo, yo recordaba que un compañero de mi época en S. Express, que también fue a denunciar un robo, pudo ver la grabación con la policía, así que se lo mencioné. Pero estábamos a finales de septiembre de 2019 y Pekín se hallaba inmersa en los preparativos para el 1 de octubre, el septuagésimo aniversario de la fundación de la República.

—Esta época es un tanto delicada —me explicó el policía—. Nuestros superiores nos vigilan con lupa, no nos atrevemos a desviarnos lo más mínimo de los procedimientos habituales.

Al poco de marcharme, me llamó. Seguramente estaba viendo la grabación mientras hablaba conmigo. Me preguntó por el lugar exacto en el que había aparcado el motocarro y yo se lo aclaré. Entonces me dijo:

—La cámara estaba un poco lejos de donde usted aparcó. Además, hay varios árboles en medio... Bueno, intentaré buscar una solución.

Supongo que no la encontró, porque no volví a saber de él.

La caja de libros que me robaron era para la guardería Tongmeng Tongxiang, que estaba al lado del complejo de Yulanwan. En cuanto tuve claro que no iba a recuperar la caja, fui a hablar con la destinataria, que resultó ser una maestra de mediana edad. Primero me dijo que, como la guardería pertenecía a una cadena y los libros se encargaban desde la sede central, no tenía forma de saber los títulos ni el precio. Sin embargo, al rato recordó haber recibido un listado, así que la agregué en WeChat y me envió el Excel. Cuando le pregunté cómo quería que le compensara, me dijo:

—No me sentiría cómoda aceptando su dinero, ¿por qué no me compra los libros?

Al llegar a casa me instalé la aplicación de Dangdang y empecé a buscar los títulos. Para ser libros infantiles, no eran precisamente baratos. Por suerte, algunos estaban más rebajados en Taobao, así que hice pedidos en las dos plataformas. Al final conseguí hacerme con todos por poco más de novecientos yuanes, casi cien yuanes menos del coste original del pedido. Aquello supuso un pequeño consuelo.

Por aquel entonces aún no sabíamos que Pinjun Express iba a cerrar en diciembre de 2019, dejando en la calle a los más de cuarenta mil repartidores que tenía por todo el país. La empresa nos ocultó la noticia hasta los últimos días, probablemente para que nuestro rendimiento no disminuyera. Sin embargo, después de las celebraciones del Día Nacional, empezamos a oír de boca de varios repartidores de S. Express que Vipshop había comenzado a hacer pruebas de integración con ellos y que ya estaban tramitando parte de los pedidos. En consecuencia, nuestro volumen de trabajo diario empezó a reducirse.

Repasando los hechos con la perspectiva que da el tiempo, todo apunta a que Vipshop tomó la decisión de deshacerse de Pinjun Express como muy tarde a principios de 2019, pero quizá fue a finales de 2018, justo cuando yo acababa de entrar en la empresa.

11. Indemnización por despido

Recuerdo que, en vísperas de la Fiesta de la Primavera de 2019, nuestro encargado organizó una cena en un pequeño restaurante del complejo de Xishangyuan a la que invitó a más de veinte repartidores de los tres puntos de distribución que coordinaba. Comparada con aquella cena con la que me agasajaron en S. Express, esta resultó mucho más modesta: los platos eran normales y corrientes, y su sabor, pasable. El restaurante no estaba en una calle principal, sino escondido en un *hutong*,[*] y se notaba que el negocio no iba demasiado bien: aparte de las dos mesas que ocupamos nosotros, el resto estaban libres. Sin embargo, yo acababa de empezar a trabajar en la empresa, estaba bastante contento con el nuevo ambiente y me llevaba bien con los compañeros, así que, en comparación, la comida no era tan importante.

A mitad de la cena apareció un director de área llamado X. Era el superior inmediato de mi encargado. En ese tipo de ocasiones los jefes suelen dedicar cuatro frases motivadoras a los trabajadores, y es verdad que nos habló con un tono muy entusiasta, pero el contenido de su mensaje fue más bien desmoralizante. Anunció que, pasada la Fiesta de la Primavera, Pinjun Express dejaría de gestionar una parte de los pedidos de Vipshop, que pasarían a manos de otra empresa. Eso sí, las devoluciones seguirían estando íntegramente a nuestro cargo. En el momento no entendí la implicación de sus palabras, pero ahora sé que

---

[*] Callejón típico del viejo Pekín.

anunciaban el plan de transición por etapas que Vipshop adoptaría para deshacerse de Pinjun Express: primero dejaron que los vendedores externos gestionaran directamente sus envíos para detectar posibles problemas y corregirlos, luego cedieron la entrega de los pedidos propios a S. Express.

X. añadió:

—Después de las fiestas, la tarifa por entrega de los pedidos de Vipshop se reducirá en 0,2 yuanes. Eso significa que tendremos que asumir más envíos para ganar más, ¿verdad que sí?

Con el jefe apelándonos directamente, nos vimos obligados a asentir. Encima estábamos con las copas en alto, ¿quién iba a llevarle la contraria en un momento como aquel? Pero su lógica era tan absurda que hasta un tonto habría visto que estaba equivocada. Se esforzó en poner buena cara y fingir que nos estaba anunciando una gran noticia, pero en lo hondo de nuestros corazones proletarios mantuvimos la misma frialdad y desconfianza de siempre hacia las artimañas capitalistas y no nos hicimos ilusiones. Varios meses después, allá por junio o julio de 2019, la empresa volvió a rebajarnos la tarifa otros 0,2 yuanes; esta vez sin que nadie se tomara la molestia de comunicárnoslo.

Con todo y con eso, en 2019 el negocio de Vipshop iba viento en popa. La empresa invertía mucho en publicidad, incluso tenía presencia en varias series de *streaming* populares. Esto hizo que, al menos durante la primera mitad del año, nuestro volumen de entregas no disminuyera con respecto al año anterior, a pesar de haber perdido a los vendedores externos; de hecho, fue al contrario, aumentó un poco. Precisamente por esta razón, ninguno de nosotros esperaba que Pinjun Express acabara disolviéndose a finales de año. En aquel momento pensábamos que, si Vipshop seguía creciendo al mismo ritmo, no querría deshacerse de su filial logística.

Llegado octubre, S. Express empezó a hacerse cargo de la entrega de los pedidos de Vipshop y la situación cambió por completo: nuestro volumen de trabajo cayó en picado. Sin embargo, S. Express no se quedó con todo el negocio de golpe: Vipshop dispuso un periodo de transición de más de un mes durante el que los pedidos se fueron transfiriendo de forma gradual a S. Express. Aunque a esas alturas era obvio lo que estaba pasando, la empresa siguió sin admitirlo. Incluso nos mandaban mensajes de texto tranquilizándonos, pidiéndonos que no hiciéramos caso de los rumores que circulaban y cosas por el estilo. Por lo general, mis compañeros y yo conservamos la calma y la confianza durante todo este proceso. En Pekín no faltaban vacantes de repartidor; cuando una empresa cerraba, te ibas a otra. Mientras estuvieras dispuesto a trabajar, no pasabas hambre. Además, para entonces ya no estaba tan inseguro como a principios de 2018.

Nos reíamos de nosotros mismos diciendo que íbamos a convertirnos en huérfanos desamparados: no solo S. Express acaparaba cada vez más pedidos de Vipshop, sino que grandes clientes como Dangdang estaban dejando de colaborar con Pinjun Express. A medida que esto ocurría, nuestra carga de trabajo se iba reduciendo. Muchos días terminábamos a las dos o las tres de la tarde. Incluso el Doble Once no nos supuso más que cuatro o cinco días de trabajo intenso.

Buscar empleo a finales de año era muy complicado, pero ninguno de mis compañeros parecía tener prisa: todos decían que ya verían después de las fiestas. Creo que estábamos instalados en una especie de alivio colectivo que al mismo tiempo sabíamos que no podía durar. En aquel momento ninguno de nosotros imaginaba que, con la inminente irrupción de la pandemia de la COVID-19, el año siguiente iba a ser mucho más duro. En general, más que la necesidad de buscar empleo, nos preocupaba la indemnización que íbamos a recibir de la empresa. De ese tema hablábamos a diario con gran entusiasmo y pensábamos en el futuro con una mezcla de curiosidad e ilusión.

Al final la empresa anunció un plan de compensación del tipo N+1, según el cual, además de la indemnización que te correspondiera por antigüedad (un mes de sueldo por año trabajado), también te abonaban un mes adicional. Mi antigüedad era de 14 meses, lo cual contaba como año y medio, así que me correspondió una indemnización equivalente a dos meses y medio de sueldo. Pero nos plantearon otra posibilidad: como Vipshop había empezado a colaborar con S. Express, los trabajadores despedidos teníamos la opción de entrar a trabajar en el punto de distribución de S. Express que nos quedara más cerca de casa. Seguiríamos estando asegurados y conservaríamos nuestra antigüedad, pero, eso sí, perderíamos la indemnización. Yo ya había trabajado en S. Express y tenía claro que no era para mí, así que ni me lo planteé. Varios de mis compañeros tampoco querían, y decían: «Deberíamos poder ir a trabajar a S. Express y cobrar la indemnización». En realidad, ninguno de ellos contemplaba seriamente la posibilidad de trabajar en S. Express.

Nuestro último día de trabajo fue el 25 de noviembre de 2019. Recuerdo que cada uno de nosotros tuvo que entregar uno o como mucho dos bultos. Al terminar volvimos al punto de distribución, desmontamos las estanterías, embalamos todas las cosas que la empresa quería conservar y luego, con la ayuda del subencargado, rellenamos los formularios de baja.

A continuación, el subencargado nos anunció que en un rato vendría un representante de S. Express a reclutarnos. Como repartidores con experiencia y familiarizados con los alrededores, para S. Express éramos mucho más valiosos que cualquier otra persona contratable. Sin embargo, ninguno de nosotros estaba interesado en trabajar para S. Express. Yo, en particular, tenía miedo de que apareciera el director L., porque estaba a cargo de Liyuan, y su despacho se encontraba a menos de un kilómetro de nuestro punto de distribución. Como no eran ni el momento ni el lugar ni las circunstancias para cruzarme con él, me fui lo antes que pude junto al resto de mis compañeros. Al ver que lo dejábamos solo, el subencargado nos preguntó con impotencia: «¿Y ahora qué le digo al de S. Express cuando venga?».

Nuestras últimas semanas en Pinjun Express fueron muy tranquilas. La presión del trabajo desapareció y, con ella, nuestra ansiedad. Por la mañana, después de cargar los motocarros, incluso charlábamos un rato antes de salir a repartir.

Durante más de un año, mi ruta diaria había sido siempre la misma: primero los complejos Xincheng Yangguang, Sunwangchang, Jinchengfu y Yulanwan; luego el Jingtong Roosevelt Plaza, el Jincheng Center y el Carrefour; después el Ruidu International Center y sus complejos anexos (primero el sector norte, después el sector sur); luego el parque cultural y creativo Hongxiang 1979 y el parque de la industria audiovisual Donglang; por último, los complejos Qijian Kaixuan y Haitong Wutongyuan. Para mí esta era la ruta más lógica y más eficiente. Había veces en las que, si no la seguía, no me daba tiempo a hacer todas las entregas.

Sin embargo, ahora podía recorrer la ruta al revés. Aunque tardara más. Aunque tuviera que saltarme algunos sitios y dejarlos para luego (si no, los clientes de los dos parques industriales aún no habrían llegado al trabajo). Podía porque, de repente, el tiempo me sobraba. Como un pobre ninguneado por todos que se hubiera hecho rico de la noche a la mañana, ahora iba a vengarme dándome el lujo de derrochar. Hasta entonces, obligado a aprovechar cada segundo, había vivido en constante tensión y teniendo que hacer malabares sin conseguir más que salir del paso.

Cuando me di cuenta de que, a pesar de llevar más de un año repartiendo en ellos, nunca había visto los complejos de Qijian Kaixuan y Haitong Wutongyuan a las ocho o nueve de la mañana, decidí visitarlos a horas distintas a las que acostumbraba en mis días de rígida disciplina. Lo que vi y sentí también fue distinto. Para mi sorpresa, me descubrí apreciando el trabajo desde una perspectiva completamente nueva. No fue solo por el cambio de ruta y de horarios, sino porque empecé a mirar las cosas de forma desinteresada, desde un punto de vista que antes no había podido adoptar debido a la ansiedad y a las prisas. Había dejado de ser un robot que repartía por treinta yuanes la hora y estallaba de rabia en cuanto no alcanzaba el rendimiento previsto.

Un día me pasó una cosa repartiendo en Qijian Kaixuan. Ese complejo me gustaba mucho. Estaba algo descuidado, pero era muy espacioso y tenía pocos residentes, así que el ambiente era muy tranquilo. Además, como se podía entrar con el motocarro, era ideal para los repartidores.

El caso es que aquel día yo estaba frente al portero automático de uno de sus edificios, introduciendo los dígitos de un apartamento. Era fácil imaginar lo que iba a pasar a continuación en el interior: empezaría a sonar un timbre estridente y la pantalla del videoportero instalado junto a la entrada se encendería para mostrar mi cara (o quizá medio cuerpo, según la distancia) mirando a cámara con ansiedad mal disimulada, en espera de la reacción del inquilino. Solía ser una situación bastante incómoda, sobre todo si, como entonces, el inquilino y yo no nos conocíamos. Tal vez la persona estuviera concentrada en algo que requiriera silencio. O quizá acababa de terminar un turno de noche y se hallaba sumida en un sueño profundo que el timbrazo interrumpía, caso en el que se levantaría de mala gana e iría con el ceño fruncido a mirar en la pantalla del videoportero quién demonios causaba tanto alboroto. Esto explica por qué, en mi experiencia, la mayoría de los inquilinos respondían con un tono poco amable, incluso agresivo.

Aquel día introduje los dígitos uno, cero y uno, correspondientes al apartamento 101. El edificio tenía seis plantas, cada una con dos apartamentos. Según entrabas al edificio, el apartamento 101 quedaba a la izquierda de las escaleras, y el 102, a la derecha. Oí con toda claridad el timbre repicando con urgencia, tanto en mi lado del portero automático como en el interior del apartamento 101. Al momento, una voz masculina me preguntó quién era. Aunque había dos puertas de por medio entre nosotros, apenas nos separaban unos metros. Cuando le respondí, se dispuso a abrirme. Su videoportero contaba con un botón para accionar la puerta que claramente era mecánico, porque cuando lo pulsó escuché un fuerte clac. Como repartía a diario en aquel complejo, sabía que los interruptores de aquel bloque solían fallar y a menudo había que apretarlos varias veces para que la puerta respondiera. Algunos vecinos, probablemente cansados de pelearse con aquellos botones, preferían bajar a abrirme en persona.

Sin embargo, aquel día topé con un hombre tenaz, que no cedía con facilidad en cuestiones de principios. Consciente de que el botón funcionaba cuando quería, no se hizo ilusiones de que lo hiciese a la primera y, en cuanto se puso a ello, empezó a aporrearlo con tal furia que del portero automático brotó una ráfaga de clacs tan continuos y apretados como los chapuzones de una bandada de patitos tirándose al agua. Mi reacción ante aquel ímpetu incansable fue dedicarle a la cámara una sonrisa tan cargada de ánimo como de expectación; así, cuando aquel oculto baterista de jazz mirase de reojo la pantallita y me viera, sentiría que sus esfuerzos valían la pena: alguien estaba contagiándose de su entusiasmo y ardía en deseos de asistir al clímax que se acercaba (esto es, la apertura de la puerta). Mi actitud pareció animarlo: cada breve pausa no era más que el preludio de un redoble aún más potente que el anterior, cada brillante pasaje daba paso a otro todavía más espectacular y ese otro, a su vez, lanzaba un desafío al público: ¿qué llegaría antes, el agotamiento de sus nervios en tensión o el clímax que seguía haciéndose de rogar?

Como único asistente a aquel magnífico espectáculo, la incomodidad empezó a apoderarse de mi rostro. Cuantos más segundos pasaban, más me costaba mantener una sonrisa natural, pero dejar de sonreír entonces habría sido mucho peor que no haberlo hecho desde el principio. Como suele decirse, el tiempo parecía haberse detenido. Pasaron treinta segundos; luego, un minuto entero… ¿Acaso aquello no iba a acabar nunca? Por absorto que estuviera el intérprete, venía siendo hora de que reaccionara. Llegué a pensar que estaba cachondeándose de mí, que su intención nunca había sido abrir la puerta, sino castigarme, que había urdido aquella farsa con el único propósito de obligarme a desistir e irme sin llegar a enfrentarse directamente conmigo. Justo entonces, alguien en lo más profundo de mi ser (más mezquino que yo, pero también más honesto y más valiente) no pudo evitar gritar: «¡Pero sal a abrirme, gilipollas, si es un segundo! ¡Mira el rato que llevas aporreando el botón!».

Por suerte, en este mundo siguen existiendo valores que prevalecen sobre los cálculos utilitaristas que suelen determinar nuestras decisiones. Algunas personas nos regimos por principios quizá incomprensibles para los demás, pero que nos afianzan y nos ayudan a creer que el mundo puede ser un lugar mejor. Por eso, movido por una empatía que ni yo mismo sabría explicar, esperé hasta que la puerta se abrió. Cuando por fin entré en el edificio, vi al inquilino esperándome en el umbral de su puerta. Era un hombre de unos cuarenta años (y, dicho sea de paso, sin ninguna discapacidad visible). Le entregué su paquete, él lo tomó y me dio las gracias. Entonces yo le respondí:

—A usted, caballero.

A medida que mis días se volvieron más plácidos y relajados, hice un esfuerzo por llevarme mejor con los clientes (aunque ya era un poco tarde, pues estaba a punto de tener que despedirme de ellos). Por algunos sentía cierto afecto, no podía decir que fuéramos amigos, porque casi nada sabía de ellos ni ellos de mí, pero de todos modos nuestra relación tampoco era puramente comercial. Me sentía testigo de parte de sus vidas: conocía sus casas, a su familia, sus mascotas, sus personalidades, su forma particular de tratar a los demás, incluso sus hábitos de consumo en Vipshop. Empecé a hablarles en un tono más jovial (siempre con respeto, claro) y a mostrarles una actitud tan servil que rayaba lo ridículo. Cuando no estaban en casa les preguntaba a qué hora volverían para volver a pasarme, y si no podía les decía: «No se preocupe, cuando termine el turno se lo acerco, que me viene de camino». En realidad, no me venía de camino: al volver a casa del trabajo no pasaba por ninguno de los complejos donde repartía. Me desviaba expresamente, porque estaba de buen humor, tenía tiempo de sobra y sentía curiosidad por la cara que pondrían al ver que me volcaba tanto.

Los hechos demostraron que, cuando no tenía que preocuparme por mi eficiencia (es decir, cuando no tenía que estar pendiente de la relación entre el esfuerzo que invertía y la recompensa que recibía), casi todos los clientes se volvían tratables y hasta se acordaban de sonreír. Sin intereses de por medio, el mundo puede ser un lugar cordial y armonioso.

Como aun después de hacer todo eso seguía sobrándome tiempo, retomé el hábito de la lectura. Primero leí *El hombre sin atributos* de Robert Musil (tardé casi un mes, porque me distraía y tenía que volver atrás), luego el *Ulises* de James Joyce. Los dos eran libros que había empezado años atrás, pero que nunca había logrado terminar. Llevaba ya unos años sin leer (me refiero a leer en serio, a enfrentarme a textos exigentes), porque el trabajo no solo me impedía concentrarme, sino que también me quitaba las ganas.

En mis últimas semanas de trabajo, cuando terminaba las entregas me iba al Jingtong Roosevelt Plaza y me sentaba a observar el trajín de la gente, los dependientes y los repartidores. Me fijaba en sus gestos para adivinar su estado de ánimo. La mayoría de ellos me parecían sumidos en una especie de sopor en el que no sentían ni padecían, solo se movían mecánicamente, igual que solía hacer yo. Y aun me di cuenta de otra cosa: en cuanto supe que iba a dejar el trabajo, la gran mayoría de mis sentimientos pasaron a ser positivos, incluso agradables. Me convertí en mejor persona, al menos mejor que mi yo atrapado en la rutina. Era más amable, más cercano, más paciente. Eso demostró lo mucho que detestaba el trabajo; de hecho, había detestado todos los trabajos que había tenido hasta el momento. Sentirme obligado a trabajar me volvía irritable, resentido y quejoso; muchas veces eso me llevaba a juzgar de forma injusta a mis clientes y verlos más egoístas, irracionales y codiciosos de lo que en realidad eran.

Por supuesto, no siempre fui un mal repartidor. Al contrario: aunque no me gustaba ni sabía tratar con los clientes, en los demás aspectos puede que fuera el más esmerado y responsable del punto de distribución. No porque tuviera un talento especial, sino porque nunca asumí más trabajo del que podía manejar. Otros, con tal de ganar más, se quedaban con áreas de reparto imposibles de cubrir y luego les llovían las reclamaciones. Mis ingresos no eran los más altos, ni siquiera me contaba entre los repartidores mejor remunerados del punto de distribución, pero creo que, cuando un cliente valora si un repartidor es bueno o no, rara vez contempla lo que gana.

El último día, antes de terminar, publiqué un mensaje en mis momentos de WeChat, visible solo para los clientes, informándoles de la disolución de Pinjun Express y explicándoles que ya no me encargaría de entregar sus pedidos de Vipshop. Muchos me dejaron comentarios elogiando mi dedicación y dándome las gracias por los esfuerzos realizados durante tanto tiempo. Esto me hizo valorar un poco más mi labor. Hasta entonces siempre había tenido la sensación de que lo hacía fatal. Una clienta llegó a escribir: «Eres el repartidor más serio y responsable que he visto en mi vida». La verdad es que me sorprendió que me apreciara tanto, porque yo a ella no la tenía muy presente. Aun así, estoy convencido de que fue sincera: al fin y al cabo, ya no iba a tener más trato conmigo y no iba a ganar nada adulándome. Por eso creo que, sin ánimo de exagerar, puedo resumir mi tiempo como repartidor con la siguiente frase: «Para algunos clientes fui el mejor repartidor que habían visto en su vida».

Capítulo III
Recuerdos de mi etapa en Shanghái

1. El minisúper

En la primavera de 2013, recién llegado a Shanghái, conseguí alojamiento en una planta baja subdividida de la calle Qinzhou. Solo era un cuarto oscuro y húmedo, pero se lo alquilaba directamente al propietario, sin agencias de por medio. Compartía los espacios comunes (el baño y el salón, cocina no había) con dos familias. Mi cuarto era el más pequeño y, por tanto, el más barato. Tendría unos cinco metros cuadrados útiles; el espacio justo para una cama, un armario y un escritorio. El escritorio estaba pegado a la cama, de modo que me no hacía falta silla: con sentarme en el borde de la cama bastaba. Pagaba mil quinientos yuanes.

Había encontrado trabajo en la página 58.com. Por entonces no estaba tan llena de estafadores como ahora y aún servía para encontrar empleo, sobre todo del tipo que no requería titulación universitaria. De todos modos, en mis búsquedas yo me ceñía a empresas de las que hubiera oído hablar (por ejemplo, más tarde, cuando me hice repartidor, miraba ofertas en D. Express y S. Express). Trabajar en empresas conocidas no era garantía de nada, pero la probabilidad de que te engañasen era menor. Al final me decidí por la cadena de minisúpers C.

Antes de empezar a trabajar tuve que hacer un cursillo de capacitación. Lo daban en el parque de alta tecnología Shibei, al norte de la ciudad, y la sede de la empresa estaba escondida en un edificio de oficinas mediano de por allí. Tuve unos diez o doce compañeros. Al terminar nos hicieron una prueba práctica: el examinador iba leyendo de forma natural una lista de productos, y había que introducir los códigos en una caja registradora simulada. Las listas podían incluir tareas como hacer una recarga de móvil o gestionar el pago de un recibo. Si al terminar el importe total era el correcto, aprobabas. Aunque no era una prueba muy difícil, hubo personas que no la pasaron. Los que no pasaban tenían dos opciones: repetir el cursillo o buscarse otro trabajo.

Tomando en cuenta dónde vivía, la empresa me asignó a uno de sus establecimientos del distrito de Xuhui. La encargada era una mujer de Jiangxi de unos treinta años. Cuando me presenté, me explicó que tenía cuatro mujeres a su cargo y había pedido a la empresa que le enviaran a un hombre para cubrir el turno de noche de forma permanente. Por supuesto, con eso no pretendía obligarme; solo pedía mi consentimiento. Yo podría haberme negado, pero me gustó la idea de trabajar de noche porque había menos clientes. Mis tareas principales eran recibir un cargamento de productos a medianoche, limpiar el local (lo más laborioso era el puesto de comida preparada) y, al amanecer, preparar platos calientes: *oden*, sopa picante o panecillos al vapor, y bebidas como leche de soja y café.

Empecé a trabajar sin saber cuánto cobraría exactamente. El departamento de recursos humanos me había explicado la estructura salarial de la empresa, pero, como una parte de mi sueldo dependía de la facturación de cada tienda, no pude calcularlo. Más tarde, mis compañeras me contaron que, después de descontar la seguridad social, recibían poco más de tres mil yuanes al mes. Por el turno de noche se ofrecía un pequeño complemento, así que me corresponderían unos cuatrocientos adicionales.

Sin embargo, descontando los mil quinientos yuanes que pagaba de alquiler, me iban a quedar poco más de dos mil. No tener cocina me obligaba a comer comida rápida y tres comidas al día me salían por unos treinta yuanes. Descontando ese y otros gastos básicos, al final no me quedaba casi nada. Tal vez por eso la encargada me dijo que podíamos llevarnos las cajas de comida caducada.

En teoría estaba prohibido (las cajas caducadas debían destruirse de acuerdo con un procedimiento formal que requería su firma), pero, si hubiera cumplido el protocolo al pie de la letra, se habría quedado sin empleados por culpa de los bajos salarios. Como encargada, no le convenía una rotación constante de personal, así que usaba aquellas cajas de comida caducada gratuitas para ayudarnos a ahorrar. También nos permitía comernos las bolas de arroz, el sushi, los fideos y demás productos refrigerados que pasaban de la fecha de consumo preferente. Un día hasta me dio un cartón de un litro de leche caducada.

Yo entraba de noche y salía a la mañana siguiente. Recuerdo que según las normas de la empresa nuestra jornada era de sesenta horas semanales. Sin embargo, la encargada me explicó que para cumplir con eso habría necesitado contratar a otra persona, lo cual habría reducido los ingresos de todos (ni siquiera habríamos llegado a los tres mil yuanes); prefería organizar turnos de setenta y dos horas semanales para que ganáramos más. Yo le dije que no tenía inconveniente. En realidad, no podía negarme, era una decisión colectiva (ha pasado mucho tiempo y no lo recuerdo del todo bien, es posible que las cifras que menciono no sean del todo exactas).

El trabajo en el minisúper no era cansador, pero sí bastante monótono. De noche, las horas se hacían interminables. El puesto de comida preparada se ensuciaba mucho, así que me entretenía limpiándolo a fondo. La cristalera era de vidrio templado y yo pasaba el rato puliéndola con papel de periódico y limpiacristales.

En la calle había un restaurante de Sichuan que abría hasta muy tarde; a veces los camareros venían a charlar conmigo, pero yo aún no había cogido confianza con ellos y, además, no soy nada hablador.

Al final, trabajé en aquel minisúper menos de diez días.

Una mañana, a eso de las seis, cuando aún no había llegado mi relevo, entró en la tienda una mujer de mediana edad a comprar un vaso de leche de soja. Esa mujer era Y., mi futura jefa.

Y. tenía una tienda de bicicletas cerca de allí. En realidad, no había venido a comprar leche de soja, sino a observarme. La cajera de su tienda le había estado robando dinero y acababa de darse a la fuga. Como le urgía encontrar un reemplazo, en lugar de publicar una oferta de empleo, dedicó la mañana a visitar los cuatro minisúpers que había en un radio de doscientos metros (un Lawson, un Family-Mart, un 7-Eleven y el mío) con la intención de contratar a alguno de sus cajeros.

Era una mujer muy habladora, apenas tuve que escucharla y asentir. Según me contó, de todos los dependientes que había observado aquella mañana, yo era el único que llevaba la mascarilla puesta. Hacerlo era un requisito obligatorio en todas las cadenas, pero imagino que en el turno de noche no se cumplía con tanto rigor. Y. me ofreció un salario base de tres mil yuanes más comisiones, además de la posibilidad de vivir en su tienda. Eso último fue lo que de verdad me atrajo, porque así iba a poder ahorrarme los mil quinientos yuanes de alquiler que venía pagando. Sin embargo, su promesa de darme de alta en la seguridad social no se materializó; a cambio, me incluyó en un seguro médico comercial colectivo. Su excusa fue que la seguridad social era un engaño y que me bastaba con tener cobertura médica. Unos seis meses después, mientras ordenaba el almacén, un sofá se me resbaló desde arriba y me golpeó justo encima de la ceja. Tuve que ir al hospital Ruijin a que me dieran puntos y, efectivamente, el seguro corrió con todos los gastos.

Y. tenía tanta prisa por contratarme que me vi obligado a saltarme el procedimiento de renuncia habitual del minisúper. Al principio, la encargada quiso que terminara el mes completo, pero creo que luego empezó a temer que trabajara de mala gana y le causara problemas, porque al cabo de dos días me autorizó a marcharme de inmediato. Más tarde, una compañera me contó que me habían incluido en la lista negra del departamento de recursos humanos, para que jamás pudiera volver a trabajar en un minisúper de la cadena.

Aunque no era la primera vez que dejaba un trabajo, sí fue la que más me pesó en la conciencia; sentía que le debía algo a mi encargada. Como seguí trabajando en la zona, unos días más tarde compré algo de fruta para llevársela a modo de disculpa, pero al llegar a la entrada del minisúper no me atreví a entrar. Después de un cuarto de hora debatiéndome, al final desistí. Me acabé comiendo yo toda la fruta.

Cuando dejé el cuarto de la calle Qinzhou, perdí tanto el alquiler del resto del mes como la fianza. Así lo establecía el contrato si te marchabas sin haber cumplido el tiempo mínimo. En total fueron más de dos mil yuanes. Aun así, quedé con el casero para explicarle la situación. Le dije que apenas tenía dinero hasta que cobraba, esperando que se apiadara de mí. Sin decir una palabra más, me entregó doscientos yuanes y dio el asunto por zanjado.

2. La tienda de bicicletas

Después de aquello estuve trabajando en la tienda de Y. durante más de un año, así que pasaba por delante del minisúper casi a diario. Siempre aceleraba el paso y jamás me paraba. A veces, si iba con alguno de mis nuevos compañeros y este entraba a comprar algo, lo esperaba en un punto lo más alejado posible. Todos se reían de mí por eso.

Un tiempo después de dejar el minisúper, la empresa me transfirió el salario correspondiente a los días que había trabajado, un dinero que yo daba por perdido. Esto me enseñó que trabajar para una empresa grande tiene sus ventajas: suelen ceñirse a las normas sin distinciones ni favoritismos.

La tienda de Y. arrastraba muchos problemas. El ánimo de los empleados que le quedaban estaba por los suelos, y no solo por el asunto de la cajera.

Y. explotaba comercialmente una marca estadounidense de bicicletas de gama alta, cuya presencia en China por aquel entonces se reducía a una tienda propia más una treintena de franquicias. Según me contó, de todos los franquiciados, ella era la única que atendía personalmente el negocio. Esto implicaba que, para el resto, las tiendas no eran su fuente principal de ingresos, sino más bien una manera de dar salida a su afición al ciclismo y de apoyar la marca: abrían las tiendas, contrataban a alguien cualificado para que las llevara y seguían con sus ocupaciones habituales, fueran las que fuesen.

En cambio, Y. ni siquiera era ciclista, al menos por entonces, aunque compensaba su casi total ignorancia en materia de bicicletas (algo que jamás reconocía) con su entusiasmo. No por el ciclismo, sino por el hecho de tener un negocio y por las interacciones sociales que ello implicaba. No era, en absoluto, alguien que disfrutara de la soledad. Si en lugar de bicicletas hubiera vendido muebles, habría demostrado la misma pasión.

Debo decir que era una persona muy competente. Gracias a lo que aprendía en los cursos de formación que ofrecía la empresa de forma periódica, era capaz de opinar sobre cualquier aspecto relacionado con las bicicletas. Cuando he dicho que su ignorancia era casi total, me refería a en comparación con los aficionados; al lado de una persona común y corriente, parecía toda una experta. Antes de abrir la tienda había trabajado en el departamento de marketing de una multinacional. Su carácter y sus aptitudes encajaban a la perfección con el perfil de lo que se conoce como una *top sales performer*: entusiasta, optimista, proactiva e incansable. Le encantaba hablar con la gente. Cada vez que entraba alguien por la puerta, casi podía oír el subidón de dopamina que le provocaba. Si en mi caso acercarme a un cliente y saludarlo era algo que requería preparación mental previa, en el suyo parecía constituir un auténtico placer.

La cosa cambiaba cuando tenía que tratar con ciclistas aficionados, pues solían saber más de bicicletas que ella y no eran nada fáciles de convencer. Eran compradores muy cautos que investigaban a fondo antes de decidirse, y la mayoría se fijaba mucho en los precios: venían una y otra vez a curiosear y comparar, pero casi nunca compraban nada o lo hacían en otra tienda. Como Y. solía decir, «los ciclistas son todos unos muertos de hambre». Otra cosa que solía decir era: «En esta zona, el metro cuadrado de vivienda cuesta una media de cien mil yuanes; nuestro verdadero público objetivo son los residentes». Centrarse en aficionados cazagangas con la tienda en una zona tan exclusiva le parecía un contrasentido, por eso mantenía expuestas en el escaparate, durante todo el año, varias bicicletas urbanas equipadas con sillita infantil. Aquellas bicis para llevar a los niños al colegio o para ir a hacer la compra espantaban a los verdaderos aficionados, e incluso dañaban la imagen de nuestra marca, que pretendía posicionarse como referente del deporte de élite. La marca había lanzado unos pocos modelos de uso diario como mera concesión al mercado, pero Y. ponía todo su empeño en promocionar precisamente ese tipo de producto. Llegó a poner a la venta bicicletas similares de otras marcas, algunas de ellas plegables. En aquel entonces, la presencia de nuestra marca en China era incluso menor de la que tenía en Nueva Zelanda, y la mayoría de los franquiciados seguían sin tener beneficios; por eso la empresa era bastante indulgente y no sancionó las repetidas infracciones contractuales de Y.

Los clientes favoritos de Y. eran hombres de cierta edad preocupados por su imagen y con un alto poder adquisitivo que estaban empezando a interesarse por el ciclismo, pero aún no se habían decidido. Con ellos no tenía problema en hacerlos pasar del «solo vengo a informarme» a la decisión de compra. Su estrategia consistía en desgastarlos: ante cualquier pero que pusiera el cliente, ella sabía proponer una alternativa, aunque a veces fuera un tanto forzada. Y no se limitaba a hablar: cada vez que proponía un modelo, a menos que el cliente lo rechazara explícitamente, nos mandaba a buscarlo al sótano del complejo residencial contiguo, donde teníamos el almacén, para desembalar la bicicleta, montarla y dejarla lista para probar. Con algunos clientes llegaba a hacer esto cuatro o cinco veces, aun a costa de retrasar la hora de cierre (que era a las nueve) una o dos horas. Vernos sudando y trabajando con tanto empeño solo para él solía ablandar al cliente. Mientras tanto, Y. no dejaba de cantarle las bondades de las bicicletas. Todo el que entraba por la puerta tenía un mínimo de curiosidad o interés, pero la mayoría venía con la idea de informarse antes de tomar una decisión. Ella hacía todo lo que podía por que se decidieran al momento; no soportaba escuchar «Ya volveré otro día» a menos que la frase estuviera acompañada de una señal monetaria. Estaba convencida de que consumir es un acto impulsivo: si todo el mundo insistiera en sopesar sus decisiones, nadie compraría nunca nada.

Lo cierto es que su manera de trabajar se complementaba a la perfección con la mía. Para mí, hablar con los clientes era una pesadilla, pero estando ella yo no tenía que hacerlo. Y. se encargaba de todos los aspectos del trabajo que yo detestaba. A cambio, me pedía que cargara bultos o que organizara el almacén, tareas que yo hacía encantado.

Aparte de eso, era muy desordenada. Dejaba las cosas tiradas en cualquier sitio y luego no las encontraba. A menudo trataba de hacer tantas tareas a la vez que se le olvidaba la mitad. Una vez aceptó la señal de un cliente sin registrarla, porque estaba muy liada, y luego se le olvidó. Cuando el cliente vino a recoger la bicicleta, ella no tenía ningún recuerdo de él. Al final, un compañero y yo conseguimos encontrar la transacción comparando el importe con los movimientos de la cuenta de la tarjeta del cliente.

Y. disimulaba muy bien su desmemoria. Saludaba a todo el mundo como si lo conociera de siempre. A veces, si un cliente la reconocía y ella a él no, lo saludaba efusivamente y empezaba a hablar por los codos procurando no ser descubierta. Su ansiedad era casi patológica. Como no podía estar tranquila, cambiaba de opinión de forma constante. Una vez le puso una pegatina de descuento a una bicicleta y a las pocas horas la retiró riéndose de sí misma y diciendo que, de todos modos, nadie se fijaba. Al cabo de unas pocas horas más, vi que volvía a ponerle otra pegatina, convencida de que sin ella la gente se estaba fijando aún menos (aunque, en realidad, no había entrado apenas nadie en la tienda). Así era ella: tan inquieta como una hormiga sobre una sartén caliente. Cualquier medida que no produjera resultados inmediatos le parecía equivocada. Gestionar las emociones se le daba fatal y se había ganado cierta fama por ello. Muchas veces se enfadaba con nosotros, luego pedía perdón y a los pocos días volvía a hacer lo mismo: enfadarse y pedir perdón. En aquel bucle interminable sus disculpas perdían cualquier valor.

En todos esos aspectos, yo era su opuesto. Soy una persona tranquila, mi ánimo es estable y casi nunca me dejo llevar. También soy muy metódico: me gusta mantener mi espacio de trabajo limpio y ordenado (de lo contrario soy incapaz de funcionar). Mi cometido era apoyar a Y., ordenar su caos, tranquilizarla y recordarle las cosas. Gracias a eso, su eficiencia mejoraba.

El resto de los empleados de la tienda, quizá con la excepción de algún trabajador a tiempo parcial, detestaban la forma de ser y de trabajar de Y. A diferencia de ella (y de mí), habían entrado en el sector porque les apasionaban las bicicletas y, fuera del horario laboral, eran el tipo de ciclista aficionado que Y. no soportaba. Según ellos, en toda la industria no había un solo vendedor que empleara las técnicas de Y. Trabajar bajo sus órdenes les resultaba agotador, porque no paraban ni un segundo, muchas veces haciendo cosas que les resultaban absurdas. Odiaban la manera en la que Y. atosigaba a los clientes con su insistencia; también pensaban que presentar y montar una bicicleta tras otra era una forma muy burda y muy agresiva de presionarlos. Para colmo, ella solo hablaba, y los que acababan sudando la gota gorda éramos nosotros. Cada vez que un cliente se iba sin comprar nada, se sentían reivindicados en su idea: la jefa se dedicaba a hacerles perder el tiempo y las fuerzas en vano.

A veces, Y. nos trataba igual que a los clientes: nos apabullaba hablando, nos prometía un montón de cosas y luego se desdecía. Eso provocaba escenas bastante lamentables, pero creo que le daba igual. Aunque dijera lo contrario, la mayoría de sus actos tenían consecuencias previsibles de antemano. Y. se había metido en un sector en el que dependía de los conocimientos técnicos de unos pocos de mis compañeros. Aunque fuera la jefa, en esencia seguía siendo una comercial: su carácter, su disposición y sus habilidades se centraban en ese papel. Desde su punto de vista, la tienda no era un hobby, sino un negocio. En eso no se equivocaba, pero todas las personas de las que dependía (salvo yo) estaban allí precisamente por pasión.

Cuando entré a trabajar en la tienda, solo había dos empleados a tiempo completo: J. y S., ambos mecánicos. Me sorprendió descubrir que sentían aprecio por mi predecesora (aquella cajera que se había fugado con el dinero). Yo pensaba que la corrupción era un asunto de blanco o negro, pero para ellos el comportamiento de Y. era aún más odioso que el de la cajera. Conmigo fueron siempre muy amables, en parte porque yo lo era con ellos: no les discutía nada, todo lo que decían me parecía bien... Iba de bueno. Con el tiempo descubriría que eran los mejores empleados que Y. llegó a tener. Tras su marcha, los sustitutos resultaron ser algo menos profesionales y mucho más deshonestos.

Y. trató de sabotear mi relación con J. desde el primer momento. Me advirtió que no me acercara demasiado a él, porque «pronto nos dejaría». J. había sido mecánico en la sede de la marca, así que contar con él equivalía a contar con un mecánico oficial. Tanto nuestra tienda como la sede de la marca estaban en el distrito de Pudong. En ese entonces, Shanghái era la única ciudad de China con dos tiendas de la marca. Y. había fichado a J. ofreciéndole un salario muy jugoso para que fuera su gerente.

Sin embargo, la tienda no necesitaba un segundo gerente: ya contaba con Y., cuyo carácter era mucho más adecuado para la gestión que el de J. (demasiado amigable, demasiado relajado). Aun así, J. era un mecánico excelente, tenía mucha experiencia y era capaz de organizar salidas ciclistas, tanto dentro de la ciudad como en las montañas de los alrededores. Para un negocio como el nuestro, eso era crucial, pues no bastaba con vender bicicletas. Por alto que fuese el nivel de vida en Shanghái, no vendían grandes cantidades de bicicletas por decenas de miles de yuanes. A diferencia de lo que pasaba con los teléfonos móviles, casi nadie cambiaba de modelo cada uno o dos años. Los consumibles, el equipamiento, las experiencias y el servicio al cliente eran fuentes de ingresos mucho más importantes. Por tanto, organizar una o dos actividades semanales resultaba indispensable.

Sin embargo, según Y., si ella le pagaba a J. un salario de gerente, él debía asumir el nivel de responsabilidad de un gerente. Esa era la raíz de sus conflictos. Cuando tomó las riendas de la tienda, Y. se sentía insegura porque no entendía de bicicletas ni conocía el sector. Sin embargo, al mismo tiempo se permitía ser optimista porque, según ella, casi ninguno de sus competidores valía para vender. En general, le parecía que estaban demasiado relajados. Llegó a comentarme con desprecio que, comparado con el de la multinacional en la que había trabajado, el modelo de gestión de la sede de nuestra marca era amateur, desorganizado e ineficiente. Tuve la impresión de que pensaba que, de haber pertenecido a un sector más despiadado que el de las bicicletas, nuestra marca habría sido barrida por la competencia hacía tiempo. Sospecho que para ella meterse en el negocio de las bicicletas fue una suerte de «ataque dimensional».*

---

* Concepto introducido en el último libro de la popular trilogía de ciencia ficción *El problema de los tres cuerpos*, donde una civilización extraterrestre reduce el sistema solar al plano bidimensional para poder destruirlo. El término ha pasado a formar parte del acervo popular, donde ahora designa cualquier estrategia que asegure una ventaja asimétrica; desde lograr una innovación tecnológica que revolucione el mercado hasta reventar los precios o, como aquí, elegir competir contra adversarios menos capacitados.

Haber fichado a J. por tanto dinero se debía a lo mismo: quería aumentar sus posibilidades de éxito. Sin embargo, no anticipó que para aquel puesto la personalidad y la ideología eran factores mucho más determinantes que las capacidades técnicas. Cuando tuvo claro que J. no iba a cumplir con sus expectativas, la tomó con él y empezó a criticarlo sin parar, lo que a su vez no hizo más que aumentar el rechazo que él sentía por ella.

Nunca se lo dije, pero no me gustó que Y. intentara obligarme a tomar partido en su conflicto con J. Odio que me impliquen en disputas ajenas, afecta a mi ánimo y empeora mi calidad de vida. Quería que lo resolvieran entre ellos y que a mí me dejaran en paz. Yo me mantendría neutral, porque no podía hacer otra cosa.

Por su parte, J. y S. me veían como a uno de los suyos. Al fin y al cabo, era un trabajador más, mientras que Y. era la jefa y pertenecía a una clase fundamentalmente opuesta a la nuestra. Muchas veces, después del trabajo, iba con S. (y más tarde con otros compañeros que se fueron sumando) a un pequeño local en la intersección de las calles Xiangyang y Yongjia a comer sopa picante.

Como todos los jefes, Y. no soportaba vernos desocupados. Si no había clientes en la tienda, enseguida nos buscaba algo que hacer, desde limpiar hasta revisar el inventario. Por razones que arrastrábamos desde hacía mucho, el estado de nuestras existencias era caótico. Encima, en el año y pico que trabajé en la tienda, el almacén se trasladó dos veces. En un momento dado, Y. se empeñó en que hiciéramos inventario cada semana, pero nunca llegamos a cumplirlo.

Ahí se veía la diferencia entre una tienda administrada por el dueño y otra administrada por un gerente profesional. En el minisúper, con tal de que cumplieras con tus tareas, el resto del tiempo podías estar ocioso sin que la encargada te dijera nada (porque ella hacía lo mismo). En cambio, para Y. ver a un empleado desocupado equivalía a perder dinero, así que siempre nos tenía en danza.

Como nuevo cajero, descubrí que el sistema de cobro era muy atrasado y estaba plagado de errores y redundancias. La persona responsable de aquel desaguisado ya no estaba, así que fue imposible pedirle ayuda para solucionarlo. Al haber tan poco personal, la división de tareas era difusa y, en mayor o menor medida, todos usábamos la caja. Yo mismo solía tener que dejar mi puesto para ir al almacén a buscar algo, atender a los clientes o incluso acompañarlos en sus rondas de prueba. En los momentos de mucho movimiento, con frecuencia olvidábamos pasar por el escáner lo que vendíamos. El problema se agravaba con ciertos artículos, como por ejemplo los cascos, porque el código de barras venía solo en la caja. Si un cliente se probaba varios y luego los guardábamos en cualquier caja, los códigos dejaban de coincidir con el contenido, lo cual provocaba todo tipo de confusiones. Lejos de dar ejemplo, Y. era la peor en ese aspecto: era muy descuidada y no se fijaba en nada. Así pues, al final la caja solo servía para imprimir recibos. Los datos del inventario no tenían ninguna fiabilidad.

Nuestro horario de trabajo era el famoso 996 (de nueve de la mañana a nueve de la noche, seis días a la semana), pero muchas veces llegaba la hora de cerrar y seguía habiendo clientes en la tienda. Cuando Y. no estaba, invitábamos a los indecisos a volver al día siguiente, pero en su presencia, mientras hubiera alguien en la tienda, aunque fuera un anciano ocioso en chancletas y con las manos a la espalda, no podíamos bajar la persiana. A veces no me quedaba claro si Y. amaba aquel trabajo o lo odiaba, pues algunos de sus métodos parecían castigos autoinfligidos que luego se extendían a nosotros. A nadie le gusta hacer horas extra, mucho menos a personas tan laxas y poco ambiciosas como J., S. y yo. Digamos que no nos entusiasmaban las ventas. Y. era la principal vendedora de la tienda; mientras se las arreglara sola, nosotros no íbamos a ganar ninguna comisión, así que, desde un punto de vista económico, quedarnos más tiempo era trabajar gratis.

Quizá por todo eso, Y. daba mucha importancia a la cohesión del equipo. Como la tienda abría todos los días sin excepción, trataba de lograrla con cenas después del trabajo. Aquel año, gracias a ella, probé un montón de cosas ricas. Una vez nos llevó a un bufet libre de marisco. Impresionaba mucho: estaba en la última planta de un hotel de lujo o algo así. El ambiente era elegantísimo, pero yo fui con una camiseta de trabajo sudada y manchurrienta. Los sitios finos siempre me cohíben, siento que desentono y hasta la simple mirada de un camarero me puede incomodar, así que en realidad no disfruté mucho. A partir de entonces, cada vez que Y. me preguntaba adónde me apetecía ir a cenar, yo siempre le decía que a Saizeriya.* Aunque no tuviera ni punto de comparación con un bufet de marisco, al menos me sentía a gusto y no tenía que estar en guardia.

Así como Y. se inventaba mil tareas absurdas para mantenernos ocupados en nombre de la productividad, luego no dudaba en llevarnos a cenar a sitios caros para fortalecer la unidad del grupo. La mayoría de los dueños de tiendas de bicicletas no actuaban así. Ella tendía al exceso: te exigía en exceso y te daba en exceso; te perjudicaba en exceso y te compensaba en exceso... La serenidad no era lo suyo, vivía en el constante estado de agitación de las luchadoras natas.

---

* Cadena japonesa de restaurantes italianos, conocida por ofrecer menús asequibles y un ambiente relajado.

En aquella época, además de Y., de J., de S. y de mí, también había varios estudiantes empleados a tiempo parcial que venían a echar una mano. Uno de ellos era L., un universitario que venía a trabajar en BMW. En Shanghái esto no implicaba que fuera de una familia especialmente rica, solo de una familia con cierta holgura económica. Era un chaval brillante: tenía una base técnica sólida, sabía expresarse, se daba maña para todo y en su tiempo libre participaba en competiciones de ciclismo y de triatlón en las que solía destacar. Y. le pagó un curso de formación en la sede central de la empresa sobre *bike fitting* (que es el ajuste de la bicicleta a las características físicas y biomecánicas del ciclista), y durante bastante tiempo fue el único mecánico de la tienda capaz de prestar ese servicio. Como el gasto promedio de los clientes que atendía era bastante alto, Y. empezó a pasarle a aquellos que tenían más conocimientos o mayor presupuesto para que les recomendara modelos de gama alta. Al ser ciclista, conocía al dedillo las funciones y las características de cada uno, y, como hablaba por experiencia, los clientes tendían a confiar más en él. Y. se desenvolvía mucho mejor con principiantes y profanos.

Cuando J. dejó la tienda, Y. contrató a D. y, más tarde, a W. Al poco de que W. entrara a trabajar, S. se fue también. Después de eso, Y. volvió a contratar a varias personas más, pero ninguna duró mucho.

D. había sido viajante de una farmacéutica extranjera, pero su pasión por el ciclismo lo había llevado a dejar el trabajo con la idea de abrir su propia tienda. Al principio, Y. le prometió que, pasado un tiempo, lo incorporaría como socio, pero al poco empezó a quejarse de su actitud y se echó atrás como en tantas otras promesas que hacía.

D. se enfadó mucho, pensaba que Y. lo había engañado. Después de una bronca muy fuerte que tuvieron, aprovechando que Y. se había ido de vacaciones por la Fiesta de la Primavera de 2014, D. robó varias bicicletas del almacén por un valor total de cuarenta mil yuanes. Lo más increíble fue que, después de robarlas, volvió para exigirle a Y. las comisiones que le debía. Sabía que ella no tenía pruebas de que él había sido el ladrón.

La tienda se había reformado durante las vacaciones, así que todo el inventario se había guardado en el almacén (que no era muy grande y quedó lleno hasta los topes y aún más desordenado). D. debía de tener una copia de la llave, porque no forzó la cerradura. Las bicicletas que se llevó nunca habían estado expuestas en la tienda: una era de un cliente que había dejado pagada una señal para que se la apartáramos, y otra, de uno que la había guardado en consigna, así que tardamos más de un mes en echarlas en falta. Las cámaras de seguridad del edificio solo conservaban las grabaciones de los últimos catorce días.

A pesar de la falta de pruebas, todos sabíamos quien era el ladrón. Primero, porque D. siempre se llevaba cosas de la tienda. Segundo, porque conocía bien el almacén y era capaz de llevarse las bicicletas sin dejar rastro. Tercero, porque eligió el momento perfecto para actuar (con Y. fuera de Shanghái, la tienda en reformas y el almacén hecho un desastre) y solo un empleado podría haberlo calculado tan bien. Y, por último, porque las bicicletas sustraídas eran justo de las que le obsesionaban; entre ellas, dos Colnago de piñón fijo que solas ya valían más de treinta mil yuanes. D. era el único fanático de las bicicletas monomarcha clásicas de la tienda (no las montaba, las coleccionaba); el resto no teníamos mucho interés en ellas. Además, en el almacén quedaron modelos de más valor.

Lo cierto es que antes de aquel robo ya había sustraído un montón de cosas de la tienda con la ayuda de W. A veces se las llevaban directamente y otras las hacían pasar por regalos para clientes. Al principio, D. ni siquiera se molestaba en disimular delante de mí, como si lo que hacía fuese del todo normal y contara con mi apoyo. Aunque es verdad que nunca lo delaté, tampoco le puse las cosas fáciles: solo fingía no enterarme de nada. Cada vez que se llevaba algo le «recordaba» que debía pagarlo y ahí terminaba la cosa. Cuando entendió que, aunque no lo frenara, tampoco estaba dispuesto a participar de lo que hacía, empezó a actuar a mis espaldas. Mientras tanto, W. se apropiaba encargos: varios clientes habituales acudían a él específicamente para reparaciones o trabajos de mantenimiento y él se quedaba con el dinero en lugar de entregarlo a la tienda. Malversación en toda regla.

J. y S. eran conscientes de lo que D. y W. hacían. No entraban en el juego, pero tampoco lo veían mal. Hay que decir que, dejando a un lado su catadura moral, D. y W. eran dos tipos muy agradables: el primero era muy jovial y siempre estaba de broma, mientras que el segundo era un tipo sencillo y campechano. Al compartir la afición por el ciclismo, los cuatro se entendían bien y nunca les faltaba tema de conversación. A ojos de J. y S., D y W. resultaban mucho más cercanos y dignos de confianza que Y.; por eso, al igual que yo, ni los delataron ni trataron de frenarlos. Sospecho que su actitud hacia aquella cajera que se fugó antes de que yo empezara a trabajar debió de ser la misma.

Durante nuestra etapa como compañeros, D. y yo asistimos juntos a un curso de formación básica organizado por la marca en el parque de alta tecnología Zhangjiang. También viajamos a la ciudad costera de Xiamen para participar en la convención anual de la empresa. Nos alojamos en un hotel de lujo y comimos de maravilla, Y. corrió con todos los gastos. Nos dio tiempo de hacer una excursión a la isla de Gulangyu y de comer en la famosa calle de las delicias taiwanesas, donde probamos un montón de especialidades con marcado sabor a mar: gelatina de gusanos marinos, tortilla de ostras, una especie de papilla dulce con cacahuetes flotando, bolas de pescado rellenas de ingredientes desconocidos... La mayoría tenían un sabor difícil de describir, pero sin duda inolvidable.

Si no delaté a D. y a W. no fue por la amistad que pudiera unirme a ellos. Fue por precaución. En la tienda yo ocupaba el escalón más bajo, no pasaba de ser un chico para todo; además, mis compañeros estaban unidos en contra de Y. Probablemente yo era el que menos la detestaba, porque en su tienda ganaba más que en el minisúper y el trabajo me resultaba más interesante, pero, si le hubiera ido con el chisme, los demás me habrían hecho el vacío y ya no habría podido seguir trabajando allí.

A pesar de sus defectos, D. era el único de mis compañeros que trataba bien al perro de Y. Se llamaba Lucky (en su caso no hace falta ocultar el nombre). En 2013 acababa de cumplir un año, así que era muy juguetón y travieso. J., S. y W. le pegaban a diario, a veces tan fuerte que el pobre llegaba a orinarse del miedo. Y. lo había recogido de la calle, tras encontrarlo abandonado frente a la puerta de la tienda cuando era apenas un cachorro recién nacido. Era un perro mestizo con el pelaje marrón amarillento, manchas blancas en las patas y en el vientre, un hocico largo y fino, las orejas caídas y la cintura esbelta de un lebrel. Corría tanto que no podías alcanzarlo.

El nombre de Lucky no le pegaba en absoluto, pues no tenía nada de afortunado. Pasaba los días aterrorizado por un grupo de empleados cansados, malhumorados y resentidos, con muchas frustraciones que descargar. Ser el perro de la jefa era un pecado imperdonable, así que es fácil imaginar lo que ocurrió cuando empezó a volverse travieso. Sin embargo, D. nunca le puso la mano encima. Al contrario, solía traerle comida e incluso se ofrecía a sacarlo a pasear.

Yo tampoco pegué nunca a Lucky, pero tampoco le cogí cariño. Lo máximo que llegué a hacer fue poner algún comentario velado en redes criticando a la gente que maltrataba a los perros. Cuando le sugerí a Y. que buscara a alguien que adoptara a Lucky, ella estuvo de acuerdo, pero, después de preguntar a varias personas, nadie quiso quedárselo. Al fin y al cabo, no era un perro de raza, y entre mis conocidos tampoco había mucha gente con las condiciones necesarias para cuidar de un perro.

Como yo vivía en la tienda, sacarlo se convirtió en mi responsabilidad. Todas las noches, después de cerrar, cuando los demás ya se habían ido, cuadraba las cuentas del día y sacaba a Lucky a pasear. Lo veía orinar orgulloso por todas partes y recogía sus excrementos humeantes con papel de periódico. Mi vida era aún más patética que la del chucho: para cuando terminaba todo lo que tenía que hacer ya eran las once o doce de la noche. Sentía que no tenía nada de tiempo para mí, que había perdido mi libertad.

Viví en la tienda durante medio año, hasta que W. también se mudó allí. Como no quería compartir el espacio con nadie, me fui. Un agente inmobiliario me encontró una habitación en un piso del complejo residencial Yi Shiyijia, al sur del estadio cubierto de Shanghái. El piso estaba dividido en cinco cuartos, uno por persona. Compartíamos el baño y el salón; cocina no había. Pagaba mil ochocientos yuanes, una cifra que con mis ingresos de entonces podía permitirme. Mi habitación daba al nordeste. Desde la ventana veía la autopista elevada del anillo interior de la ciudad y, justo enfrente, el estadio.

Me gustaba salir a correr alrededor del estadio cuando podía. Normalmente hacía diez kilómetros, aunque una vez llegué a correr veintiuno (que ya es una media maratón). También me gustaba pasear por el supermercado Lianhua de la zona. Los días que tenía libres iba a pasar el rato a un Ikea que estaba cerca y tenía aire acondicionado. Me encantaba echarme la siesta en los sofás. Al principio nadie me decía nada, pero después los capitalistas se quitaron la careta y pusieron guardas de seguridad que expulsaban a la gente que dormía. Como no se puede despertar a quien solo finge dormir, solo molestaban a los que de verdad estábamos allí para descansar. Aunque no fuera al Ikea a comprar muebles, solía aprovechar la promoción de Absolut Vodka de su supermercado: con el descuento, una botella te salía por cien yuanes e incluía gratis una de zumo. Luego pasaba la noche sentado junto a la ventana de mi cuarto, bebiendo y contemplando las luces de la ciudad. En esos momentos me invadía una gran serenidad. Es posible que, más que serenidad, fuera la modorra del alcohol.

Cuando vivía en la tienda, tenía un día de descanso a la semana, por lo general hábil. Si no iba a ningún sitio, Y. no paraba de pedirme cosas, así que me acostumbré a viajar. Durante aquel tiempo exploré casi todo lo que había alrededor de Shanghái: Suzhou, Hangzhou, Wuxi, los pueblos acuáticos del delta del Yangtsé... Casi siempre eran excursiones organizadas. Los autocares salían a las siete de la mañana del Centro de Turismo de Shanghái, al sur del estadio cubierto. Mis compañeros de excursión solían ser personas mayores. Los precios eran muy bajos, apenas unas decenas de yuanes, e incluían el almuerzo. Siempre paraban en alguna tienda por el camino, pero los guías no te echaban en cara que no compraras nada. De todos modos, yo casi siempre terminaba llevándome algún dulce típico barato.

Además de salir de Shanghái, también me gustaba coger el metro y explorar el área suburbana. Recuerdo que una vez fui a los parques Zuibaichi y Fangta, en el distrito de Songjiang, y me pasé el día entero allí. Del mismo distrito también visité un lugar llamado Thames Town, que era una réplica de un pueblecito inglés con su lago y su iglesia; el día que fui había más de diez parejas de novios haciéndose fotos. Del distrito de Jiading visité los jardines Guyi, de estilo clásico, y probé los famosos hatillos al vapor *xiaolongbao* del restaurante Nanxiang. Por supuesto, también visité el centro de la ciudad: los jardines Yu, el Bund, la avenida Nanjing, la Plaza del Pueblo... Todos estos sitios me los recomendaban mis compañeros; para mí, poder pasar el día allí creando recuerdos era algo que disfrutaba enormemente.

Uno de los sitios que más frecuentaba era el parque Fuxing, que estaba a un paseo de la tienda. Había varias teterías con asientos al aire libre, pero yo nunca iba. Casi todos los clientes eran ancianos, y yo aún estaba en la edad de esforzarme al máximo por levantar el país: sentarme con ellos a tomar el té habría sido bochornoso. Prefería los bancos de madera junto a los parterres hundidos, donde me sentaba a leer y, de vez en cuando, me tumbaba a echar la siesta. Como siempre llevaba repelente de mosquitos, podía quedarme hasta bien entrada la noche sin problema. En aquel parque había muchas chicas extranjeras tomando el sol sobre el césped, con pantalones cortos y tops diminutos. Sus cuerpos de modelo me asombraban, pero por dignidad y respeto nunca me quedaba mirándolas; de hecho, apartaba la vista a propósito al pasar por su lado. Lo más sorprendente era que ninguno de los ancianos del parque las miraba tampoco. Así aprendí que los shanghaineses son tan cosmopolitas como suele decirse y que realmente están de vuelta de todo.

Ahora que me ganaba la vida vendiendo bicicletas, también las montaba. No participé en eventos de montaña, pero sí en los de ruta. Si se trataba de una actividad organizada por la tienda, usaba una de las bicicletas de carretera de aluminio de nuestra marca. Si salía por mi cuenta, llevaba una bicicleta vieja hecha a medida. Ambas eran modelos básicos preparados por Y. para los empleados. Procuraba no tocar bicicletas caras, porque las caídas eran inevitables, sobre todo al empezar a usar zapatillas con calas. Una vez me caí y me raspé la cara; la herida se infectó, se me hinchó el labio y estuve varios días con un aspecto ridículo.

Cuando salía solo, me iba a la avenida Longteng, que quedaba cerca de nuestra tienda. En aquella época, el actual extremo sur del parque ribereño de Xuhui era un punto de encuentro de aficionados no solo a todo tipo de bicicletas, sino también a las motos de gran cilindrada. Allí socializaban, compartían experiencias y se divertían. He vivido en Cantón, en Pekín y en Shanghái. De estas tres grandes ciudades, Shanghái es la que tiene más cultura ciclista, mejor ambiente y mayor número de aficionados, aunque también es verdad que sigue lejos de alcanzar el nivel de las ciudades de Europa o Estados Unidos.

Y. se empeñó en que tenía que comprarme una bicicleta. Decía que me la vendería a precio de coste, estaba convencida de que sin bicicleta no duraría mucho en el sector. Pero, incluso a precio de coste, la bici más barata equivalía como mínimo a un mes entero de mi sueldo, sin contar con las mejoras ni los ajustes. Gastarme una suma tan grande de una sola vez me aterraba, así que al final nunca cedí.

En vísperas de la Fiesta de la Primavera de 2014, recibí un aviso de mi agente inmobiliario informándome de que el piso en el que vivía iba a ser embargado por el banco. Tenía que buscarme un nuevo alojamiento cuanto antes. Me mudé a un piso de la calle Lingling, donde me instalé en una de dos habitaciones; la segunda estaba ocupada por el agente inmobiliario, que se convirtió en mi subarrendador. El alquiler costaba dos mil trescientos yuanes, pero Y. se ofreció a pagarme quinientos yuanes más al mes para compensar el aumento. La convivencia con el subarrendador no fue buena. En un piso compartido, lo normal es que nadie traiga invitados a dormir sin preguntar. Aunque no estuviera estipulado en el contrato, en una ciudad culta y civilizada como Shanghái la mayoría de los inquilinos conocían esa norma tácita y la respetaban. Sin embargo, mi subarrendador metió a dos compañeros de trabajo en el piso sin consultarme. Yo no sabía cuánto tiempo pensaban quedarse. Al cabo de un par de semanas discutí con ellos por este asunto y al poco se marcharon, pero luego, cada vez que coincidía con el subarrendador, me sentía incómodo.

Para entonces, J. y S. ya se habían ido de la tienda, de modo que me había quedado solo con D. y W., que guardaban las distancias conmigo. Como tenían que robar a mis espaldas, aunque yo no los delataba, no me consideraban de los suyos. De todos modos, no estaban a la altura de J. y de S. (aquí me refiero tanto a su catadura moral como a su pericia técnica). J. y S. eran tipos francos y fiables. El primero era un mecánico veterano apasionado por las bicicletas, fueran de montaña, de carretera o urbanas; el segundo, más bien un friki de la mecánica: disfrutaba más trasteando con las bicis que montándolas. Se paseaba por la ciudad con una bicicleta de montaña modificada solo por diversión. Ambos eran el tipo de persona sencilla con la que me resultaba más fácil llevarme bien.

D. y W., en cambio, eran muy pillos, se veía a la legua. El primero era un fanático de las monomarcha, le gustaban las bicicletas clásicas con cuadros de tubo estrecho. Tenía cierta maña, pero no llegaba a ser un buen técnico, sobre todo porque no conocía bien las bicis de montaña. W. también estaba muy verde: había tenido su propia tienda de bicicletas en su ciudad natal, pero no le fue bien, así que decidió venir a Shanghái en busca de un trabajo que le permitiera mejorar su técnica. Desde su llegada había aprendido mucho con J. y con S. No puedo decir que fueran malas personas. Según mi experiencia, formaban parte de la media de la sociedad. Y estoy seguro que a muchos clientes les resultaban más agradables que la propia Y.

Después de que D. y W. se marcharan (el primero voluntariamente a raíz de una discusión con Y., el segundo despedido por desacatar sus instrucciones), los nuevos empleados que contrató Y. también resultaron problemáticos. Algunos incluso robaban, como sus predecesores. Así que no pasó mucho tiempo antes de que Y. pidiera a S. que volviera para echar una mano durante unos meses. Como él estaba en casa sin hacer nada, aceptó. Y. lo apreciaba mucho: no solo era un apasionado de la técnica, sino que ganaba bastante menos que J. Sin embargo, aunque Y. intentó retenerlo, al poco volvió a marcharse.

Para entonces yo me había convertido en el empleado fijo con más antigüedad de la tienda, a pesar de que solo llevaba allí un año. Y. me preguntó si me gustaría ascender a gerente en prácticas, pero yo, recordando lo que había pasado con J., enseguida le dije que no. La verdad es que no me veía capaz. Tanto Y. como yo carecíamos de conocimientos técnicos más allá de lo básico y no podíamos hacer nada sin ayuda; con ambos al frente de la tienda, habríamos seguido dependiendo de los mecánicos para que funcionase. Por lo que yo había visto, cuando un lego intenta mandar sobre los especialistas, las cosas no suelen salir bien. La mecánica constituía un área crucial en la que ninguno podía compensar las carencias del otro. Por otra parte, la forma de trabajar de Y. garantizaba fricciones con los nuevos empleados. Se empezaban a vislumbrar señales de conflicto y yo era demasiado blando como para hacer nada al respecto. Me olía que las dinámicas se iban a volver más desagradables de lo que ya eran antes, y eso significaría pasarme días interminables entre la espada y la pared.

La pena era que Y. siempre había sido muy trabajadora: desde hacía tiempo dormía como mucho cuatro o cinco horas diarias y se volcaba en el negocio como si le fuera la vida en ello, pero sus empleados le llevaban la contraria todo el rato, y las frecuentes invitaciones a comer no cambiaban las cosas. Lo curioso es que muchos de los que se enfrentaban a ella no eran malas personas ni resultaban difíciles de tratar. Sin embargo, más de una vez escuché que la gente la aborrecía. Tenía muy mala reputación entre los ciclistas. Era demasiado inquieta, demasiado ambiciosa, y eso la hacía parecer codiciosa; al ser su interés en la tienda puramente comercial, la veían más como a una capitalista entrometida que como a una de los suyos. Pero no era en absoluto una persona acomodada: venía de una familia sin recursos, y todo lo que tenía lo había conseguido a base de esfuerzo. En ese contexto, yo le resultaba útil porque nos parecíamos bastante: yo tampoco formaba parte del mundo ciclista, así que no tenía prejuicios contra ella. En horas de trabajo le hablaba de negocios, no de mi pasión por las bicicletas, a fin de centrarnos en superar a la competencia. Además, hacía todo lo que me pedía y trabajaba duro sin quejarme. Y. se encontraba más cómoda trabajando conmigo que con cualquier otra persona. Aun así, lo malo pesaba más que lo bueno a la hora de determinar cómo me sentía.

Y. tenía una forma complicada de ver ciertas cosas, pero al juzgar a los demás no podía ser más simple. A veces me dejaba sin palabras. Por ejemplo, una vez me preguntó si estaba buscando otro trabajo. Le dije que no lo haría mientras siguiera en Shanghái, y entonces empezó a insistir en que me echara una novia en la ciudad. Incluso trató de presentarme alguna chica.

A finales de la primavera de 2014 le comuniqué mi renuncia y me preparé para dejar Shanghái. Intentó retenerme con varias promesas, pero, conociéndola, supe ver que evitaba concretar las condiciones y que eso acabaría dando pie a que no las cumpliera. Aun si yo hubiera estado dispuesto a sacrificarme por la causa, no habría sido capaz de hacer frente a la situación en la que se encontraba su negocio. Quizá a ella le hubiera convenido replantearse su forma de gestionar las cosas. Por ejemplo, buscándose un socio con conocimientos técnicos.

He tenido muchos empleadores y he dejado muchos trabajos. En cierto sentido, lo que viví en Shanghái no fue más que una repetición de experiencias laborales anteriores. Parecía que nunca aprendía, una y otra vez caía en el mismo patrón: me ganaba el aprecio de los jefes con mis cualidades, ellos empezaban a hacerme cargar con más y más peso hasta que yo ya no podía soportarlo y entonces me iba.

En aquella época publiqué un texto en mis momentos de WeChat que creo que puede servir de cierre a este capítulo:

«La vida es un ascenso en espiral». Ignoro quién acuñó esta frase, pero presenta una imagen muy certera; lo único que le falta plasmar es lo lento que es ese ascenso. Nuestras vivencias se repiten una y otra vez, también las personas involucradas en ellas, solo que con distinto nombre y aspecto. La individualidad es un mito: lo único verdaderamente singular que tenemos son nuestras relaciones con los demás. Relaciones que se repiten. Cuando notes que tu novia empieza a parecerse cada vez más a la anterior, no lo malinterpretes: no es porque sean tan parecidas, sino porque el hecho de ser tu novia ha moldeado a ambas, sacando a relucir sus aspectos comunes. Como las de dos actrices que interpretan a un mismo personaje en distintas series o películas, sus interpretaciones tienen mucho en común. Acepta este hecho y sabrás qué esperar de tu próxima novia, pues la conociste en el momento en que empezaste a salir con la primera. La próxima vez que cambies de trabajo y veas a tu nuevo jefe y a tus nuevos compañeros, ten la certeza de que pronto se convertirán en versiones de los antiguos. Así podrás prever cómo te tratarán y cómo será la convivencia, pues no son más que actores de tu vida, girando en una espiral ascendente en torno a ti. No es de extrañar que la gente envidie a los simples, incapaces como son de ver bajo la superficie de la vida y de llegar a su esencia. Para ellos, cada día es completamente nuevo, y cada persona que conocen, una desconocida. Experimentan el mismo dolor y la misma alegría incontables veces, y cada una de ellas les parece la primera.

Capítulo IV
Los demás trabajos que he tenido

1. De mi primer trabajo al octavo

El primer trabajo que tuve fue de camarero en un hotel. Mi instituto organizaba prácticas para los estudiantes antes de que se graduaran y a mí me tocó este. Aunque no fuera un empleo formal, las tareas que hacíamos eran las mismas que las de los trabajadores en plantilla. Creo recordar que ganaba seiscientos yuanes al mes, aunque sospecho que el instituto ya se había quedado con una parte. Me asignaron a un hotel de cuatro estrellas junto a treinta o cuarenta estudiantes más de las dos clases de mi curso. Empecé en el departamento de banquetes, pero la conserjería o el servicio de habitaciones habrían sido mejores destinos, porque te daban propinas. En el departamento de banquetes no hacíamos más que trabajar, aunque eso no me molestaba demasiado en aquel momento: la experiencia era lo bastante novedosa como para satisfacer gran parte de mi curiosidad respecto al mundo laboral.

Nunca me había gustado estudiar. Sentía mucha presión y me aburrían casi todas las asignaturas, pero eso nunca me preocupó, porque a la mayoría de mis compañeros de instituto les pasaba lo mismo; además, mis notas me situaban siempre entre los tres primeros de la clase. Durante las prácticas, descubrí que a la mayoría de mis compañeros trabajar les gustaba tan poco como estudiar. A mí, en cambio, sí me gustaba; como mínimo, más que a ellos.

Recuerdo que una vez, recogiendo uno de los salones, mis compañeros y yo estábamos moviendo sillas y se burlaron de mí porque apilaba más que ellos en cada viaje. Me dijeron que me lo tomara con más calma, que el trabajo no se acababa nunca. Según ellos, yendo rápido solo conseguiría que me dieran más tareas, pues no permitían descansar hasta la hora de salida.

En realidad, tenían miedo de que el jefe de comedor me viera y empezara a exigirles el mismo nivel de esfuerzo. Hoy, con la perspectiva que da el tiempo, imagino que me criticarían a mis espaldas ya desde antes. Sin embargo, en aquellos años yo era muy ingenuo y deseaba agradar a todo el mundo, así que les hice caso y procuré aflojar el ritmo cuando estaba con ellos. No tuve ningún problema en hacerlo. Con veinte años aún no era tan sensible a las sutilezas de las relaciones humanas como lo sería más adelante. Creo que si esta anécdota sigue viva en mi recuerdo después de tantos años es porque luego viví muchas otras muy parecidas que, poco a poco, se fueron acumulando hasta que calaron en mí y me hicieron sentir que tratar con la gente era un desafío.

Las prácticas duraron medio año. Los dos primeros meses trabajé en el departamento de banquetes y el resto los pasé en el restaurante de estilo occidental. Como su nombre sugiere, el departamento de banquetes se encargaba de la comida para actos y celebraciones. Había dos salones grandes y varias salas pequeñas. Las salas tenían capacidad para una única mesa, mientras que en los salones cabían veinte o treinta. Como el hotel estaba financiado por el Estado y pertenecía al Gobierno municipal, esos espacios solían acoger actos oficiales de distintos departamentos. También había empresas que los alquilaban para presentaciones de productos o actos promocionales. Las mesas y las sillas se colocaban en función de las necesidades de cada evento, de modo que siempre estábamos reorganizándolas. Eso implicaba retirar y colocar decenas de mesas, cientos de sillas y miles de piezas de vajilla y de cubertería. Para guardar las mesas redondas, de dos metros de diámetro, primero las colocábamos de canto y luego nos las llevábamos rodando hasta el almacén. Las sillas las apilábamos y las sacábamos sobre carritos. Poner los manteles también tenía su técnica: primero se asían bien con las dos manos y luego se lanzaban al aire como hacen los pescadores con sus redes. Esa fue una técnica que nunca llegué a dominar. Como éramos estudiantes en prácticas y nos marcharíamos al cabo de unos meses, los empleados fijos no estaban por la labor de enseñarnos nada. En general, nos encargaban tareas sencillas como colocar platos y tazas o mover las mesas. Solo nos exigían prestar verdadera atención a los detalles cuando había que preparar algún acto oficial. En esas ocasiones, trabajábamos en parejas y usábamos un cordel de nailon para asegurarnos de que todo quedaba perfectamente alineado. En los banquetes normales, después de preparar el salón nos íbamos a la cocina a ayudar con el servicio o nos quedábamos allí para atender a los invitados.

A los dos meses me trasladaron al restaurante de estilo occidental. Ocupaba un ala entera de la tercera planta (en la otra había un restaurante chino). Los salones de banquetes estaban en la cuarta planta, y el restaurante occidental venía a ser del tamaño de estos, puede que algo más pequeño. El negocio no iba bien, pero eso no significaba que estuviéramos desocupados: éramos tan pocos que no dábamos abasto.

Para el almuerzo y la cena montábamos el bufet y para el desayuno y la merienda servíamos *dim sum* en colaboración con el restaurante chino del ala opuesta. En otras palabras, ofrecíamos cuatro servicios al día. Como también nos encargábamos del servicio de habitaciones, que nunca cerraba, los camareros varones teníamos que lidiar con los turnos nocturnos. A mí eran los que más me gustaban, pues no había mucho que hacer y podías trabajar a tu ritmo porque los jefes no estaban.

Los cantoneses nos referimos a la costumbre de salir a comer *dim sum* como «ir a tomar el té», pero este solo sirve de acompañamiento; lo importante es la sinfonía de pequeños bocados. Sin embargo, nuestra clientela habitual de las mañanas de diario eran personas mayores que no pedían gran cosa ni gastaban mucho, pues su objetivo era pasar el rato. Las mañanas de los fines de semana eran muy diferentes: el local se llenaba hasta los topes y no era raro ver gente haciendo cola para entrar. El público de las tardes era el más variado: hombres de negocios que cerraban tratos, mujeres que venían a descansar las piernas tras un día de compras, grupos de amigos...

A diferencia de la mayoría de los restaurantes de hotel de la época, el nuestro no estaba administrado por una empresa externa, sino por el propio hotel. La razón de su escaso éxito no era esa, sino que estábamos en la tercera planta y no a pie de calle. En aquel entonces aún no existían los teléfonos inteligentes (ni siquiera estaba extendido el uso de móviles básicos), así que las reputaciones se construían mediante el boca a boca. Nadie podía encontrarnos en una aplicación ni leer una reseña favorable sobre nosotros. Nuestra clientela se reducía a clientes habituales que vivían cerca y a los huéspedes de las plantas superiores.

Encima, estábamos muy lejos de ser expertos en el tipo de cocina que pretendíamos ofrecer: no habríamos sabido preparar un bistec aunque nos lo hubieran pedido. Teníamos patatas fritas y espaguetis a la boloñesa, que sí podían considerarse platos occidentales, pero también cosas como fideos *udon* japoneses o incluso platos locales: tallarines con ternera, arroz frito al estilo de Yangzhou... Nuestro bufet era un auténtico batiburrillo y ninguno de sus platos estaba especialmente bien hecho; por eso nadie cruzaba mares y océanos para venir a probarlo. Al encargado le daba igual: él era otro trabajador más que cumplía con su tarea. Cuanta más comida sobraba, más contentos nos poníamos: aunque se resecaba después de un par de horas en las bandejas de acero inoxidable, estaba hecha con ingredientes de calidad y seguía oliendo bien; tirarla habría sido una lástima. Algunos compañeros traían fiambreras para llevárselas llenas a casa.

Al acabar el turno, tuviéramos hambre o no, siempre íbamos a comer a la cantina. Había que aprovechar la única comida gratis al día que nos ofrecía el hotel. Allí coincidíamos con nuestros compañeros de conserjería y del servicio de habitaciones. Cuando veían que la comida que llevábamos era bastante más sabrosa que la de la cantina, nos pedían que la compartiéramos, a lo que nosotros respondíamos: «¿Vosotros vais a darnos parte de las propinas que recibís?». Eso los hacía rabiar. En realidad, nosotros también teníamos oportunidad de recibir propina, por ejemplo, cuando subíamos comida a las habitaciones. Esa era otra de las razones por las que me gustaba el turno de noche. Éramos tres: el chef, encargado de preparar los platos, y dos camareros que atendían el teléfono, tomaban nota del pedido, lo llevaban a la habitación y cobraban. Cuando no había pedidos, nos dedicábamos a charlar doblando servilletas en forma de pirámide para ahorrarles tiempo a los del turno de mañana. Pasada la medianoche, cuando todo se calmaba, nos turnábamos para dormir.

Al terminar los seis meses de prácticas nos dieron a elegir entre quedarnos como empleados fijos o marcharnos. La mayoría nos marchamos. La jefa de personal se apellidaba Pan (todos la llamábamos «administradora Pan», porque el hotel había sido propiedad del Estado y la forma de dirigirse a los superiores aún no se había actualizado). Me dijo que lamentaba mi marcha en particular. Solía pasearse por el hotel para observar a los estudiantes en prácticas y se había formado muy buena opinión de mí. Sin embargo, yo acabé harto, porque no me llevaba nada bien con el encargado del restaurante occidental. Me parecía un patán y un malhablado. Mis compañeros se desvivían por caerle bien y lo adulaban de un modo que rozaba el servilismo. Aunque no les valía de mucho (al fin y al cabo, él no era más que un modesto encargado y su único poder real era la asignación de los turnos), pensaban que aprender a hacerle la pelota al jefe era una especie de asignatura obligatoria para abrirse paso en la vida. Aquello me causaba un gran rechazo. Y, si bien el problema estribaba en la actitud de mis compañeros, proyecté mi odio hacia el encargado, como si de algún modo él los hubiera corrompido. Lo cierto es que nunca me perjudicó y apenas podía influir en el servilismo de mis compañeros, pero aun así yo lo traté con frialdad y no perdí una sola ocasión de mostrarle mi desprecio. En aquel entonces yo aún era muy inmaduro.

Mi segundo trabajo fue de dependiente en una tienda de ropa propiedad de un empresario hongkonés. Estaba en una calle peatonal muy concurrida. Vendíamos prendas de una marca surcoreana muy poco conocida llamada Moon Goon. Su sello distintivo era un estampado tribal en forma de lenguas de fuego con un logotipo de letras góticas; el negro, el blanco y el rojo eran sus colores principales. Para la época, sus precios eran relativamente altos: una camisa de manga corta podía costar entre doscientos y trescientos yuanes.

El dueño hongkonés tenía un socio en Dongguan que le fabricaba copias de las prendas originales que él importaba, así que la mitad de nuestro inventario era falso. Las imitaciones eran de una calidad bastante inferior a las verdaderas más por los materiales que por la confección. Al poco de entrar a trabajar, aprendías a distinguir de un vistazo las prendas que venían de Corea del Sur y las que venían de Dongguan. Sin embargo, la marca era tan poco conocida en China que la mayoría de nuestros clientes no se daban cuenta de nada. ¿Qué diferencia vas a encontrar entre un original y una imitación cuando no conoces la marca?

Fui uno de los primeros dependientes de la tienda cuando abrió. Enseguida descubrí que no servía para vender. Mi actitud era completamente pasiva: respondía a las preguntas de los clientes y les traía lo que me pedían, pero poco más. No los aconsejaba ni trataba de convencerlos de nada. Carecía de la determinación necesaria para encajar sus negativas y seguir insistiendo hasta salirme con la mía. En cuanto percibía la más mínima resistencia, renunciaba a la persuasión.

Deberían haberme despedido, porque era el dependiente que menos vendía. Encima, tampoco era capaz de competir con mis compañeros: cada vez que entraba un cliente en la tienda, si había alguien más libre, le dejaba que fuera a atenderlo. Como no quería tener roces con nadie, evitaba cualquier situación que pudiera generarlos. Gracias a eso y a mi buen carácter, caía bien a todos mis compañeros, incluso a los que estaban peleados entre sí. Es posible que me consideraran un bicho raro pero inofensivo, alguien que se mantenía al margen porque no tenía ambiciones. O un atontado que no sabía por dónde le daba el aire.

Con todo, la encargada no me despidió. Al contrario, diría que era su empleado favorito. Al ver que no valía para vender, me asignó al almacén. Antes había una encargada de almacén fija, pero desde que yo entré empezó a ayudar más en la tienda (y por supuesto había resultado ser mucho mejor vendedora que yo). Aun así, cuando la tienda, presionada por una nueva iniciativa gubernamental, decidió seleccionar a cinco empleados para afiliarnos a la seguridad social, la encargada me eligió a mí, a pesar de que era el que menos rendía. Me sentí muy halagado, pero también noté que algunos compañeros no estaban nada conformes con aquella decisión. Consciente de que me tocaba seguir trabajando con ellos, decidí que estar asegurado no valía la pena si iba a generar tensiones. Rechacé la oferta de la encargada con todo el tacto que pude, alegando que no sería bueno para la unidad del equipo.

De eso hace ya veinte años. Por entonces yo no tenía la menor conciencia de mis derechos. Mis padres solo me habían enseñado a ser buena persona, jamás mencionaron que también tendría que defender mis intereses. Si pudiera volver a aquel momento, no sería tan ingenuo: aceptaría sin dudarlo un segundo (al fin y al cabo, estar asegurado es un derecho legítimo de todo trabajador, no una dádiva del patrón). Y, si mis compañeros no estuvieran conformes, se verían obligados a hablarlo con la empresa. Su problema no tendría nada que ver conmigo y, en caso de que se les olvidara, yo se lo recordaría. El asunto era así de sencillo, pero yo era incapaz de verlo entonces, seguramente porque nadie se había sentado a explicármelo. Mis padres nunca me hablaban de estas cosas. Habían pasado la vida entera en la misma unidad de trabajo que el Estado les había adjudicado, y la economía de mercado les resultaba totalmente ajena.* El día que las universidades dejaron de asignar empleos a los graduados, se llevaron las manos a la cabeza y, cuando me contaban que tal o cual compañero de unidad invertía en bolsa, hablaban en un tono casi de lamento, como si aquella persona estuviera haciendo algo ilegal y fuera a acabar en la cárcel por especulador.

El nivel de conciencia de un individuo está vinculado al de la sociedad en su conjunto. Si aquellos temas hubieran sido objeto de atención y de debate generalizados, quizá mis padres se habrían interesado en ellos y habrían procurado informarse. Sin embargo, en aquella época el acceso a la información era limitado; para empezar, no todo el mundo tenía internet. Por eso, en lo que respecta a muchos asuntos que nos afectaban de forma directa, solo podíamos hablar basándonos en lo que sabíamos por la gente

---

* El proceso de reforma y apertura iniciado a finales de los años setenta y acelerado desde 1992 significó el paso de una economía planificada en la que el Estado asignaba a las personas a unidades de trabajo que ofrecían salario, alojamiento y prestaciones sociales para toda la vida a una economía de mercado en la que estas dejaron de tener relevancia en favor de empresas al uso.

de nuestro entorno. Mi familia venía de fuera y no teníamos parientes en la ciudad. Además, mis padres eran personas muy poco sociables, en especial mi padre: provenía de una familia campesina, no estaba hecho para la vida urbana y ni siquiera contaba con amigos de confianza en el trabajo. Nos costaba encontrar gente a la que visitar durante la Fiesta de la Primavera, y muchas veces debíamos esperar casi hasta la Fiesta de los Faroles, casi al final de las vacaciones, para que algún compañero de trabajo de mi madre nos hiciera un hueco. Para entonces, los dulces que les quedaban eran los menos apetecibles.

Por eso no es de extrañar que, al incorporarme al mundo laboral, me mostrara más ingenuo, más inmaduro y más torpe que mis compañeros, a pesar de que hasta entonces no habíamos sido tan diferentes. En mis tiempos de estudiante, yo era una persona completamente distinta a la persona en que me convertí después. Mis compañeros empezaron a cambiar casi en el momento en que nos graduamos y, en adelante, la distancia entre nosotros no hizo más que agrandarse. Al principio me sentía incapaz de llevar a cabo aquella metamorfosis que en ellos parecía tan natural. Nunca entendí que lograran transformarse en adultos prácticamente de la noche a la mañana. Llegué a sospechar que siempre habían llevado un adulto dentro y que, al graduarse, les bastó con arrancarse la piel de estudiante para revelar lo que ya estaba formado. Dentro de mí, en cambio, no había más que un estudiante. Yo era como una cebolla: por muchas capas que me quitara, seguiría siendo una cebolla, nunca me convertiría en una dulce y jugosa mandarina.

Me he detenido a explicar esto por miedo a que, de no hacerlo, los lectores no entiendan cómo pude rechazar el seguro. Hoy sé que fue un error descomunal; por eso me he sentido en la obligación de asegurar a los incrédulos que sí, es cierto que fui así de estúpido. Comparado con aquel muchacho, ahora soy casi un descarado. Por ejemplo, creo que, aun en el caso de que la tienda hubiera querido asegurarme a modo de recompensa y no por obligación, hoy aceptaría. Porque lo merecía. Como puede apreciarse, ya no tengo reparos en hablar bien de mí mismo. Lo hago con la conciencia tranquila y sin complejos. Ya no soy aquel chico ansioso por demostrar su buena fe que prefería sacrificarse a correr el riesgo de que lo consideraran un hipócrita. La vida me ha enseñado que querer gustar a todo el mundo es un impulso ciego e inútil. Todos juzgamos a los demás desde lo que somos, así que nunca convencerás a un mentiroso de tu sinceridad. A los sinceros, en cambio, no hace falta demostrarles nada en absoluto.

Cuando finalmente quise irme de la tienda, la encargada se llevó un disgusto enorme. Resultó un poco chocante, porque no tenía motivos: yo no le había prometido nada, tenía derecho a irme cuando quisiera. Supongo que pensaba que, después de haberme tratado tan bien, le debía algo; si no lealtad eterna, al menos quedarme como su asistente de confianza para ayudarla a levantar el negocio. Además, dado mi nivel de estudios, no estaba en condiciones de hacerle ascos a un trabajo, por modesto que fuera. Todo lo que había hecho por mí había tenido un objetivo: retenerme. Daba por hecho que yo lo entendía, pero no era así. Yo sabía muy poco de la vida; era un chaval inmaduro que no sabía leer entre líneas.

Viéndolo en retrospectiva, me resulta evidente que la encargada era una mujer muy ambiciosa. Como socia minoritaria de la tienda, era más que una simple trabajadora. Si conseguía que la tienda prosperara, era probable que el hongkonés invirtiera en abrir otra, puede que varias más, y ella conseguiría un puesto de relevancia en la empresa. Yo le resultaba valioso por simplón. Carecía de ambiciones, me llevaba bien con todo el mundo y trabajaba con esmero; era lo opuesto a las demás personas contratadas. A la hora de vender era el peor, cierto, pero creo que, en su opinión, gente con talento para vender se podía encontrar a espuertas (ella misma tenía esa capacidad), mientras que alguien digno de confianza era mucho más raro.

Dejé el trabajo para estudiar en una universidad nocturna. En la tienda se trabajaba hasta las diez de la noche, un horario que resultaba incompatible con el estudio. He olvidado por qué no le dije a la encargada que me iba por eso: tal vez por miedo a que intentara disuadirme. Nunca se me ha dado bien negarme a lo que me pide la gente, sobre todo cuando alegan buenas intenciones. Hoy sé que, si la encargada hubiera intentado convencerme diciendo que sacarme el título sería una pérdida de tiempo y de dinero, habría tenido razón: no aprendí nada valioso (y no fue del todo culpa mía). Al final, el trabajo en la tienda de ropa me duró algo más de medio año.

Mi tercer empleo fue de gasolinero para cierta empresa petroquímica. Lo encontré a través de una oferta en el periódico. Al principio constaba como personal externo; hacía el mismo trabajo que los empleados fijos, pero cobraba menos: si en la tienda de ropa ganaba algo más de dos mil yuanes, en la gasolinera ganaba mil ochocientos. La gasolinera tenía ocho surtidores dispuestos en pares sobre pequeñas islas. Ofrecíamos tres tipos de carburante: gasolina de noventa octanos, gasolina de noventa y siete y gasóleo cero.

El primer día, mis compañeros no me dirigieron la palabra más que para enseñarme a manejar los surtidores. Recuerdo que me acerqué a atender a un taxista que acababa de llegar y me miró de reojo con cara de sospecha, como si yo fuera un timador. Cuando le pregunté si quería gasolina de noventa o de noventa y siete, replicó: «¿A ti qué te parece?». Nadie se había molestado en decirme que los taxistas solían repostar solos, porque no se fiaban de nosotros. Lo máximo que mis compañeros les ofrecían era una mirada gélida antes de comprobar que habían pagado, pero eso yo aún no lo sabía. Más tarde me enteré de que los taxis no usaban gasolina de noventa y siete octanos. Era lógico que aquel taxista hubiera desconfiado de mí: le había hecho una pregunta absurda.

Tardé poco en comprender que, si bien los taxistas no eran nuestros enemigos, tampoco eran nuestros amigos. Llevaban una vida muy dura, sufrían todo tipo de agravios y humillaciones, y descargaban su frustración en nosotros. Si el precio del combustible subía apenas una décima de yuan, nos insultaban como si nosotros tuviéramos algo que ver y el dinero fuera a parar a nuestros bolsillos. Para ser justos, nosotros tampoco los tratábamos mucho mejor. Los oprimidos solo pueden descargar su frustración en sus semejantes, pues rebelarse contra el opresor suele salir caro y, si no encuentran a nadie que intimidar, siempre les queda maltratar a los animales. Se suele decir que el amor es ciego, pero yo no estoy de acuerdo: el amor es el sentimiento menos ciego, menos interesado y más auténtico que existe. Lo ciego es el odio.

Trabajábamos con un sistema de tres turnos: mañana, tarde y noche. Cada vez que cambiábamos de turno teníamos un día libre y creo que la rotación era semanal. Estábamos divididos en cuatro equipos de cuatro personas. Todavía puedo ver en mi mente a mis tres compañeras. Yo era el miembro masculino obligatorio del grupo. Había una mayoría de trabajadoras; no sé si era cosa de nuestra gasolinera o algo más generalizado.

Antes he mencionado que los taxistas desconfiaban de nosotros por miedo a que les estafáramos, pero eso era imposible: casi todos repostaban a diario en la misma gasolinera, conocían los surtidores y vigilaban cada moneda que dejaban. El resto de los clientes, en cambio, sí eran víctima de las artimañas de mi equipo (ignoro si en los demás equipos también pasaba). En aquel entonces los conductores de organismos estatales pagaban el combustible con cupones, y muchos eran tan descuidados que nos dejaban solos con el coche después de aparcarlo y gritarnos sus instrucciones (para ser justos, el vehículo no era suyo). Cuando hacían eso, mis compañeras entraban en acción: se las ingeniaban para ocultar la cantidad real de combustible que repostaban y se quedaban con más cupones de los que tocaba. Al principio yo no me enteraba de nada, y lo más probable es que me considerasen demasiado tonto para ser de ayuda o un posible delator, pero al cabo de un tiempo descubrieron a una de ellas. Curiosamente, el conductor se conformó con regañarla y ni siquiera intentó recuperar los cupones que le había sacado de más. Pero, claro, se los daba el Estado, ¿qué le importaba a él perder unos cuantos? Le molestó mucho más que mis compañeras creyeran que podían estafarlo.

Los cupones que se agenciaban mis compañeras iban a parar a una caja común. Aquí es donde yo debo admitir parte de la culpa: no solo no las denuncié, sino que, al enterarme de lo que ocurría, acepté ir a comer *dim sum* con ellas varias veces. Esto demuestra lo fácil que es corromperse.

Cuando llevaba tres o cuatro meses trabajando en la gasolinera, un día llegó un grupo de directivos de la empresa para llevar a cabo una inspección. Después de hablar con la encargada nos explicaron una serie de normas sobre cómo atender a los clientes. Mis compañeros veteranos debieron de pensar que se trataba de una simple formalidad y no hicieron mucho caso. Yo, en cambio, me esforcé en seguir las nuevas directrices al pie de la letra.

La visita resultó ser un proceso de selección: la empresa pensaba reconvertir una gasolinera de las afueras en una gasolinera modelo para rodar un vídeo de uso interno que ilustrara las mismas rutinas de trabajo que acababan de enseñarnos. Gracias al empeño que puse en seguirlas, me escogieron a mí. Estoy seguro de que ser el empleado más joven —mis compañeros rondaban los treinta o cuarenta años—, además del más alto y el más enérgico, también ayudó. Como suele decirse, en el país de los ciegos, el tuerto es el rey. El caso es que los jefes vieron algo en mí.

Ser elegido supuso mi traslado inmediato a la nueva gasolinera. La anterior se encontraba a poco más de dos kilómetros de mi casa y a tres de mi universidad, pero aquella quedaba a más de diez de ambos lugares, y no tenía buenas comunicaciones. La habían escogido porque el edificio y los surtidores nuevos aún no estaban cubiertos por la habitual capa de mugre. Otra ventaja era que se hallaba al lado de una carretera recién asfaltada que era más recta, ancha, llana y cuidada que las de la ciudad. Pero ahí no acababa la cosa: la carretera estaba rodeada de campos de flores, un escenario perfecto para el rodaje, aparte de gratuito. De hecho, el lugar se llamaba literalmente Gran Jardín, y la gasolinera, Gasolinera Gran Jardín. Además, como al ser un sitio tan apartado apenas tenía clientes, había tiempo de sobra para ensayar y rodar.

A mi encargada le costó mucho dejarme marchar, pero no tuvo más remedio. Me prometió que, en cuanto yo completara la asignación de la empresa, solicitaría mi regreso. En el poco tiempo que llevaba trabajando para ella, ya me había escogido como empleado del mes una vez. La decisión no cayó bien entre los veteranos, pero sospecho que iba encaminada a ponerme como ejemplo. He olvidado cuánto dinero incluía el premio, pero lo acepté con reticencia. Al día siguiente, compré una caja de botellas de té helado con limón y la llevé a la gasolinera para compartirla con mis compañeros.

La universidad nocturna en la que estudiaba era una institución de enseñanza superior para adultos. Como la mayoría trabajábamos, toleraban bastante bien las ausencias. Bastaba con que asistiéramos a dos tercios de las clases. Sin embargo, después de mi traslado a la nueva gasolinera la dirección tuvo la ocurrencia de implantar una gestión «de estilo militar». Lo peor de todo fue que nos obligaban a vivir en los dormitorios de la empresa, situados junto a la gasolinera, para estar disponibles a cualquier hora, sin permitirnos volver a casa después del turno. Hoy me habría burlado de semejante imposición o me habría limitado a fingir obediencia mientras la incumplía, y quizá hasta hubiera protestado. No me habían hecho fijo, seguía siendo un trabajador temporal, cobraba mil ochocientos yuanes y no tenía seguro médico: ¿cómo se atrevían a entrometerse en mi vida privada de esa forma? En su momento, ni siquiera me habían preguntado si estaba de acuerdo con el traslado, sino que dieron por hecho que obedecería. «Militar» era la palabra, sin duda, pero yo no me había alistado en el ejército.

En realidad, aquella situación era relativamente habitual. Por entonces, la gente no tenía mucha conciencia de sus derechos y las leyes laborales no estaban tan desarrolladas como ahora. Tampoco creo que los directivos actuaran con mala intención; quizá ni se les cruzaba por la cabeza que vulneraban determinados derechos. Más que enfado, yo sentía ansiedad por no estar a la altura de las expectativas de la empresa y poner en apuros al resto del equipo.

Hoy lo veo todo muy claro, pero en aquel momento no supe afrontar la situación. Tampoco tenía a nadie con quien hablarlo. Mis padres seguían anclados en una visión del mundo obsoleta —los drásticos cambios que se iban produciendo en la sociedad les causaban un profundo desasosiego, se sentían sobrepasados por una realidad nueva que ni entendían ni aceptaban— y, en definitiva, no estaban en condiciones de orientarme. La verdad es que evitaba consultarles nada desde la adolescencia, porque nunca eran capaces de ofrecerme soluciones adecuadas. Todas las decisiones que he tomado desde que empecé a trabajar y me integré en la sociedad han sido mías (y quizá por eso nunca he llegado a integrarme del todo). Ellos apenas me han dado consejos; tampoco dinero, aparte del que me prestaron para que abriera un negocio más adelante. No obstante, nunca me han exigido que cubra de honor a la familia haciéndome millonario ni que los mantenga en su vejez. Solo me han pedido que respete la ley y que no cause problemas ni a los demás ni a la sociedad.

Lo correcto en aquel momento habría sido hablar con los responsables de la nueva gasolinera, explicarles que estaba estudiando y pedirles alguna concesión. Sin duda eran personas razonables, y como mínimo habrían reconocido que estudiar no solo no era algo malo, sino que tampoco interfería con mi trabajo. Además, yo había empezado a estudiar antes de que me trasladaran; si de verdad les era imposible hacer una excepción conmigo, al menos podrían dejarme volver a mi puesto original. Sea como fuere, no me atreví a pedirles nada. Sentía que exponerles mis condiciones equivalía a buscar un trato de favor, una irregularidad capaz de suscitar resentimiento entre mis compañeros. En realidad, estaba dándole demasiadas vueltas.

En los dos meses que permanecí en la nueva gasolinera, me las ingenié para seguir yendo a la universidad escapándome de los dormitorios y volviendo a colarme cuando los jefes no andaban cerca, aunque aun así falté a demasiadas clases. Cuando vi que era incapaz de cumplir con lo que me exigían, decidí renunciar. Para entonces llevaba medio año en la empresa. Casi nadie de mi edad quería trabajar en una gasolinera. Mis compañeros solían ser bien forasteros o bien gente local de cierta edad cuya falta de formación limitaba sus opciones. Cuando me postulé, otro compañero de clase se presentó conmigo. Nos cogieron a los dos, pero él nunca llegó a incorporarse. Al fin y al cabo, dos chicos de ciudad como nosotros teníamos alternativas mejores. El qué dirán también pesaba: para muchos, ser gasolinero era una deshonra. La gente se harta de decir que no hay trabajo indigno, pero en el fondo nadie lo cree. Mis padres sí, o en todo caso, como no tenían parientes ni amigos en la ciudad, no les preocupaban las apariencias, porque, cuando se enteraron de que iba a trabajar en una gasolinera, se alegraron.

Mi cuarto trabajo fue como repartidor en una cadena de comida rápida de estilo chino. Trabajaba dos horas y media todos los mediodías. Me pagaban el almuerzo, pero no tenía sueldo fijo: mis ingresos dependían de las entregas que hiciera. Me daban un yuan y medio por cada una que hacía, sacaba unos veinte o treinta yuanes al día de media. No era más que un trabajo a tiempo parcial, pero mis tres trabajos anteriores me habían impedido estudiar y con mi limitada formación académica no podía escoger mucho. Aguanté en aquella cadena de comida rápida medio año. Después, un compañero de clase me recomendó para otro trabajo y me fui.

Mi quinto trabajo fue repartiendo helados para un mayorista. El negocio pertenecía a un pariente de un compañero de clase y estaba en el mercado de un barrio urbano marginal. Antes de empezar, pensé que solo tendría que encargarme de repartir los productos a los clientes, pero eso solo era en teoría: también tenía que encontrarlos. En la práctica, era un comercial. Me dedicaba a recorrer las tiendas y supermercados de la zona en busca de congeladores vacíos; cuando encontraba alguno, preguntaba al personal qué necesitaban y luego se lo llevaba. Para eso, tenía que adelantarme a la competencia: el otro empleado fijo de la empresa y varios trabajadores a tiempo parcial que se dedicaban lo mismo.

Yo no me sentía en absoluto a la altura del reto. Había empezado a desarrollar un fuerte rechazo a las interacciones sociales: me costaba horrores captar la intención oculta tras las palabras de la gente y, las veces que lo conseguía, solo sentía incomodidad o bochorno. Me pasaba tanto que empecé a guardar las distancias con la gente, incluso con aquellos a quienes había llegado a apreciar. Tampoco soportaba regatear, sentía que me estaba aprovechando de los demás, y eso no hacía más que disparar mi necesidad de complacer a todo el mundo y agravar mi ansiedad. Paradójicamente, mi obsesión por agradar me llevó a no querer acercarme a nadie, porque los encuentros solo acarreaban decepciones y frustraciones.

Había descubierto que los actos de altruismo tendían a despertar más la codicia de la gente que su bondad. Durante mis prácticas en el hotel, a veces trabajábamos en turnos partidos (por ejemplo, cuatro horas por la mañana y cuatro por la tarde). Ni a mí ni a mis compañeros nos gustaba ese régimen, pues implicaba gastar el doble de tiempo y de dinero en desplazamientos que cuando hacíamos ocho horas seguidas. Algunos vivían lejos y no podían volver a casa entre turno y turno, así que no les quedaba otra que sentarse a esperar sin hacer nada o pasearse por los alrededores. Por eso el encargado, tratando de ser justo, se aseguraba de que todos tuviéramos el mismo número de turnos partidos cada mes.

El caso es que un día una compañera me pidió que le cambiase el turno porque tenía una urgencia familiar. El cambio consistía en que yo hiciera su turno partido y ella uno de mis turnos normales. Me prometió que más adelante me devolvería el favor, pero yo, pensando que sería mucho lío, le dije que no se preocupara. Cuando me preguntó por qué, le respondí que para mí no había diferencia entre los dos tipos de turno, que de todos modos no tenía nada que hacer después del trabajo. En realidad, odiaba los turnos partidos tanto como los demás, pero intentaba tranquilizarla. Fui muy ingenuo. Al cabo de unos días, me volvió a pedir un cambio. Esta vez no alegó ninguna urgencia, solo dijo: «¡Como te da lo mismo, cambiemos otra vez!». Me quedé de piedra. ¿Cómo iba a negarme ahora? La única manera habría sido admitir que había mentido y confesar que odiaba los turnos partidos tanto como ella, pero no me atrevía, así que volví a aceptar. La cosa no acabó ahí: a los pocos días, otra compañera que se había enterado de la situación vino a pedirme que le cambiara el turno a ella también.

Por suerte, un compañero acudió a mi rescate. Se encaró con la primera empleada que me había cambiado el turno y le dijo que eso no se hacía. Entonces se pusieron a discutir: él le dijo que tenía la cara de cemento armado, ella le replicó que no se metiera donde no lo llamaban… Mientras tanto, yo, en medio de ambos, sintiéndome culpable por haber estropeado el ambiente, solo quería que se me tragara la tierra…, pero después de aquello nadie volvió a pedirme más cambios.

Yo era muy cándido en aquellos años, no sabía decir que no; al mismo tiempo, también me angustiaba notar que no sabía reaccionar como los demás. Con el tiempo comprendí que la mayoría de las personas solo son capaces de ver las cosas desde su propia perspectiva. Debo aclarar que no lo aguantaba todo, a veces sí me quejaba, pero tenía que acumular muchos agravios y frustraciones antes de estallar. Si no quería que siguieran aprovechándose de mí, tenía dos opciones: o volverme como ellos y responder a su egoísmo con más egoísmo, o mantener las distancias. La segunda opción me resultó mucho más fácil.

Para cuando empecé a ganarme la vida vendiendo helados ya había erigido un muro que me aislaba del mundo. Mi manera de dirigirme a los clientes, incluidos aquellos con los que llevaba tratando cierto tiempo, era tan exageradamente formal que más de uno debió de preguntarse: «¿Será posible que se haya olvidado de mí?». Pero yo ni siquiera era consciente de que aquella actitud podía herir sus sentimientos. En mi ingenua imaginación, creía que el mundo se regía por un conjunto de reglas justas y racionales en lugar de por sentimientos, que la gente no necesitaba crear vínculos afectivos, que respetar las reglas de común acuerdo bastaba para solucionar cualquier problema y seguir cada uno con su vida.

Me había vuelto más tímido que cuando acababa de graduarme, pero mi ansiedad aún no había derivado en un trastorno. Aún tenía que crecer y agravarse, condicionada por factores que no se reducen a los ya mencionados (como mi miedo a decepcionar). Cada vez que alguien me hacía un cumplido, automáticamente yo lo negaba y procedía a menoscabarme. Convencido de que tarde o temprano iban a descubrir que no estaba a la altura de lo que habían imaginado de mí, prefería rebajar sus expectativas desde el principio. De otro modo, la angustia habría sido insoportable. Si alguien insistía en halagarme —pocos lo hacían—, lo apartaba de mi vida. De esta forma, era yo quien los abandonaba antes de que ellos pudieran abandonarme a mí.

No era una estrategia consciente, sino un mecanismo de defensa espontáneo. Dicen que el carácter determina el destino. Puede que «destino» sea una palabra demasiado grandilocuente para los tiempos que corren, pero es verdad que el carácter influye de manera decisiva en el curso de nuestra vida. Me resulta imposible relatar mis experiencias en el trabajo sin hablar de mi carácter, porque muchas de las decisiones que tomé en su día se debieron más a él que a cualquier valoración racional; si no le explico al lector quién soy, le costará entender algunas de mis reacciones y decisiones pasadas.

Malviví vendiendo helados durante varios meses. Me da apuro decir que «trabajé», porque apenas ganaba lo mismo que en la cadena de comida rápida y allí trabajaba dos horas y media al día, mientras que en el mayorista de helados trabajaba ocho. Iba muy desahogado, eso sí: no tenía que fichar, no pasaba nada si algún día me quedaba en casa porque hacía mal tiempo...

Me pasaba el día montado en mi bicicleta, recorriendo hasta el último rincón del barrio. Algunas tiendas estaban metidas en el fondo de pasajes de apenas un metro de ancho. Mi principal competidor siempre iba un paso por delante de mí: la mayoría de las veces llegaba a un sitio y me encontraba con el congelador lleno a rebosar. El problema era que él tenía móvil y yo no (tenía un buscapersonas, pero no les había dado mi número a los dueños de las tiendas); también llevaba más tiempo trabajando en la zona y conocía a la mayoría de los tenderos, así que cuando empezaban a quedarse sin género lo llamaban. A mí solo me quedaban los lugares que él no alcanzaba a visitar. Aun así, en aquel momento no me corría prisa por ganar dinero. Como seguía estudiando por las noches, pensaba que de momento me valía con empleos temporales, que ya empezaría a trabajar en serio después de graduarme. Sin embargo, al cabo de unos meses llegó el frío y cada vez fue más difícil vender helados. Un día no conseguí una sola venta. Sentí tanta vergüenza que no tuve valor de seguir, así que renuncié.

Mi sexto trabajo también llegó a través de un compañero de clase (nunca les pedí ayuda, salía de ellos proponérmelos). Al igual que la vez anterior, no se trataba de un empleo formal, pues no firmé ningún contrato ni tenía obligación de fichar. El jefe había alquilado un apartamento que usaba a modo de estudio. Creábamos renders tridimensionales de proyectos arquitectónicos. El jefe se encargaba de conseguir clientes y tratar con ellos, mientras que los dibujos los hacía su único diseñador, un pariente suyo. A mí me contrataron como aprendiz, el salario era de seiscientos yuanes e incluía una comida. Todavía recuerdo las versiones del software que usábamos: AutoCAD 14, 3ds Max 4 y Photoshop 5.5.

A los pocos días de que yo entrara se incorporaron dos aprendices más, un chico y una chica, ambos recomendados por amigos del jefe. Como el diseñador estaba muy ocupado, nos tocaba aprender por nuestra cuenta con libros y CD. Solo lo interrumpíamos cuando nos atascábamos.

En aquella época, Photoshop aún era muy rudimentario. Como tenía cierta experiencia con el programa, enseguida fui capaz de manejarlo. AutoCAD también era bastante sencillo, podías aprender lo básico en un día, pero dominarlo llevaba muchísimo más tiempo. Para mí, que no contaba con ninguna base, el simple hecho de entender los planos a escala real ya era un reto. 3ds Max era el más complicado de los tres programas, en parte porque estaba en inglés, pero también por la enorme cantidad de comandos posibles (que se multiplicaban con cada nuevo *plug-in* que instalábamos).

Estuve en aquel sitio alrededor de medio año, luego me fui con el otro aprendiz varón. Estudiaba en la misma universidad nocturna que yo y era de mi promoción, con la diferencia de que yo cursaba Publicidad, y él, Contabilidad financiera. Cada noche, después del trabajo, nos íbamos juntos a clase y por el camino hacíamos un alto para comer un plato de arroz o de fideos finos. Dejamos el trabajo porque llegamos a la conclusión de que el jefe era demasiado astuto y tarde o temprano nos la iba a jugar. No teníamos garantía de nada, su estudio ni siquiera era una empresa de verdad, dependíamos de su buena voluntad... Suponiendo que la tuviera, algo de lo que no daba muchas muestras: por ejemplo, según el hermano del compañero que me había recomendado, que era quien conocía al jefe, los aprendices cobraban mil yuanes. Sin embargo, al final del primer mes, yo solo recibí seiscientos. Aquella discrepancia me extrañó mucho, pero me daba vergüenza pedirle explicaciones al jefe y tampoco tenía confianza con el hermano de mi compañero para preguntarle. Al final, lo racionalicé echándome la culpa: me dije que era un estorbo para el jefe, que me dedicaba a ocupar uno de sus ordenadores sin apenas aportarle nada, que montar escándalo por unos cientos de yuanes no era forma de darle las gracias. Sin embargo, meses después, cuando ya supe lidiar con más cosas e incluso me quedaba algunas horas extras hasta la medianoche con el resto del equipo para cumplir los plazos, seguí cobrando seiscientos yuanes. El otro aprendiz estaba en la misma situación. Cobardes como éramos, ninguno se atrevió a protestar. Para entonces ya estábamos a punto de terminar el grado, así que coincidimos en que era mejor buscar un trabajo relacionado con nuestras respectivas especialidades. Sin embargo, yo al final no lo hice.

Una de las revistas de cómics que solía comprar publicó un anuncio en busca de aprendices. Como se trataba de una editorial con cierto prestigio en el país, decidí probar suerte: dibujé una historieta corta con los parámetros que pedían y la envié. Para mi sorpresa, me eligieron. Una vez más, no se trataba de un empleo propiamente dicho, porque no nos pagaban: lo único que nos daban era comida y alojamiento. Sin embargo, como pasé allí más de medio año, lo cuento como mi séptimo trabajo.

La editorial tenía varios pisos alquilados. El director era un hongkonés que no debía de llegar a la treintena al que teníamos que llamar *laoshi*, «profesor». Había estudiado Bellas Artes en Japón y, a su regreso, fundó su propia empresa: una editorial dedicada a publicar revistas, promover autores y lanzar tomos recopilatorios. Entré junto con unos diez aprendices más. Esta vez, con veintitrés años, era el mayor; eso demostraba que los únicos lo bastante ingenuos como para meterse de aprendiz en una editorial de cómics eran críos. Pero yo había madurado tarde. En los años anteriores había ido tirando entre estudios y trabajos varios sin pensar demasiado en lo que de verdad quería hacer. Mis padres nunca me presionaron para que me decidiera. Como me habían educado para ser austero, apenas tenía necesidades materiales: no fumaba, no bebía (ahora sí bebo, pero con moderación), no compraba cosas de marca, me cortaba el pelo por cinco yuanes en puestos callejeros, iba en bicicleta siempre que podía... Mis gastos diarios eran mínimos. El hecho de que mis padres no tuvieran parientes ni amigos en la ciudad también me libró de la feroz competencia que suele darse entre los hijos de una misma generación, e hizo que tanto ellos como yo pudiéramos llevar una vida más relajada y no tuviéramos que estar siempre intentando ir a más. Apenas se fijaban en mis notas, nunca me pagaron clases de refuerzo ni me exigieron estar a la altura de los hijos de nadie; les bastaba con que me esforzara. Para ellos, la disciplina era una cualidad mucho más valiosa que la eficacia.

Los cómics eran una de las pocas aficiones que tenía. Por aquel entonces solo leía manga: *Dragon Ball*, *Los caballeros del zodíaco*, *Ranma ½*, *Dr. Slump*, *Capitán Tsubasa*, *Slam Dunk*... Nuestra jornada en la editorial transcurría practicando durante más de doce horas seguidas las habilidades básicas del dibujo de cómics: trazar líneas, dibujar rostros y figuras, copiar fondos... Nuestro *laoshi* no nos enseñaba técnicas específicas, solo nos asignaba ejercicios. El más habitual consistía en dibujar líneas paralelas con plumilla, cada una de cuatro centímetros de largo y con una separación máxima entre ellas de 0,02 pulgadas. El objetivo era que todas las líneas tuvieran la misma longitud y estuvieran espaciadas de forma uniforme. Solo este ejercicio nos ocupaba más de cuatro o cinco horas diarias. Era muy tedioso. Teníamos la sensación de que no nos estábamos formando para ser dibujantes, sino asistentes de dibujante. Quizá se debiera a la idea de que todo lo relacionado con la creación de historias no podía enseñarse, dependía del talento de cada uno. Sospechábamos que el entrenamiento que había recibido nuestro *laoshi* en Japón había sido similar.

Al final no llegué a dedicarme a los cómics, pero en la editorial hice varios amigos importantes. Gracias a ellos empecé a escuchar rock. Nuestras bandas favoritas eran, entre otras, Sex Pistols, Nirvana, Nine Inch Nails, Radiohead y Pink Floyd. Como tantos otros jóvenes roqueros, mis nuevos amigos decían que debíamos rebelarnos contra el poder que la sociedad ejercía sobre nosotros, contra los valores dominantes que nos impedían ver nuestra individualidad y contra la hipocresía y el utilitarismo del mundo de los adultos. Por lo que vi, no eran solo palabras, sino que vivían de esa manera. Gracias a su apoyo, me sentí con el valor suficiente para oponerme a ciertas prácticas de la editorial. Algunas de mis críticas tenían sentido, pero en conjunto eran puro idealismo.

La forma en la que nos trataban terminó provocando que varios compañeros y yo nos marcháramos. El último día dibujé una historieta satírica en la que criticaba el enfoque mecánico de nuestro *laoshi* a la hora de enseñar.

Una vez más, tuve que ponerme a buscar trabajo. Para entonces ya tenía veinticuatro años, una edad algo avanzada en comparación con los graduados universitarios de aquel año, y mi experiencia laboral no servía de mucho para compensarlo. Conseguir un trabajo mínimamente bueno parecía imposible. Por suerte, nunca he sido exigente, así que no pasé mucho tiempo desocupado. Mi nuevo trabajo, el octavo, fue el de diseñador gráfico en una revista especializada en manga y anime.

Mi jefe había sido distribuidor de revistas de música, pero decidió dejarlo al ver el potencial que tenían las centradas en el manga y el anime. En aquella época ya existían muchas revistas similares en el mercado, la mayoría sin licencia de la Administración Nacional de Prensa y Publicaciones. El truco de sus editores era incluir un CD gratuito para poder venderlas como material audiovisual (la revista contaba como un mero suplemento). Nosotros hicimos lo mismo.

El jefe era un rácano, pero hablaba muy bien y tenía unos modales impecables, así que daba muy buena impresión; además, se desenvolvía con mucho aplomo. Me contrató porque no le exigí un salario concreto: en la entrevista le dije que con que me pagara lo que a los demás que hacían el mismo trabajo estaría satisfecho. Me ofreció mil quinientos yuanes al mes durante un periodo de prueba de tres meses. Viéndolo ahora, le salí regalado. Estoy seguro de que no tardó nada en darse cuenta de lo dócil y obediente que yo era, justo el tipo de empleado que más le gustaba, como se comprobaría más adelante.

Usábamos principalmente dos programas: Photoshop para las imágenes y CorelDRAW para la maquetación, y yo conocía ambos. Al principio, el equipo editorial estaba formado por el jefe (que hacía las veces de editor, pero también escribía), dos redactores, tres diseñadores gráficos y un traductor de japonés. Mi trabajo era bastante monótono: procesar una imagen tras otra y luego maquetar las páginas. Sin embargo, tenía una ventaja: cada mes llegaban a la redacción montones de cómics, revistas y libros importados de Japón, de Hong Kong y de Taiwán. Mientras el resto del país leía ediciones pirata de mala calidad, yo disfrutaba de las últimas novedades. Tener acceso a ellas era un atractivo enorme, casi un privilegio, y compensaba un poco la monotonía del día a día.

Sacábamos un número al mes. En las primeras etapas del proceso, los redactores eran los que estaban más ocupados; después, nos tocaba a los diseñadores. El día antes de enviar la revista a imprenta hacíamos verdaderas maratones para llegar a tiempo. La causa era bien simple: la procrastinación. Los redactores siempre entregaban los textos a última hora.

Además de la revista, producíamos libros, como, por ejemplo, álbumes ilustrados del superhéroe japonés Ultraman. A veces el contenido infringía los derechos de autor, pero las editoriales japonesas no solían preocuparse por lo que ocurría en el mercado chino de libros piratas (nosotros lo llamábamos «el segundo canal»). Lo cierto es que la industria editorial empezaba a declinar. Aunque faltaban años para que se popularizaran los teléfonos inteligentes, internet y los ordenadores personales ya se habían quedado con buena parte de los lectores. En ese contexto, publicábamos contenidos mediocres y no hacíamos nada por destacar entre la multitud de revistas de manga y anime que existían. Hay que decir que muchas de ellas apenas sacaban unos pocos números antes de desaparecer, así que por lo menos nosotros éramos tenaces. Aun así, el jefe empezó a pensar en cómo reducir costes. Al final de mi periodo de prueba, me propuso firmar un contrato. Cuando lo leí me sentí traicionado. No recuerdo los detalles, pero puedo garantizar que muchas de sus cláusulas violaban las leyes laborales vigentes. No lo firmé, pero tampoco renuncié de inmediato: el material que llegaba cada mes a la redacción seguía ejerciendo una enorme atracción sobre mí. Además de las cosas que pedía el departamento editorial, yo aprovechaba los canales de la empresa para comprar ediciones originales imposibles de conseguir en China. Algunas eran para mí, otras eran para regalárselas a amigos. Mis compañeros también eran otro aliciente, me llevaba bien con casi todos.

Al mismo tiempo, también seguía en contacto con algunos de los amigos que había hecho en la editorial de cómics. Poco a poco, todas las cosas que criticaban con tanta vehemencia de la sociedad me resonaban en los comportamientos de mi jefe; sentí que la sociedad estaba podrida y que la naturaleza humana daba asco. Era una sensación que no había tenido hasta entonces: por ejemplo, cuando dejé el estudio de los renders en 3D no sentía rabia hacia el jefe, sino que, al contrario, me daba miedo. En paralelo empecé a culpar a mis padres de la mala suerte que había tenido tanto en lo laboral como en lo personal. Me indignaba que no me hubieran preparado mejor. Nada de lo que me habían enseñado me servía para desenvolverme en la sociedad. No me animaron a luchar por lo que quería, solo me inculcaron austeridad y disciplina. Para colmo, muchas de las cosas que me dijeron que estaban mal eran precisamente las que todo el mundo hacía. Y la sociedad no los castigaba, ni me recompensaba a mí por actuar de otro modo; era al revés: a ellos los recompensaba y a mí me castigaba.

La línea editorial impuesta por mi jefe también chocaba de lleno con mis gustos y los de mis amigos. Sus publicaciones nos parecían vacuas, infantiles, pretenciosas e hipócritas, eran una mancha en la industria, un desperdicio de papel, un insulto a los árboles talados para producirlas. Así pues, tras un periodo de intensas conversaciones, decidimos marcharnos a Pekín para llevar una vida bohemia de «vagabundeo y creación». Dejamos el trabajo, hicimos cuatro preparativos sencillos y nos subimos al primer tren de asientos duros[*] que encontramos con destino a la capital.

---

[*] Así es como se conoce a los trenes de tercera clase, cuyos asientos no reclinables y antaño de madera hoy son tapizados con un acolchado muy exiguo.

2. De mi noveno trabajo al undécimo

Evidentemente, nuestra vida en Pekín tuvo muy poco de bohemia. Nada más llegar nos alojamos en casa de un amigo que vivía en Tongzhou, pero al poco alquilamos un piso en los alrededores. Como no teníamos dinero, me puse a trabajar en una copistería de Bawangfen, en el céntrico distrito de Chaoyang (iba y venía todos los días). Duré apenas dos meses y la experiencia puede resumirse en un par de párrafos:

Al jefe se le daban bien las ventas y yo era su segundo empleado. Nos manejábamos con dos ordenadores y una impresora offset que hacía tarjetas de visita. También ofrecíamos servicios de diseño y producción de octavillas, trípticos y folletos, pero nuestra fuente principal de ingresos eran las tarjetas. El jefe tenía acuerdos con varios hoteles de la zona para ofrecerles un servicio exprés con entrega en el mismo día. Cuando llamaban de recepción íbamos de inmediato a recoger el material del cliente, que casi siempre consistía en una tarjeta preexistente que debíamos copiar. En aquella época, en Pekín ya existía la impresión digital, pero apenas se usaba para las tarjetas: las máquinas no podían trabajar con cartulina estucada de trescientos gramos ni con los demás papeles especiales que eso requería.

Casi todos nuestros clientes eran ejecutivos de alto nivel, muchos de ellos extranjeros —al menos, en sus tarjetas no se utilizaban caracteres chinos—. En consecuencia, podíamos aplicarles tarifas bastante altas: recuerdo que una caja costaba doscientos yuanes. Si ellos las hubieran llevado a imprimir a cualquier otra copistería, les habrían salido por veinte o treinta yuanes, pero esas copisterías no ofrecían servicio de recogida y entrega ni eran capaces de tener los encargos listos el mismo día. Para nuestros clientes, la hora que habrían perdido ocupándose ellos mismos valía mucho más de doscientos yuanes.

Los pedidos de la mañana se entregaban por la tarde; los de la tarde, por la noche, y los de la noche, a la mañana siguiente. Nuestro jefe hacía de mensajero, así que se pasaba el día yendo de un lado a otro. A veces yo también debía salir a recoger o a entregar. Mi compañero era el que mejor dominaba la impresora offset, por lo que tenía que quedarse en la tienda. Como el jefe nos pagaba el alojamiento y la comida, apenas cobrábamos mil o mil doscientos yuanes. Vivíamos en un sótano. Solo dormí allí un par de noches, porque solía volver a Tongzhou, pero lo recuerdo como un sitio oscuro y húmedo: la ropa no se secaba, el agua del grifo salía helada y sin reloj era imposible saber qué hora del día era. Además, la cola para usar el baño cada mañana era inevitable.

Mis amigos se quejaban de que el trabajo me dejaba sin tiempo para crear. Sostenían que el trabajo era la forma en que la maquinaria de la sociedad esclavizaba a las personas. Dicho así, no suena del todo equivocado, pero estar vivo en este planeta significa estar esclavizado de algún modo, incluso si no trabajas. Los filósofos de la antigua Grecia decían que el deseo carnal también era una forma de esclavitud, aunque no explicaron otra forma de librarse de ella que esperar a la vejez y a la muerte. Aun así, hice caso a mis amigos y renuncié al que había sido mi noveno trabajo.

Para reducir gastos, decidimos irnos de Tongzhou, que de por sí era una zona apartada, a Yanjiao, un lugar todavía más remoto. Al principio éramos tres, luego convencimos a dos personas más para que se nos unieran, a fin de repartir el alquiler entre cinco. Yanjiao en aquellos años no estaba ni de lejos tan desarrollado como ahora. Conseguimos un piso bastante grande, creo que pasaba de los cien metros cuadrados. Era una de esas viviendas «con derechos de propiedad limitados»,** construidas por campesinos mediante aportaciones colectivas, y por tanto el alquiler estaba tirado. Salía a cien yuanes por cabeza, pero para entonces yo ya estaba tieso, así que no me quedó otra que llamar a mis padres para pedirles un algo de dinero. No podían entender que hubiera elegido llevar aquel tipo de vida y tampoco lo aprobaban, pero en cualquier caso me ayudaron un poco.

También trabajé unos días en un puesto de desayunos que había frente a nuestro edificio. El sueldo era de apenas unos cuantos yuanes al día y trabajaba de cuatro a ocho de la mañana, pero me dejaban desayunar todo lo que quisiera. Me encargaba de los *youtiao* (bastones de masa frita), y me pasaba la mañana delante de la freidora. En una sola mañana podía llegar a cocinar varios centenares, porque distribuíamos a las tiendas de los alrededores. No podía considerarse un trabajo de verdad, porque pagaban una miseria, así que lo dejé enseguida.

Nuestros días en Yanjiao fueron inolvidables, pero en lo creativo no nos fue bien. Mis amigos pensaban que la mayor parte de las revistas que se publicaban eran basura, el equivalente a animales domesticados que habían perdido su naturaleza salvaje (yo empezaba a pensar eso mismo de mí). Sin embargo, las obras verdaderamente rompedoras eran impublicables, como mucho, circulaban en espacios clandestinos de internet, y eso no generaba los ingresos que necesitábamos para subsistir. Éramos ingenuos, radicales e inmaduros, pero estábamos llenos de entusiasmo y no nos importaban las consecuencias de nuestros actos

---

* Eufemismo que designa las viviendas construidas en suelo rural o periurbano, de propiedad colectiva de las aldeas, cuya compraventa o arrendamiento a forasteros no puede registrarse oficialmente ni otorga títulos legales de propiedad.

mientras sirvieran para cambiar el mundo. Diría que yo era el más pragmático y cabal del grupo, porque el resto se burlaba de mi constante preocupación por el dinero. Todos tenían más experiencia en el mundo del cómic que yo y dibujaban de maravilla; yo, en cambio, después de seis meses en la editorial de cómics, apenas había completado unas cuantas docenas de páginas de ejercicios y no tenía nivel para publicar. Aun así, mis amigos estaban convencidos de que, a la hora de crear, dibujar bien era lo de menos. Solían ponerme el punk como ejemplo: muchas de sus canciones apenas utilizaban tres acordes y eran geniales. También me decían que en el arte lo más importante era el alma y yo la tenía (lo cual me halagaba, porque también decían que mucha gente carecía de ella), pero sus planes de futuro eran mucho más ambiciosos que los míos. Soy una persona muy insegura, al menos lo era en aquel entonces, así que nunca me sentí a su altura.

Es una lástima que solo se pueda vivir de aquel modo cuando se es joven y por un tiempo muy breve. Cometimos excesos y nos equivocamos, pero aquellos días me sirvieron para aprender a ver el mundo (o, como mínimo, la sociedad) de otra manera: leí libros que de otro modo nunca habría leído, descubrí ideas que me sacudieron la conciencia, me replanteé toda clase de nociones que antes aceptaba sin cuestionar, aprendí qué era importante y qué no. No ocurrió de la noche a la mañana, claro, y tampoco fue un cambio que se completara entonces: más bien supuso la siembra de una semilla que con los años echó raíces, germinó y, a día de hoy, sigue creciendo dentro de mí. Eliminar cualquiera de las experiencias laborales que relato en este libro no tendría el menor efecto sobre la persona que soy hoy, pero, si no hubiera vivido aquella etapa en Pekín, sería alguien muy distinto. Si bien no supusieron una transformación total, aquellos días formaron mi yo más temprano, me ofrecieron un punto de partida. Ya no me preocupa ser diferente a los demás; al contrario, valoro mi individualidad. Sigo siendo tímido e ignorante, pero debajo de eso hay resiliencia y convicción.

A partir de aquel momento, tanto el trabajo como la escritura se convirtieron en formas de forjar mi espíritu.

Cuando dejé Pekín, volví a mi ciudad natal y pasé varios meses en casa de mis padres. No me presionaron para que buscara trabajo, imagino que tendrían miedo de que volviera a irme a «vagabundear y crear» si me agobiaban. Querían cuidarme, pero no sabían cómo. Dado que se sentían aún más fuera de lugar en la sociedad que yo, no estaban en condiciones de orientarme ni aconsejarme. Eso les daba vergüenza.

Al cabo de un tiempo mi antiguo jefe de la revista de manga y anime se enteró de que había vuelto de Pekín y estaba desocupado y contactó conmigo para ofrecerme trabajo. Había cerrado la revista y había cambiado de oficina y de equipo; su nuevo proyecto era una revista especializada en equipos de audio y vídeo, un campo que conocía bien. Aparte, también sacaba especiales monográficos. La mayor parte del contenido era copiado de revistas hongkonesas y taiwanesas o traducido del japonés. También producía álbumes ilustrados infantiles, que requerían poca inversión y ofrecían beneficios rápidos, e incluso mantenía una línea de cómics creados a partir de capturas de pantalla de series animadas.

Luego estaban los CD-ROM que anunciaba en sus propias publicaciones y vendía por correo. Su contenido provenía sobre todo de internet, así que el grueso de nuestro trabajo consistía en recopilarlo y organizarlo, además de diseñar una interfaz atractiva y fácil de navegar. Aún teníamos varios otros proyectos menores sueltos que no detallaré; básicamente, tocábamos todos los palos que podíamos. Querer abarcar tanto era mala estrategia, pues no logramos crear nada que realmente valiera la pena, pero supongo que desde el punto de vista del jefe tenía sentido sacar el máximo partido al local, los equipos y la plantilla.

Por mi parte, me dedicaba a la maquetación y al diseño gráfico, como antes, pero de vez en cuando también editaba textos; más adelante, empecé a ayudar con la elección de los temas. Todos dábamos lo mejor de nosotros, pero la respuesta del mercado de distribución era decepcionante. La gran mayoría de nuestros productos eran mediocres y repetitivos, lo cual no tenía nada de sorprendente: los hacíamos a toda prisa y sin descanso. Mantener un flujo constante de lanzamientos era la única forma de sobrevivir, pues solo con algo nuevo que entregar a los distribuidores podíamos recuperar el dinero de la tanda anterior. Aquellas no eran condiciones propicias para crear nada.

El jefe empezaba a perder la paciencia con el distribuidor y con nosotros, ya que no lograba recuperar el coste de muchos de los productos. Pero el distribuidor era su cuñado —supongo que al principio sería él mismo quien lo introdujo en el negocio—, y, por mucho que discutieran, estaban condenados a entenderse. Con el tiempo fui notando que el jefe dejaba cuentas sin pagar y cambiaba de proveedores con frecuencia, alegando insatisfacción con los productos o con el servicio solo para librarse de pagar la última factura. Llegó a negarse a abonar los gastos de mensajería: como se pagaban a mes vencido, en cuanto quedaba a deber con una empresa, cambiaba a otra. En un solo año cambiamos varias veces.

Tengo que decir que conmigo se portaba bien. Probablemente le resultaba útil, o quizá no encontraba a nadie dispuesto a sustituirme. Me pagaba poco, pero siempre a tiempo. En aquel entonces yo vivía con mis padres y no debía costearme un alquiler, así que podía arreglármelas con casi nada.

La revista de equipos de audio y vídeo no logró sobrevivir. Las publicaciones impresas en general empezaban a perder relevancia, pues cada vez más lectores preferían informarse en internet. Lo que la hundió de forma definitiva fue una discusión entre el editor y el jefe. Por lo visto, el jefe intentó pagarle una comisión que le debía dándole unos altavoces en lugar de dinero. Aquellos altavoces eran una muestra enviada por un fabricante que nos había encargado un publirreportaje, e imagino que nos los quedamos porque al final el fabricante se negó a pagar por él. Tengo que decir que nosotros tampoco éramos demasiado honestos con los anunciantes: les decíamos que nuestra tirada era de veinte mil ejemplares cuando en realidad era de tres mil, pero no éramos la única publicación que lo hacía ni mucho menos.

Guiado por el proverbio que dice que el árbol trasplantado se seca, pero el hombre florece al moverse, o quizá por aquel otro que advierte que el sabio no permanece junto a un muro ruinoso, el editor decidió presentar su renuncia y emprender su propio proyecto. Como justo en el mismo momento yo también renuncié, me llevó con él. La cosa se vino abajo a las pocas semanas, así que no considero que fuera una experiencia laboral de verdad, pero aun así hablaré de ella.

El editor conocía, a través de sus contactos empresariales, a un tipo al que llamaremos «el viejo zorro». El viejo zorro había fundado una asociación para empresas del sector de la reparación y la modificación de automóviles. Contactó con el editor porque quería que le ayudara a lanzar la revista de la asociación, que se distribuiría a los talleres miembros. El problema era que no quería gastar dinero en ella, así que convenció al editor de hacerse cargo del proyecto con la promesa de que él se encargaría de encontrar anunciantes. Por entonces, el editor tenía poco más de veinte años, aún le quedaba mucho por aprender de la vida, y se lo tragó. En parte, creo que su decisión fue impulsiva; se agarró a un clavo ardiendo porque no veía la hora de alejarse de nuestro antiguo jefe.

Al cabo de dos o tres semanas nos dimos cuenta de que el viejo zorro y su socio nos estaban tomando el pelo: nos llevaban con ellos a los talleres para hacer bulto y aparentar, me exigían que les diseñara carteles gratis... Mientras tanto, los anunciantes que el viejo zorro nos había prometido seguían sin aparecer. Todo lo que conseguimos de él fue una lista de contactos de proveedores y la instrucción de llamarlos para probar suerte. Los proveedores estaban repartidos por todo el país y la mayoría ni siquiera había oído hablar de la asociación del viejo zorro, así que era imposible que quisieran pagar por anunciarse en su revista. Algunos me insultaban pensando que era un estafador. Tuvimos que esperar hasta dar los últimos retoques del número inaugural para que el viejo zorro, a regañadientes, se dignara a presentarnos a unos pocos clientes de su círculo personal. Sin embargo, dos o tres páginas de publicidad no bastaban ni de lejos para cubrir los costes de producción y envío. Así pues, una noche, después de la enésima discusión estéril con el viejo zorro, el editor tiró la toalla y ambos nos volvimos a nuestra ciudad derrotados.

Más o menos por aquella época, mi padre sufrió un derrame cerebral y tuvo que ser ingresado. Cuando le dieron el alta cuidé de él durante un tiempo. Se recuperó razonablemente bien: al cabo de dos meses consiguió volver a caminar con ayuda de un bastón, aunque ya sin la fuerza de antes. Después de aquello no volvió a ser el mismo.

Mi décimo trabajo volvió a estar relacionado con el mundo del cómic y la animación, pero del tipo que más detestaba. En la época, el Gobierno procuraba impulsar la industria de animación patria con una serie de medidas administrativas. Una era restringir la emisión de contenidos extranjeros; otra, subvencionar las producciones locales: concedían ayudas por cada quinientos minutos emitidos de una misma serie, hacían rebajas fiscales, financiaban el alquiler de locales y otros gastos…, cosas así. Una de las explicaciones que oí para esta avalancha de políticas tan ventajosas era que formaban parte de una lucha ideológica destinada a evitar que los niños chinos crecieran viendo programas extranjeros, con el riesgo de que estos influyeran en sus valores. Yo no terminaba de verlo, pues la gran mayoría de las series animadas extranjeras a nuestro alcance promovían valores universales básicos (como la bondad, el amor o la tolerancia) que no guardaban relación alguna con las divisiones ideológicas entre países. Pero yo no era más que un simple trabajador; aquellas cuestiones estaban muy por encima de mi nivel.

La empresa a la que me incorporé acababa de fundarse gracias a las nuevas políticas. Que el dinero público engordara nuestros bolsillos a través de ellas me parecía igual de lícito que cuando engordaba los del sector de la restauración a través de banquetes oficiales. Teníamos divisiones tanto de animación como de cómic, y yo trabajaba en esta última. Los animadores trabajaban con el programa Flash, por lo que las imágenes eran bastante rudimentarias, y los guiones dejaban mucho que desear. La diferencia con las producciones japonesas y estadounidenses era abismal. Sin embargo, yo sabía que nuestros colegas de otros estudios hacían cosas aún peores y aun así conseguían que se emitieran en televisión. Nuestro jefe llevaba muchos años trabajando en la industria audiovisual y contaba con los contactos necesarios, así que tampoco tenía problemas para colocar nuestras producciones.

Por desgracia, los cómics en los que yo participaba no eran mejores que nuestras animaciones. Tratando de ganar un dinero extra, enviaba mis propios trabajos de forma anónima a las convocatorias que abría la empresa. Eran públicas, pero solo respondíamos los propios empleados. Además, como ninguno de nosotros tenía tiempo de ponerse a crear nada, buscábamos las ideas en internet: modificábamos los diseños y algunos elementos superficiales para disimular y las enviábamos. Seguía siendo un plagio, pero a la empresa no le importaba mientras firmáramos un contrato de derechos de autor: así, si surgía algún problema, la responsabilidad sería nuestra. En aquel entonces estaba saliendo con una chica y gastaba mucho más dinero de lo habitual, de manera que no podía permitirme seguir siendo tan escrupulosamente honesto como antes.

Más o menos por la misma época empecé a distanciarme de los amigos con los que había convivido en Pekín. Me daba miedo decirles a qué me dedicaba. Mi nuevo empleador representaba todo lo que aborrecían, y estaba seguro de que no se lo iban a tomar bien. Me había convertido en aquello que denunciaban en sus cómics: una fuerza reaccionaria de la sociedad. Producía basura que desplazaba los contenidos de calidad, contaminaba los ojos y dañaba los oídos de la gente. ¿Cómo iba a poder justificarlo? Decirles que no había tenido otra opción porque todo el mundo hacía lo mismo habría sido mentir; era mejor cortar por lo sano. (Eso pensé entonces, pero más tarde comprendí que todos crecemos y evolucionamos, alguien que escucha a los Sex Pistols con veinte años puede que a los treinta ya no lo haga. No porque los Sex Pistols sean malos, sino porque su energía pega más con los veinteañeros). En el fondo, era un incompetente. Me había embrutecido por cuatro migajas, seguía viviendo al día sin poder ahorrar y mi novia empezaba a hartarse de mí y estallaba por las cosas más insignificantes.

Un día, un antiguo compañero de la universidad nocturna que vivía cerca de mi casa y se sentía igual de desencantado con su trabajo que yo me propuso montar un negocio a medias. Me pilló justo en un momento en el que estaba planteándome dejar de trabajar por cuenta ajena, así que acepté de inmediato. Tras hablarlo, decidimos hacer un viaje de prospección a Vietnam. Nuestra idea era avanzar yendo hacia atrás, aprovechando la experiencia y el conocimiento adquiridos en una economía más desarrollada. En China no íbamos a poder abrirnos camino: el momento había pasado hacía tiempo, apenas quedaban oportunidades que otros no hubieran pensado o intentado ya. Vietnam, en cambio, iba más de una década por detrás y justo entonces emprendía su etapa de reforma y apertura; quizá allí tendríamos más suerte. Así pues, los dos dejamos nuestros trabajos y, a través de internet, contactamos con una chica de Liuzhou que estudiaba en Hanói y la contratamos como intérprete.

Visitamos Hanói dos veces; ambas tomamos primero un tren hasta Nanning, luego enlazamos con un tren verde que nos llevó a Pingxiang y una vez allí cruzamos la frontera a través de Youyiguan. Nuestra intérprete acababa de graduarse y aún vivía en la residencia de la Universidad Nacional de Hanói, así que nos alojamos en un hostal cercano a ella.

Dicen que Ciudad Ho Chi Minh es mucho más próspera que Hanói, pero nosotros no llegamos a visitarla, por lo que no puedo asegurarlo. Lo que sí puedo asegurar es que Hanói parecía anclada en el pasado: apenas había edificios altos y las tiendas recordaban a las de la China en los ochenta. Las muestras de arquitectura colonial que quedaban habían perdido el lustre, muchos edificios se habían reconvertido y resultaban fuera de lugar.

Nuestra intérprete nos contó que en el comedor de su universidad no lavaban los cuencos, sino que solo les pasaban un paño; por eso los estudiantes chinos solían llevar sus propios palillos y fiambreras. También nos explicó, cuando nos sentamos en un puesto callejero a comer fideos de arroz, que las limas dejadas por los camareros en las mesas no eran para condimentar, sino para desinfectar los cuencos y los palillos. No sé si lo diría en serio, pero de todos modos exprimí una sobre los míos y los froté bien frotados.

Los precios en Hanói eran muy bajos. Un bocadillo *bahn mi* con huevo frito costaba el equivalente a tres yuanes y medio, y estaban muy buenos. Para los vietnamitas eran un desayuno tan popular como para nosotros los *youtiao*, te los encontrabas por todas partes.

También visitamos una catedral francesa. Al lado había una tiendecita que vendía pendientes fabricados con conchas y viejos objetos de soldados estadounidenses: mecheros, cantimploras, placas de identificación... El vendedor aseguraba que los desenterraban de los antiguos campos de batalla, pero no sé si sería cierto, porque ya habían pasado más de treinta años desde el fin de la guerra.

Nuestros fondos eran muy limitados, así que no podíamos dedicarnos al comercio. La idea original había sido probar suerte con la venta al por menor, pero, después de recorrer Hanói y de hablar con algunos estudiantes chinos que vivían allí, seguimos sin encontrar ninguna opción viable.

Hanói estaba realmente más de una década por detrás de la mayoría de las ciudades chinas, pero hacer negocios allí no era tan sencillo como habíamos imaginado. Para empezar, los productos importados estaban sujetos a aranceles, lo que encarecía los costes. Además, como no hablábamos ni leíamos el idioma, íbamos a tener que depender de intérpretes, lo que no solo suponía un gasto adicional, sino que también reducía la eficiencia. Tampoco sabíamos nada de las políticas, las normativas ni las costumbres locales; ese desconocimiento nos iba a salir caro, al menos al principio.

Al final nos rendimos y volvimos a Nanning, que era nuestro plan B.

Comparada con Hanói, Nanning nos resultaba mucho más fácil de entender. Muy pronto encontramos un centro comercial que nos interesó. Se especializaba en moda femenina y en su origen había tenido cinco plantas, pero acababan de añadir una sexta. Las cinco primeras llevaban muchos años funcionando y contaban con una clientela fiel. La sexta, en cambio, era muy poco conocida y también algo caótica: unas tiendas vendían ropa de señora, y otras, moda juvenil. Las pocas clientas que llegaban a subir se iban decepcionadas. A eso se sumaba otro problema: alquilar un local era carísimo, así que las tiendas habían empezado a cerrar en masa. Cuantos más locales se vaciaban, menos gente subía el tramo extra de escaleras: era un círculo vicioso. Nosotros llegamos justo en mitad de la primera oleada de cierres. Alarmada por la situación, la administración del centro comercial había empezado a presionar a los propietarios de los locales para que bajaran los alquileres con el argumento de que, una vez que consiguieran atraer más clientes, estos volverían a subir de forma natural. Lo contrario era matar a la gallina de los huevos de oro.

La sexta planta acogía unos ciento setenta locales y estaba gestionada por la misma promotora que había desarrollado el centro comercial. Cuando la promotora vendió los locales, exigió a los propietarios firmar un contrato de gestión de diez años; así se aseguró el control sobre la operación general del centro. Gracias a eso, nosotros conseguimos un local sin necesidad de pagar traspaso y con un alquiler relativamente barato. Con ello dio comienzo mi undécimo trabajo, el primero en el que fui mi propio jefe.

Como no tenía ahorros, tuve que pedir prestados veinte mil yuanes a mis padres; mi socio puso otros veinte mil de su bolsillo, por lo que cada uno tuvo una participación del cincuenta por ciento. Por entonces, el nivel económico de Nanning seguía siendo relativamente bajo: recuerdo que, en la planta baja del centro comercial, un bol de fideos en sopa de caracol costaba tres yuanes y medio; un bol de fideos en sopa agripicante, cuatro yuanes; y un bol de arroz con judías mungo, apenas medio yuan.

Durante nuestros primeros meses, la sexta planta no tenía clientela fija; cualquiera que subía lo hacía por simple curiosidad, sin intención de comprar nada. Mi socio y yo encargamos a su mujer la selección de los productos, que hacía según su propio estilo: prendas holgadas y cómodas, como las que ya se vendían en muchas otras tiendas de las plantas inferiores, que se encontraban más cerca de la puerta y contaban con mayor afluencia de público. Competir con ellas no tenía sentido. De hecho, cuanto más arriba estaba un local, más debía orientarse a un público específico. La ropa convencional podía comprarse en cualquier parte, y para que nos resultara rentable necesitábamos un volumen de ventas que difícilmente íbamos a alcanzar. Pero vender ropa para un público específico también tenía sus retos: cuanto más singular fuera, más había que especializarse. Como ninguno de los dos estaba interesado en la moda alternativa, se nos escapaban las sutilezas que importaban a quienes la consumían.

Todo esto lo comprendimos con el tiempo. En aquel momento estábamos muy verdes, no supimos darnos cuenta. Como la sexta planta estaba prácticamente desierta y la mayoría de los comerciantes seguían sin obtener beneficios, no sabíamos si el problema éramos nosotros o el lugar. Supusimos que, si teníamos paciencia y esperábamos a que la planta encontrara su público, luego todo iría sobre ruedas. Al cabo de unos meses, por fin empezamos a notar cambios: la mayoría de los nuevos comerciantes llegados a la sexta planta con nosotros eran jóvenes, y algunos incluso seguían estudiando. Los clientes que atraían a través de sus círculos sociales eran de su misma edad, así que vendían ropa pensada para ese grupo demográfico. Mientras tanto, nosotros vendíamos ropa informal que debía de parecer anticuada a las chicas de entre dieciséis y veinticuatro años que empezaban a comprar en los locales vecinos.

La tienda contigua a la nuestra despegó de la noche a la mañana. La dueña, una universitaria que hacía cuarto de Bellas Artes, había abierto la tienda con el dinero de su novio. Contrató a su prima para que se quedara despachando los fines de semana mientras ella iba a Cantón a comprar género. Su gran oportunidad le llegó gracias a una revista japonesa de moda llamada *ViVi*, centrada en estilos dulces, aniñados y con influencias extranjeras. Su público objetivo lo componían las mismas mujeres jóvenes y adolescentes que habían empezado a frecuentar nuestra planta. Lena Fujii, una de las modelos que aparecía en la revista, era bastante popular en China. Aquella estudiante de arte llevaba un tiempo buscando imitaciones de las prendas que salían en sus páginas y al final encontró un proveedor. Como ya formaba parte de un círculo que aspiraba a vestirse como las modelos de la revista, tenía a sus clientas listas y esperando. Incluso nosotros podíamos entender el planteamiento: bastaba con ofrecer lo que aparecía en la revista. Sabíamos de dónde sacaba la mercancía, porque en cada viaje a Cantón la acompañaba la mujer de mi socio. Teníamos un sistema bien organizado: yo me quedaba en la tienda de Nanning y mi socio, desde Cantón, se encargaba de comprar el género y enviármelo. De esta forma no perdíamos un día y dos noches yendo y viniendo como hacían otros tenderos.

Cuando empezamos a vender la misma ropa que ella, la estudiante de Bellas Artes se enfadó muchísimo. Entró en nuestra tienda hecha una furia y me gritó que no teníamos vergüenza por copiarla. Como mi socio estaba en Cantón, descargó toda su rabia sobre mí. Hice lo posible por calmarla con buenas palabras, pero tenía claro que no podíamos permitirnos dar marcha atrás solo porque se enfadara. A veces, los negocios eran así de feos. Y, una vez metidos en aquel lodazal, no íbamos a salir con las manos vacías.

Unos meses después, nuestra otra tienda vecina también encontró un proveedor. A partir de entonces hubo tres tiendas contiguas compitiendo por el mismo mercado.

Así funcionaban las cosas entre las tiendas pequeñas como las nuestras, que no eran franquicias ni representantes de marca: comprábamos al por mayor según lo que se vendía mejor. Cuando una tienda daba con un producto exitoso, poco después las demás hacían lo mismo si conseguían un proveedor. Eso hacía que los tenderos procuráramos esconder nuestros productos estrella. Y, cuando hablábamos de precios con los clientes, en lugar de decirlos de viva voz, los tecleábamos en la calculadora por si los vecinos nos estaban escuchando.

El mundo de los negocios es un lugar de intrigas y engaños. Desconfiábamos unos de otros, pero también éramos interdependientes: vigilábamos la tienda del vecino cuando se iba a comer o al baño, le dábamos cambio si le hacía falta... Incluso charlábamos para matar las largas horas que pasábamos en el centro comercial. Por eso, aunque hubiera roces, procurábamos no enemistarnos. Una sonrisa falsa al cruzarnos solía bastar.

En un centro comercial con tanta gente, tantos ratos libres y unas relaciones de intereses tan enrevesadas, era inevitable que circularan chismes y habladurías. Algunos tenderos parecían dedicarse más a crear conflictos que a vender. Para mí era una pesadilla. Siempre he sido muy sensible a lo que piensan los demás de mí; oír críticas a mis espaldas, sobre todo cuando eran infundadas, me hundía el ánimo y me despertaba un deseo incontenible de demostrar mi inocencia. Aquel entorno laboral era un auténtico tormento.

Recuperamos la inversión en menos de un año, pero era un dinero que no me atrevía a ahorrar: la competencia estaba siempre al acecho, bastaba con bajar la guardia un momento para que te destrozaran. Así pues, contraté a una ayudante para que se quedara en la tienda mientras yo me dedicaba a buscar un local nuevo. La chica llegó a tener el sueldo más alto de todas las ayudantes de la planta, sobre todo gracias a las comisiones por venta. Se las pagaba a más del doble que en otras tiendas y, además, le establecí un sistema de primas escalonadas. En su mejor mes llegó a ganar más de dos mil trescientos yuanes, mientras que la mayoría de las ayudantes apenas sacaban setecientos u ochocientos.

El nuevo local no tardó en aparecer. También estaba en la sexta planta del centro comercial, pero su ubicación era mucho mejor: justo al lado de la escalera principal. Al estar tan cerca de nuestra tienda original, no podíamos vender ropa del mismo estilo, nos habríamos canibalizado a nosotros mismos. Para entonces, el flujo de clientes de la sexta planta no tenía nada que ver con el de un año atrás. Finalmente optamos por ofrecer ropa de buena calidad de estilo *preppy* con aire universitario occidental —es decir, imitaciones de las marcas surcoreanas E·LAND o Teenie Weenie—. Aunque eran imitaciones, algunas prendas estaban tan bien hechas que costaba distinguirlas de las originales, y su precio era apenas una cuarta o tercera parte.

Gracias a estar presentes tanto en Cantón como en Nanning, reponer mercancía nos resultaba muy fácil, así que adoptamos una estrategia de margen bajo y volumen de ventas alto. Cuando un artículo se ponía de moda y se agotaba enseguida, conseguíamos reponerlo de inmediato. Mientras tanto, otras tiendas debían esperar entre una y tres semanas para viajar al mercado, por lo que no podían adaptarse con tanta agilidad ni permitirse bajar tanto los precios. Esto también hacía que no intentaran copiar nuestros productos: sabían que siempre podríamos venderlos más baratos. Si las ventas de un producto se estancaban, aplicábamos unos descuentos que los demás no podían ni soñar. Si no liquidábamos el género estancado, se acumulaba y, cuanto más tiempo pasaba, más difícil era darle salida, por lo que al final, cuando hacías cuentas, descubrías que no habías ganado dinero, sino que habías «ganado» un montón de ropa que nadie quería.

Volcamos toda nuestra energía en el negocio. Mientras otros tenderos abrían cuando les apetecía, nosotros estábamos dispuestos a trabajar duro, imponernos sobre los lentos y mantener la ventaja. Era como en las películas de artes marciales: la velocidad definía al ganador.

Dejé a la ayudante a cargo de la tienda antigua y me dediqué a la nueva. Las ventas empezaron con buen pie, así que mis temores se disiparon.

No creo en el karma. Algunas cosas parecen retribuciones divinas, pero en realidad se deben a la acción de dinámicas que operan en silencio. Por eso debería haber sabido que, justo cuando nuestra nueva tienda empezaba a arrancar, la semilla del problema ya estaba echando raíces.

Poco después de que abriéramos, cambió de manos el local situado enfrente del nuestro en diagonal y también frente a las escaleras principales. Los nuevos ocupantes eran una familia de Hubei: el matrimonio, un hijo de veintipocos años y la novia de este, que venía a ayudar casi todos los días. Un despliegue familiar de aquel calibre, con todos volcados en el negocio, resultaba inédito en nuestra planta. El matrimonio contaba que se habían dedicado al comercio mayorista de ropa, pero se jubilaron antes de tiempo cuando el negocio empezó a decaer. Ahora habían alquilado el local con el propósito de enseñar a su hijo a llevar una tienda.

Empezaron con mal pie. La primera remesa de ropa que pusieron a la venta no encajaba en absoluto con el estilo de la sexta planta. Apenas los vi vender nada. Ni siquiera habían renovado el local: solo cambiaron el rótulo, mientras que nosotros habíamos puesto mucho mimo en la decoración. Parecía muy poco probable que llegaran a convertirse en los duros rivales que acabarían siendo. En una cosa no mintieron: el matrimonio tenía experiencia en el negocio de la moda, aunque no sabría decir si era verdad que habían sido mayoristas. Tardaron muy poco en darse cuenta de que mi tienda era de las más concurridas. Entonces nos hicieron la misma jugada que nosotros le habíamos hecho a la estudiante de Bellas Artes: copiar nuestros modclos.

Al principio pensé simplemente que operaban a pérdidas. Al fin y al cabo, eran cuatro personas trabajando en un solo local. Pero el matrimonio solo cumplía un propósito educativo. El padre, que debía de rondar los cincuenta años, viajaba con frecuencia a Cantón para reabastecerse de género, mientras que la madre, el hijo y la novia de este se turnaban para atender la tienda. Como no tenían en cuenta los costes, nuestra ventaja dejó de existir.

La madre tenía la lengua muy afilada: al mismo tiempo que vendía, se dedicaba a difundir rumores para manchar nuestra reputación, asegurando que nosotros vendíamos falsificaciones, mientras que lo suyo era auténtico. Como yo no era capaz de fingir cordialidad con ella, nuestra relación se volvió abiertamente hostil. Eso no hizo más que envalentonarla y volverla aún más descarada. Nos causó muchos problemas; para mí fue un infierno.

En ese periodo ocurrieron muchas cosas. Mi socio, que venía a Nanning unos días al mes para ver cómo evolucionaba el centro comercial, terminó peleándose con el dueño de otra tienda de la sexta planta con el que siempre habíamos estado enemistados. Después de la pelea, el otro, resentido, llamó a tres matones, que se presentaron con cuchillos de cocina escondidos entre la ropa y trataron de sacar a mi socio fuera del centro comercial. Sin embargo, seguridad ya había avisado a la policía, que llegó enseguida. Los tres matones huyeron antes de que los atraparan, pero sí detuvieron a mi socio y al otro tipo. En la comisaría los regañaron y les hicieron firmar una carta de garantía. Los agentes les advirtieron que, si volvían a meterse el uno con el otro, el castigo sería mucho más severo. En el mismo momento en que se los llevaron, me apresuré a tender puentes con la novia del vendedor. Esa misma noche, los cuatro fuimos a cenar tilapia a la brasa en la calle Longsheng. Fue una especie de ofrenda de paz. Con la policía vigilándonos, era improbable que volviéramos a tener otro conflicto, pero estaban relacionados con delincuentes locales: había oído en varias ocasiones que los padres de la chica encabezaban una banda dedicada al robo de teléfonos móviles. Lo sabía todo el mundo, pero nadie parecía considerarlo algo grave; ni siquiera a sus espaldas se oía una crítica. Parecía que regentar una tienda de ropa y liderar una banda de ladrones fueran distintas maneras de ganarse la vida. Como medida de precaución, fui a la cena con un cuchillo de cocina envuelto en papel de periódico, que me metí en la cintura por debajo de la ropa. Mientras nuestras dos tiendas siguieran compitiendo, la enemistad no iba a desaparecer tan fácilmente. Aquella reconciliación solo era un intercambio de frases hipócritas para guardar las apariencias. En el centro comercial, los conflictos ocurrían casi a diario, pero rara vez llegaban al extremo de acabar en comisaría.

También en aquel periodo mi novia rompió conmigo. Su madre llevaba tiempo insistiendo en que se fuera al extranjero y ella había estado dudando debido a mí. Eso me convirtió en el blanco de sus frustraciones: me reprochaba una y otra vez no estar a la altura de sus expectativas. En realidad, yo le había insinuado con mucho tacto que respetaría su decisión fuera cual fuese y que la apoyaría, pero no me atrevía a proponer la ruptura. Si lo hacía, me acusaría de ser un inútil sin ambición ni sentido de la responsabilidad, un fracasado. Quizá para muchos ella habría tenido razón. Muchas de las cosas que pasaron entre nosotros hicieron mella en mi estado mental. En los peores momentos llegué a sentirme al borde de la depresión. Por eso, cuando al final decidió irse, no sentí tristeza, sino alivio. Sabía bien que yo no podía darle lo que necesitaba.

Con el tiempo acabó echando raíces en otro país, donde hoy lleva una vida plena y positiva. Está claro que tomó la decisión correcta. Gracias a ella, en lugar de habernos destruido mutuamente, conseguimos mantener una relación cordial. Pero entonces, además del alivio, me invadió una extraña sensación de vacío, de falta de rumbo. Durante todo aquel tiempo, ella había sido mi motivo principal para trabajar duro y sacar el negocio adelante; una vez desaparecida aquella «carga», sentí que se desvanecía la energía que me había impulsado hasta entonces.

En total, pasé algo más de dos años en Nanning. Tras los primeros meses, cuando tuve encarrilado el negocio, mi vida se redujo casi por completo a un trayecto entre dos puntos: de casa al centro comercial por la mañana y, a las diez de la noche, del centro comercial a casa. Mis únicos días libres en todo el año eran los de la Fiesta de la Primavera. Más tarde, cuando dejé Nanning, me di cuenta de que apenas había visto la ciudad fuera del centro comercial. Había distritos enteros que ni siquiera me sonaban. Mi mente había estado absorta en el negocio, no tenía ni idea de lo que ocurría en el mundo exterior y tampoco me importaba. Incluso los Juegos Olímpicos de Pekín pasaron ante mí sin que me diera cuenta. Quizá lo único que logró sacarme un instante de mi ensimismamiento fue el terremoto de Sichuan. Cuando las sacudidas llegaron hasta el centro comercial e hicieron que el edificio entero se balanceara, la administración evacuó con rapidez a todo el mundo y nos reunimos fuera. Fue el único suceso noticioso que recuerdo de aquel periodo.

Durante la Fiesta de la Primavera de 2009, el centro comercial cerró por unos días. La tarde de la víspera del Año Nuevo, muchos de los tenderos se marcharon a casa temprano. Nuestra ayudante se había ido el día anterior. Yo fui el último en salir del centro. Había comprado un billete de tren para esa noche y tenía unas horas libres antes de la salida. Recuerdo que lloviznaba, el suelo estaba mojado y la calle principal, normalmente abarrotada, se hallaba desierta. Todas las tiendas estaban cerradas y, a lo lejos, se oía el estrépito intermitente de los petardos. Cené en el único McDonald's que tenía las luces encendidas, luego caminé hasta la estación. Avanzando por aquellas calles vacías, me embargó una profunda sensación de desesperanza. Hoy, procuro evitar pensamientos tan melodramáticos: vivo en tiempos de paz, nunca he sufrido verdaderas penalidades, resulta ridículo que hable de desesperanza. Aun así, recuerdo aquella tarde con nitidez, por no decir que se me quedó grabada debido a la intensidad del sentimiento que me atravesó: venir a este mundo no es, necesariamente, una suerte.

No habíamos firmado un contrato directamente con la propietaria por el nuevo local, sino que se lo subarrendábamos a la ocupante anterior. Al principio no sabíamos si la segunda tienda saldría adelante, y tener que buscar un estilo diferente al de la primera nos llenaba de incertidumbre. Al optar por el subarriendo evitamos pagar la comisión de traspaso a la antigua ocupante, que resultó ser la hermana menor de la propietaria. Los demás tenderos nos contaron que era una parrandera a la que no le interesaba nada llevar la tienda que su hermana le había cedido con la esperanza de que sentaría la cabeza. Quedarse embarazada le dio una excusa para deshacerse del negocio. Tras discutirlo, mi socio y yo decidimos que nos convenía pagarle un alquiler mensual algo más alto que desembolsar la comisión y atarnos a un contrato formal que nos dejaría menos margen de maniobra. Evidentemente, la falta de un contrato directo con la propietaria también tenía su lado negativo: bien su hermana menor podía decidir recuperar el local en cualquier momento, o bien un conflicto entre ellas podía afectarnos. Aun así, confiábamos en que el arrendamiento era seguro y ninguna de las dos se desdeciría: con un bebé en camino, era poco probable que la hermana quisiera volver a implicarse en un negocio que nunca la había atraído. Así pues, lo intentamos y negociamos el subarriendo.

Sin embargo, cuando uno pasa una mala racha, hasta el agua se le atraganta: un año después, la hermana menor se puso en contacto conmigo para comunicarme que quería recuperar la tienda. Me quedé perplejo. Hasta donde sabíamos el negocio le daba igual, y solía pasarse días enteros sin aparecer. Además, en aquel momento su hijo aún no llegaba ni a un año. ¿De verdad quería ponerse a vender ropa? Si hubiera sido una excusa para subirnos el alquiler, podía habérmelo dicho de forma directa; el teatro era innecesario. Con el tiempo empecé a sospechar que alguien la había incitado, quizá aquel tipo que se había peleado con mi socio. No tuve más remedio que negociar con ella. Al final, solo conseguí una prórroga de tres meses.

Para entonces empezaba a notarme síntomas de ansiedad social. Por ejemplo, cada vez que veía entrar a un cliente en la tienda, en lugar de alegría, sentía temor e irritación. Evitaba hablar con la gente salvo que fuera de confianza. Cuando algún desconocido me sonreía, pensaba que lo hacía con mala intención. Si discutía con alguien, a menos que la ira se adueñara de mí, acababa temblando sin poder controlarlo; no sé si eso es lo que se llama «temblar de rabia», pero nunca antes me había pasado al enfadarme.

Una vez que perdimos la segunda tienda, hablé con mi socio y le dije que no quería seguir. Disolvimos la sociedad de forma amistosa y, tras mi marcha de Nanning, se buscó otro socio, un pariente de su mujer. Con el tiempo llegaron a abrir hasta cuatro tiendas, pero hoy han cambiado de sector. Por mi parte, volví a casa de mis padres, pero no me puse a buscar trabajo de inmediato. A esas alturas, ningún empleo que pudiera conseguir iba a ser ni siquiera ligeramente mejor, pero esa no fue la razón. Había pasado los dos últimos años confinado en un espacio cerrado y sin ventanas, rodeado de competidores con sonrisa hipócrita, constantemente calumniado por rumores y difamaciones. Nunca hablé mal de nadie a sus espaldas, pero el negocio me obligaba a ser agresivo, a buscar maneras de aplastar a la competencia; al fin y al cabo, cada día entraban un número limitado de clientes al centro comercial: si compraban en otra tienda, no lo harían en la mía. A veces me sentía culpable —como en el caso de aquella estudiante de Bellas Artes—, pero la mayor parte del tiempo sentía rabia y odio. Cuando por fin dejé el negocio y volví a estar al aire libre, desarrollé una extraña aversión a la luz. Había vivido demasiado tiempo alejado del sol. En Nanning, el único momento del día que pasaba al aire libre eran los quince minutos que tardaba en ir andando hasta el trabajo.

Me volví asustadizo, paranoico, desconfiado; a menudo tenía la sensación de que en la calle me miraban raro. Sin embargo, al llegar a casa y verme en el espejo, no encontraba nada fuera de lo común. A veces, devolvía las miradas con hostilidad solo para darme cuenta de que la expresión del otro era completamente natural; en ocasiones, ni siquiera me había estado mirando.

Dejé de contestar llamadas de números desconocidos, e incluso las de las personas que conocía. Dejé de escribir en el grupo de chat de mis antiguos compañeros de clase y dejé de asistir a las reuniones. Uno de ellos me llamó muchas veces, pero nunca le respondí. Durante varios años, perdí el contacto con todos salvo con aquel amigo con el que había montado el negocio. Esto se debía tanto a mi estado mental como a la sensación de haberme quedado atrás, de no estar a la altura de ninguno. Me llevó años superar este sentimiento de inferioridad infundado. Si algún amigo me escribía por QQ (en aquellos años aún no existía WeChat), me pasaba muchísimo tiempo dándole vueltas antes de contestar. Me preocupaba que lo que escribiera no diera la talla, que el tono o las palabras no fueran los adecuados, incluso en mensajes informales. Cuanto más valoraba a alguien, más tenso y cohibido me sentía al interactuar con él; en cambio, con conocidos a los que no daba tanta importancia, podía relajarme.

3. Escribir

Un día, mientras yo iba caminando por el borde de la acera, un mototaxi ilegal no llegó a tiempo de saltarse el semáforo en rojo que teníamos más adelante, dio media vuelta de forma brusca y al pasar me rozó el brazo. El conductor frenó en seco. No me había hecho daño, pero sí asustado, así que empecé a despotricar contra él e incluso le pegué un golpe en el hombro. Eso atrajo la atención de varias personas, que empezaron a increparme por meterme con él. Según ellas, los mototaxistas eran gente humilde que se ganaba la vida en condiciones muy duras y había que ser indulgente con ellos. No les faltaba razón, pero ¿y si en lugar de rozarme a mí hubiera rozado a una embarazada? Cuando les dije eso se quedaron callados, pero entonces un chico joven dio un paso al frente. Indignado, porque yo no daba mi brazo a torcer, me dijo:

—¿Te gusta pelear? Pues venga, peléate conmigo.

Al momento, varios ancianos lo apartaron a la fuerza. Su intención era clara: no querían conflictos, sino que cada cual se fuera por su lado. Yo tampoco quería que las cosas fueran a más, solo había desahogado la rabia que acumulaba. Y ¿cómo podían estar tan seguros de que el mototaxista llevaba una vida más dura que la mía?

El hecho de que me encarase con un grupo de personas y rebatiera sus críticas, algo que jamás había hecho en la vida ni he vuelto a hacer, refleja mi estado mental de aquel entonces: vivía con los nervios a flor de piel, listo para estallar a la mínima provocación. Aunque no fue del todo a consecuencia de aquel incidente, más o menos por esa época empecé a pasarme el día encerrado en mi cuarto sin apenas salir.

Después de separarme de mi socio y devolverles a mis padres los veinte mil yuanes que me habían prestado, me quedaban unas pocas decenas de miles para ir tirando. Mis padres no sabían por lo que había pasado y, a día de hoy, siguen sin saberlo. Al ver que había dejado de trabajar, de salir y de relacionarme con gente se preocuparon, pero no tenían ni idea de cómo ayudarme. Como son personas bondadosas y sensatas, les costaba entender que, a veces, la sociedad no tiene sentido.

Pero mi encierro fue productivo: empecé a escribir. Era octubre de 2009.

Llevar un negocio consume mucho tiempo. Sin embargo, en el centro comercial, los clientes solo empezaban a llegar en cantidad a partir de las dos o tres de la tarde: eso me dejaba las mañanas libres para leer. La mayoría de mis lecturas eran escapistas, pero también leí algunas obras literarias. Por ejemplo, *El guardián entre el centeno*, que me emocionó profundamente. También me gustaron *Nueve cuentos* y varias de las historias sobre la familia Glass de Salinger. Todos parecían girar en torno a la idea de que la inocencia y la verdad son incompatibles con este mundo y por eso acaban destruidas. Mis primeros escritos no eran más que burdas imitaciones de lo que escribía Salinger.

Después leí a Raymond Carver, y su forma de retratar el derrumbe de las vidas cotidianas me afectó sobremanera. También a Richard Yates, que era increíblemente delicado y melancólico, de un modo que entonces me fascinaba mucho más que ahora. Y a Truman Capote, cuyos relatos infantiles semiautobiográficos me resultaron más conmovedores que *Desayuno en Tiffany's*.

Me fascinaba el realismo estadounidense porque me identificaba totalmente con las vidas y las emociones de sus historias. Tal vez tuviera que ver con el hecho de que la sociedad de consumo y la mercantilización estaban apoderándose del mundo y las experiencias vitales de las personas se estaban homogeneizando.

Cuantas más obras literarias leía, más me alejaba de la realidad. El mundo me parecía tan hostil que acabé refugiándome en mi mente. Mi vida había estado llena de reveses y amarguras, tanto en lo laboral como en lo personal. Buscaba aprobación dentro de un sistema de valores que no compartía y siempre acababa mal. No pretendo echar la culpa de todo a mis circunstancias, sé que no debería haberme preocupado tanto por agradar. Debería haberme dedicado a lo que me gusta y se me da bien: escribir.

Después leí a Ernest Hemingway. Sus temas estaban muy alejados de mis vivencias, y él mismo, como persona, no se me parecía en nada (de hecho, en ciertos aspectos era mi opuesto). Pero formuló la teoría del iceberg, en la que nota que estos nos impresionan porque solo vemos una octava parte de su masa, la que sobresale del agua, mientras que debemos imaginar las siete restantes. En la literatura sucede lo mismo: la parte visible son las palabras y las imágenes, mientras que la parte omitida, mucho mayor, son las ideas y las emociones. Lo primero es lo que el autor plasma sobre el papel, lo segundo queda implícito aunque no se mencione. Para mí, que empezaba a escribir, aquello fue una lección fundamental: la magnitud y el peso de una historia residen en la parte no escrita, el arte de narrar consiste en expresar la máxima cantidad de ideas y emociones con el menor número posible de palabras e imágenes.

A esto dedicaba el tiempo cada vez que me sentaba a escribir: a dejar espacios vacíos, a aprender qué cosas era mejor no escribir. Sin embargo, cuanto más iba leyendo, comprendí que la teoría del iceberg no es la única verdad: en el arte no existen principios que no puedan romperse. Aun así, seguía siendo una herramienta valiosa.

Escribí una serie de relatos basados en mis experiencias, con personajes y tramas casi calcados de la realidad, que subía a un foro literario de internet. Algunos terminaron publicados en revistas literarias, pero pagaban muy poco. Una vez recibí menos de trescientos yuanes por un relato de ocho mil palabras. Lo recuerdo porque es el pago más bajo que he recibido por un escrito hasta la fecha. Si en algún punto llegué a fantasear con la idea de ganarme la vida escribiendo, aquella experiencia bastó para bajarme de las nubes.

Las vivencias recogidas en este capítulo sirvieron de base para la mayoría de aquellos relatos. Volver a leerlos ha sido una experiencia curiosa, pues me han resultado afectados, moralizantes y ensimismados. Escribir estas líneas ha sido mucho más llevadero (seguro que leerlas también). No he tenido que inventar nada, me he limitado a contar las cosas tal y como ocurrieron. Inventar historias de la nada nunca ha sido mi fuerte, especialmente en lo que se refiere a la trama. Este capítulo incluye muchas cosas que no aparecían en esos relatos: aquellas siete octavas partes que decidí mantener sumergidas. Me he permitido exponer los motivos de cada decisión que tomé en aquellos años, examinar mis sentimientos y mi estado mental de entonces, aportar más contexto sobre mi entorno y mis circunstancias. No diré que he sido cien por cien objetivo, porque la escritura objetiva no existe (la subjetividad es inevitable, por eso los testigos de un mismo acontecimiento lo cuentan de forma distinta). He procurado ser imparcial y fiel a los hechos, pero es posible que algunas de las decisiones que tomé en su día se debieran a varias razones a la vez y que algunas me pasaran desapercibidas. Y, con el tiempo que ha transcurrido, en muchos casos ni siquiera recuerdo la razón principal.

Pero volvamos al tema que nos ocupaba: aquel periodo de escritura se prolongó durante más de dos años. No era un empleo, pero la entrega y la dedicación con que lo abordé superaron con creces a las que había puesto en cualquier trabajo que hubiera tenido.

Desde el primer día en que empecé a ejercitarme en la escritura, cultivé el hábito de llevar un diario. En él anotaba ideas, sentimientos y reflexiones que me venían a la cabeza durante el día a día. Después de hojear sus páginas, quisiera destacar dos entradas en particular.

La primera refleja mi ánimo durante mi época de «vagabundeo y creación» en Pekín. Recuerdo con mucho cariño aquellos días, pues tuvieron una influencia crucial en mi decisión de apostar por mí y tratar de dedicarme a lo que realmente me gusta. Cometimos muchos errores y llegamos a hacer daño a algunas personas, pero aquella ambición desmesurada que compartíamos —por ser auténticos, por crecer—, si bien a veces se manifestaba en forma de egoísmo, testarudez o crueldad, sigue siendo la revelación más importante que he tenido en la vida, el primer rayo de luz que me iluminó.

La segunda entrada plasma la animadversión que llegué a sentir por el trabajo. Después de tantos años, los dos textos me parecen exagerados e infantiles, pero representan los caminos por los que mi mente transitó una vez y explican directa o indirectamente mi cambio de actitud posterior respecto a lo que significa trabajar.

La primera entrada trata sobre el rock y en su momento la titulé «El rock como forma de arte». Sin embargo, hoy la habría titulado «No entres dócil en esa buena noche».

1. Un rasgo definitorio del rock como forma de arte es que su éxito depende crucial y estrechamente de que el artista posea un espíritu y una personalidad únicos.

2. El atractivo del rock reside en la simbiosis entre artista y obra: la coherencia entre el alma del roquero (el contenido) y su música (la forma) debe ser absoluta.

3. Los roqueros se pasan la vida buscando el sonido que mejor armonice con su alma.

4. Por eso huyen de la artificiosidad. La música hermosa, elegante y trabajada, pero sin alma, es la que más odian.

5. El rock arremete contra la hipocresía, la apatía, la mediocridad, el orden y los dogmas mediante la rebeldía, la brutalidad, el exceso, el desorden y el nihilismo. Su fuerza no reside en la construcción, sino en la destrucción.

6. El rock suele rebelarse de formas poco saludables contra un mundo real que se considera sano.

7. El mejor rock no tiene por qué ofrecer las melodías más agradables, las voces más bonitas ni las interpretaciones más virtuosas; de hecho, suele irse al extremo opuesto: desprecia la técnica, el oficio y la pulcritud, y ama la sencillez, la espontaneidad y la imperfección.

8. Los sesgos son una mina de creatividad. El arte no los evita, pues no busca opinar ni postular; lo único que le importa es que los sesgos sean lúcidos y originales. El rock comparte esta perspectiva.

9. Al fin y al cabo, la objetividad no existe; solo existen los sesgos.

10. Componer es un acto creativo y actuar también; las actuaciones musicales constituyen un arte que se expresa a través de la acción.

11. En la medida que el rock forma parte de las artes escénicas, no se opone a la interpretación, pero esta debe ser sincera. Tratar de expresar ideales, emociones o actitudes que uno no posee constituye una traición al espíritu del rock.

12. La esencia del espíritu del rock es la sinceridad.

13. El alma de una banda de rock suele ser el miembro con la personalidad más marcada.

14. Se dice que el rock no es un género musical, sino una forma de ser. Eso implica que el rock es una

manera de convertir al individuo y sus experiencias en arte y no una exploración de la forma musical en sí. Por eso, hay quien lo tilda de primitivo.

15. Los roqueros centran su empeño en afinar la percepción y explorar su condición humana hasta el punto de interrogar el alma misma. Se sumergen en lo más profundo de su ser, lo enriquecen y lo moldean, pues conciben su crecimiento personal como la mayor (si no la única) garantía de realización artística.

16. Aunque el proceso de perfeccionamiento del yo se refleje en su obra y en su comportamiento, y acabe fundiéndose con su exploración de la forma musical, todo eso es secundario: lo primero, lo fundamental, es el trabajo del yo sobre sí mismo.

17. Por eso, aunque los roqueros son personas extraordinarias desde el principio, a medida que crecen se van volviendo cada vez más sensibles y radicales, lo que les sirve para preservar su fuerza y su originalidad. Buscan maneras únicas de expresar incluso las partes más insignificantes de sí mismos, hasta que la intensidad de sus sentimientos se vuelve tan insoportable que se derrumban... O poco les falta. No se trata de una elección consciente, sino de un acto espontáneo de su espíritu.

18. El rock idolatra y se alimenta de héroes autodestructivos.

19. Por eso es un camino sin retorno: cuando un roquero decide o se ve obligado a parar, ha llegado al final de su vida artística. Hay roqueros «muertos» que siguen componiendo y actuando, pero ya no es lo mismo.

20. El rock, más que ninguna otra forma de arte, requiere sacrificio. Esto no es algo que el artista pueda decidir de manera voluntaria. Muchos roqueros «muertos» siguen entre nosotros.

21. La teatralidad y la afectación excesivas son una trampa en la que los mediocres suelen caer sin darse

cuenta. Los roqueros de verdad son genios y, como tales, son plenamente conscientes de esto.

23. En otras palabras, el rock es el arte de los genios.

24. Al igual que Fausto, los roqueros han vendido su alma al diablo: su don viene acompañado de soledad, contradicciones, cansancio y dolor. Aunque a veces pueda sonar alegre y vital, el rock auténtico siempre es el grito del artista en su descenso al abismo.

El segundo texto trata sobre el trabajo y no tiene título:

Trabajar con el único propósito de ganarse la vida es tan desolador como estar en una cárcel, por eso casi nadie lo admite. Lo habitual es justificarse con frases como «Me interesa lo que hago», «Me caen bien mis compañeros» o «Me siento realizado». Aun cuando son ciertas, estas afirmaciones solo lo son a medias: sin trabajar también podríamos dedicarnos a lo que nos interesa, pasar tiempo con gente que nos gusta y llevar vidas plenas.

Nuestros mayores suelen ser más francos, porque responden: «¿Cómo iba a sobrevivir si no?». No piensan que encadenarse a un empleo y perder la libertad sea algo duro; al contrario, el trabajo ciego les parece honorable. Hay que tener en cuenta que en su época no había artistas ni filósofos, así que es verdad que los únicos que no trabajaban eran los holgazanes. Y Somerset Maugham decía que no todo el mundo sabe qué hacer consigo mismo una vez que tiene asegurado el cobijo y el sustento. Pero la sociedad ya no es la misma de aquellos tiempos difíciles que nos volvieron apáticos y miopes.

El consumismo es la nueva ideología, pero la prisión sigue existiendo: solo parece que somos más libres. De hecho, inculcarte una idea de lo que «necesitas» y proporcionarte los medios para conseguirlo es sin duda un método más estable y duradero de mantener el orden social que prohibirte lo que quieres hacer. Pero no deja de conllevar una forma de esclavitud, en la medida en que la principal vía de realización del individuo sigue siendo el trabajo. Por eso no solo valoramos mucho el nuestro, sino también el de los demás. El trabajo se ha convertido en nuestra principal seña de identidad. Cuando dos antiguos compañeros de clase se reencuentran al cabo de los años, lo primero que quieren saber es a qué se dedica el otro. Incluso dos desconocidos en un tren entablan conversación hablando de sus ocupaciones antes que de sus gustos y aficiones.

Por supuesto, hay personas que parecen predispuestas a encontrar el éxito y la felicidad a través del trabajo —me refiero al trabajo socialmente reconocido y bien remunerado—, pero son una minoría. El trabajo es un medio de supervivencia, no el sentido de la vida.

Los avances de la sociedad han conseguido que, a diferencia de nuestros antepasados más remotos, podamos matarnos a trabajar sin morirnos de frío ni de hambre. Ya no tenemos que pasar cinco días y cinco noches despiertos, siguiendo el rastro de un mamut con la esperanza de abatirlo antes de que nos venza la extenuación, para luego arrastrar los pedazos sanguinolentos a lo largo de decenas de kilómetros hasta nuestra cueva y alimentar a nuestra esposa peluda y a nuestros hijos peludos. Si la mayoría de nosotros despertara mañana en esa situación, lo más probable es que optáramos por suicidarnos. Por suerte, contamos con estructuras sociales complejas y medios de producción sofisticados que hacen que nuestro trabajo sea eficiente y digno, que parezca totalmente distinto de aquellas cacerías sangrientas de la prehistoria... Aunque no lo sea.

4. Mi duodécimo trabajo

Después de casi dos años encerrado, volví a tener ganas de salir y estirar las piernas. Coincidió con un momento en el que pasaba por una crisis creativa. Aunque vivía con mis padres y mis gastos eran mínimos, mis ahorros se habían reducido a la mitad por culpa de mi hábito de comprar libros; sin embargo, aún no me sentía preparado para volver a trabajar: la idea de interactuar con desconocidos me intimidaba.

Justo entonces un antiguo compañero de trabajo, otro de los diseñadores gráficos de la revista de manga y anime, se puso en contacto conmigo. Era una persona muy afable y de risa fácil, nos llevábamos muy bien. Había montado un negocio igual que yo, pero le había ido mucho mejor: había pasado de tener una tienda en un centro comercial de la calle Shangxiajiu de Cantón a tener seis. Cuando quedamos para recordar viejos tiempos y ponernos al día, pasamos casi un día entero hablando. Me contó que cada vez resultaba más difícil conservar tiendas físicas, porque todo se estaba trasladando a internet.

Esto fue a mediados de 2011, cuando acababa de alquilar un almacén de seiscientos metros cuadrados con la idea de apostar en serio por una tienda virtual e iba cerrando sus tiendas físicas. Sabía que yo tenía experiencia vendiendo ropa de mujer y que estaba sin trabajo, así que me animó a abrir mi propia tienda virtual. Como no podía permitirme alquilar un almacén grande como el suyo, me sugirió que alquilara un cuarto enfrente del mercado mayorista. Así, en lugar de mantener inventario, podría ir bajando a comprar las prendas a medida que me llegaran pedidos.

De este modo, no necesitaría mucho capital para poner en marcha el negocio. Seguí su consejo al pie de la letra: fue mi duodécimo trabajo.

El negocio no daba beneficios, pero los costes eran tan bajos que al menos cubría gastos. Como seguía leyendo y escribiendo, nunca llegué a implicarme del todo en él; pensé que podría compaginar ambas cosas, pero al final solo conseguí hacer mal las dos. Por aquel entonces, Taobao no era ni de lejos tan competitivo como lo es ahora: muchos vendedores recuerdan esos años como la época dorada de la plataforma, cuando cualquiera que se lo tomara mínimamente en serio podía ganar dinero. Pero yo no lo hice, y no gané nada. Esto demuestra lo mal que se me dan los negocios. Parte del problema era que, de vez en cuando, tenía que salir del cuarto alquilado donde pasaba la mayor parte del tiempo para buscar mercancía y enviar pedidos, cosa que implicaba tratar con mayoristas y repartidores. Mis interacciones con ellos eran desastrosas.

Preocupado por lo que pensarían de mí los vendedores al ver que les compraba solo unas pocas prendas cada vez, a menudo ni siquiera me atrevía a mirarlos a los ojos. Aquello no tenía nada de malo, mucha gente hacía lo mismo, pero yo me moría de la vergüenza. Siempre que podía (por ejemplo, cuando un modelo tenía mucha salida) intentaba hacerles compras más grandes para compensar. De paso, reducía las veces que tenía que hablar con ellos.

Me habría gustado ser invisible o que al menos nadie se fijara demasiado en mí, pero destacaba entre los demás compradores, al menos para una vendedora en particular. Imagino que se debió a que la saludaba con educación al llegar, le daba las gracias al irme, nunca me quedaba más tiempo del necesario y no tenía exigencias. El caso es que, durante mucho tiempo, le estuve comprando un modelo de camiseta concreto a un precio que creía acordado, ya que los mayoristas rara vez estaban dispuestos a negociar. Sin embargo, un día fui a buscar más y ella, por iniciativa propia, me dijo que el precio era dos yuanes más bajo. Al momento comprendí por qué en las últimas visitas me había parecido que quería decirme algo. El precio debía de haber bajado hacía tiempo, pero a ella le parecería raro mencionármelo sin que yo le preguntara. Al fin y al cabo, si yo estaba conforme con el precio antiguo, ella no tenía por qué renunciar al beneficio extra.

Cuando tenía la tienda de ropa de mujer en Nanning, aunque nunca había ido personalmente a comprar género, conocía el precio de coste de cada prenda. Algunos modelos eran más caros al salir al mercado, pero luego, a medida que el fabricante aumentaba la producción, bajaban de precio (las falsificaciones contribuían a bajarlo aún más). Por eso, los compradores con experiencia confirmaban el precio de los artículos cada vez que iban a reponer. En cambio, yo, entre la timidez y la vergüenza que me daba comprar cantidades tan pequeñas, después de la primera compra no había vuelto a preguntar por el precio. Quería que me tragara la tierra. Desde entonces no volví a comprarle nada. Me sentía demasiado idiota como para volver a verla.

Con los repartidores también tuve mis historias. En aquella época, de las empresas de mensajería conocidas como las «cinco grandes», la que mejor funcionaba era YTO Express, seguida muy de cerca por ZTO Express. La peor era HT Express (futura BEST Express), que acabé eligiendo, porque ofrecían tarifas más bajas a los clientes pequeños.

El chico que venía a recoger los paquetes era muy joven, no llegaba ni a los veinte años. Me resultaba difícil tratar con él: seguía siendo un niño, era muy impuntual y acordar una hora concreta con él no servía de nada. Jamás me respondía cuando le preguntaba a qué hora estaba libre. Además, nunca subía a recoger los paquetes: me llamaba con antelación para que bajara a la calle a esperarlo, y a veces tardaba una eternidad en aparecer.

Yo podría haber tolerado todo eso si al menos me hubiera avisado a tiempo cuando no podía venir. A veces no lo hacía hasta la noche, cosa que retrasaba un día entero el envío de los pedidos. En aquella época, la gente aún no estaba acostumbrada a comprar por internet y se inquietaba con facilidad; algunos clientes te exigían que les enviaras el pedido a las pocas horas de pagarlo. Así pues, me pasaba las tardes pendiente del teléfono, por si el muchacho llamaba y no lo oía, pero sin atreverme a llamarlo para meterle prisa. Si tardaba en aparecer, mi ansiedad iba en aumento... hasta que empezaba a dolerme el estómago.

Un día, el chico se cogió el día libre y en su lugar vino un mensajero más veterano. Este no me hizo bajar a esperarlo, sino que subió a mi cuarto a recoger los paquetes. Cuando le pagué el envío, frunció el ceño y me preguntó:

—¿Siempre le das tanto?

Cuando le respondí que su compañero siempre me había cobrado ocho yuanes por paquete, soltó un «¡Joder, con el niño!» muy esclarecedor: el punto de distribución no cobraba ocho yuanes, el chico se quedaba con parte del dinero. En ese momento ya llevaba más de medio año trabajando con él, si hubiera hablado con su jefe o si hubiera intentado negociar el precio, no habría acabado pagando de más. Me sentí estúpido: un crío me había estafado. No quise volver a verlo.

Al día siguiente, me pasé a ZTO Express. La dueña del punto de distribución de HT Express, a la que yo no conocía, me llamó. No me preguntó por qué había dejado de usar sus servicios, porque lo sabía de sobra, solo quería sonsacarme con sutileza la tarifa que me había ofrecido ZTO Express. También era de ocho yuanes, pero no se lo dije.

En lo referente a la escritura, los relatos realistas de mis primeros años habían empezado a parecerme estereotipados y pasados de moda. Entré en un periodo de «metamorfosis» en el que me avergonzaba leer cualquier cosa que hubiera escrito. El foro literario no hacía más que exacerbar mi complejo de inferioridad, aunque también es verdad que ciertos intercambios me proporcionaron ideas útiles. Los autores que me habían fascinado dos años antes ahora me parecían anticuados. Tras examinar sus obras con lupa, algunas más de diez veces, acabé cansado de ellas. Comencé a aventurarme en el «modernismo» (en realidad era un planteamiento estético utilitarista, pero entonces no me daba cuenta) y cambié de musa: dejé de imitar a Salinger y me pasé a Kafka, e incluso afirmé, en una respuesta en el foro, que ya no me gustaba Carver porque era demasiado popular, demasiado fácil de entender y su estilo se había reducido a un conjunto de fórmulas. Otro de mis referentes era James Joyce (solo por *Dublineses*, porque en aquel momento aún no había leído el *Ulises*). Nadie detectó que lo estaba imitando, así que nunca mencioné su nombre.

Poco a poco empecé a percibir en mí cierta hostilidad hacia los demás. Parte de mi papel como moderador invitado del foro era leer las obras que los usuarios subían a la sección de relatos y comentarlas. Cuando no me gustaban, me ensañaba. Por entonces, no era en absoluto consciente de estar actuando con malicia, sino que pensaba que así debían ser las críticas, y que les hacía un favor a los usuarios al compartir todo lo que pensaba sobre sus textos. Además, el tono del foro siempre había sido directo, allí nadie se andaba con rodeos. Más que las críticas más o menos despiadadas, a la gente le molestaban los aduladores, las camarillas y las dinámicas de trueque de cumplidos. Aun así, estoy seguro de que mis comentarios hirieron a más de una persona; debería habérmelos guardado. Aquella agresividad no era más que un mecanismo de defensa nacido de mis propias inseguridades. Darme cuenta supuso un duro golpe que me hizo dudar aún más de mí mismo y de mi escritura.

Decidí apartarme de internet por un tiempo. Entre la tienda y el foro, aquel último año había pasado demasiado tiempo conectado. Había perdido el contacto con la realidad, necesitaba reencontrarme con la naturaleza (o quizá alejarme de la sociedad, una de las dos cosas). Este fue uno de los motivos por los que, más adelante, me mudé a la provincia sureña de Yunnan, conocida como el jardín de China. Otro de ellos fue que mi situación económica se estancó. Los ingresos de la tienda apenas alcanzaban para cubrir el alquiler y la comida, y eso que no podía ser más austero. Mantuve la tienda abierta alrededor de un año, tiempo en el que me mudé una vez, porque cambié de mercado mayorista, pero mi motivación no hizo más que menguar, sobre todo porque cada vez soportaba menos tratar con mayoristas, repartidores y caseros.

Mi escritura había encallado: quería dar un vuelco a todo lo que había hecho antes, pero Kafka no es precisamente fácil de imitar, sobre todo cuando tu atención está dividida.

Un día decidí que no podía seguir así: el negocio no iba bien, vivía con lo justo, trataba mal a la gente en internet... Mi estado mental era deplorable y mi carácter se estaba volviendo retorcido. Era hora de cambiar de aires. No en el sentido de mudarme de un barrio a otro, sino en el de irme a un lugar completamente desconocido. Uno de mis amigos de Pekín, con quien había retomado el contacto, era ilustrador de libros infantiles. Como trabajaba por su cuenta, podía vivir en cualquier parte. Después de hablarlo, decidimos irnos a la provincia de Yunnan. Hacía poco, otro amigo nos había recomendado la prefectura de Dali, en el noroeste. Nos dijo que él mismo planeaba mudarse allí, así que decidimos probar suerte, pero al final él no llegó a unirse a nosotros.

5. Mis trabajos decimotercero y decimocuarto

En septiembre de 2012, mi amigo y yo nos instalamos por fin en Dali, concretamente en el subdistrito de Xiaguan. Cada uno alquiló su propio piso, él siguió dedicándose a la ilustración y yo me puse a buscar trabajo. Mi piso tenía dos dormitorios, un baño y un pasillo, pero no salón. El alquiler era de mil yuanes por trimestre. No contraté internet para obligarme a pasar menos tiempo conectado; estaba decepcionado con mi comportamiento anterior. También había dejado de escribir, sentía que no tenía nada que enseñar a nadie. Aun así, seguí con mi diario. El texto sobre el rock como arte que incluí antes data de esa época. Antes de ir a Yunnan me compré mi primer teléfono inteligente, un Huawei de segunda mano con sistema operativo Android y una resolución de pantalla de apenas trescientos veinte por doscientos cuarenta píxeles. Desde ese momento y hasta que en 2020 me comprara un portátil, fue mi herramienta de escritura.

Mi decimotercer trabajo fue de supervisor de bienes inmuebles en un centro comercial de Xiaguan, que es otra forma de decir que era guarda de seguridad. Solo vigilábamos las plantas primera, segunda y tercera; de la cuarta en adelante (donde había un supermercado, una tienda de muebles y artículos para el hogar y viviendas) no nos encargábamos nosotros. Trabajábamos en cuatro equipos de cuatro personas con un sistema de tres turnos, por lo que había guardas las veinticuatro horas del día. Era el mismo sistema que tenían en aquella gasolinera en la que había trabajado años atrás, solo que entonces ganaba mil ochocientos yuanes y ahora ganaba mil quinientos. Dicho de otro modo, habían pasado doce años, pero mi sueldo era aún más bajo que entonces, lo que da una idea de lo poco desarrollado que estaba Xiaguan. Pero eso era, en parte, lo que me atraía del lugar. En el supermercado de la cuarta planta podía comer por cuatro yuanes; en la calle, un bol de fideos de arroz con carne de cerdo estofada costaba cinco, y mi alquiler era de trescientos yuanes al mes. Mil quinientos yuanes daban para vivir bastante bien.

Xiaguan estaba en la ribera sur del lago Erhai, justo al lado de la desembocadura del río Xi'er, rodeado de colinas verdes. El paisaje era espectacular. Mis compañeros de trabajo no paraban de repetir: «¡Xiaguan es una tierra afortunada!». Lo decían exultantes, y se les notaba en la cara que estaban orgullosos de ser de allí (la palabra que a mí me sonaba como «afortunada» en su lengua quería decir más bien «buena para vivir»).

El trabajo era muy tranquilo, como los que a mi entender solo hacían los hombres de cierta edad. Ojalá hubiera sido así, porque trabajar con personas mayores me resultaba más agradable, pero muchos de mis compañeros eran de mi edad. Uno de ellos apenas tenía veinte años. Yo sabía perfectamente que el trabajo carecía de futuro, pero me negaba a pensar en eso, quería centrarme en el presente. Sospechaba que mi mediocridad como escritor era un síntoma de mi existencia mediocre, así que anhelaba darle un impulso nuevo a mi vida.

Nuestra sala de control, una garita minúscula construida con paneles de aluminio y de vidrio, estaba escondida detrás del edificio principal, junto al aparcamiento de bicicletas. Parte de nuestro trabajo consistía en vigilarlo, así que uno del equipo tenía que quedarse en la sala de control en todo momento. Patrullar el centro comercial era tedioso: incluso caminando al paso más lento posible no tardabas ni media hora en recorrer las tres plantas, y encima éramos tres. Como el centro comercial estaba desierto la mayor parte del tiempo, las dependientas me seguían con la mirada cuando pasaba. Algunos de mis compañeros se paraban a hablar con ellas, pero yo nunca les decía nada. El aparcamiento situado frente a la entrada principal, al estar gestionado por una subcontrata, no era nuestra responsabilidad, pero a veces me daba una vuelta por fuera igualmente y hacía ver que comprobaba la seguridad de los vehículos. Todo porque dentro me aburría y quería salir a tomar el aire. Cuando trabajábamos de día nos turnábamos para estar en la sala de control. Era igual de aburrido, pero al menos podíamos hojear periódicos y revistas. Yo prefería trabajar de noche, cuando podíamos dormir por turnos. El jefe lo toleraba, porque Xiaguan era un sitio muy tranquilo; tanto era así que parecía que hasta los delincuentes se hubieran marchado a zonas más prósperas.

Una noche hicimos una barbacoa en la sala de control. Se notaba que no era la primera vez de mis compañeros. Yo sabía que no estaba permitido, pero no me preocupé. Al contrario, me gustó participar. Lo que me sorprendió fue que asaran la comida en la estufa portátil. Parecía una lámpara antimosquitos, solo que más grande, y sus tubos no emitían luz ultravioleta, sino infrarroja. Llevaba encima una rejilla metálica de protección. Mis compañeros colocaron la estufa de lado y pusieron la comida sobre la rejilla para asarla. No calentaba tanto como el carbón, pero teníamos toda la noche por delante. El resto del tiempo, la estufa estaba tirada a nuestros pies juntando polvo y suciedad, pero a nadie le importó, así que a mí tampoco. Cada cual puso veinte yuanes y un compañero fue con su moto eléctrica a comprar ingredientes marinados a un puesto de barbacoa de por allí. También trajo una botella de licor de trigo sarraceno Snow Mountain. No sé por qué, todos pensaban que no iba a atreverme a beber estando de servicio. Debían de verme como a alguien servicial y disciplinado. Sin embargo, no me negué. ¡Si ellos bebían, yo también! Cuando me vieron dar el primer sorbo, todos me levantaron el pulgar en señal de aprobación.

En Xiaguan vivía muy a gusto. Ganaba poco, pero nunca trabajaba más de ocho horas. Además, el trabajo estaba dentro de mis capacidades, lo cual era un alivio. Mis compañeros me trataban muy bien, a veces hasta el punto de hacerme sentir como un invitado (tal vez fuera porque yo era el único de fuera de la provincia). No me costaba relacionarme con ellos: no sabían nada de mi pasado ni yo del suyo, nadie se entrometía en la vida de los demás. Tampoco se andaban con intrigas ni envidias, eran personas sencillas con una mentalidad muy simple. Tenían que serlo para contentarse con un sueldo de solo mil quinientos yuanes. Cualquiera con un mínimo de malicia o ambición había emigrado en busca de mejores oportunidades. El clima también me gustaba mucho: inviernos suaves, veranos frescos, mucho sol, mucha lluvia y mucho viento. Era como si en aquel rincón del mundo los dioses fueran especialmente generosos.

Al cabo de dos meses como guarda de seguridad, estaba mucho más relajado, me sentía otra persona. Un día, la jefa de personal me llamó a su despacho para recomendarme un puesto de aprendiz en la panadería de la cuarta planta. Cobraría lo mismo que haciendo de guarda de seguridad, pero al menos aprendería algo de provecho. Aunque me daba pena dejar a mis compañeros, acepté su propuesta sin dudar, en parte por no decepcionarla: la dueña de la panadería era hija del director del centro comercial. La mayoría de mis compañeros vio con buenos ojos mi partida y dijeron que estaba desperdiciado como guarda. También me advirtieron que más me valía acordarme de bajarles bollos y pasteles. Lo dijeron en broma, pero lo hice.

El obrador de la pastelería estaba dividido en dos secciones: panadería y pastelería. Cada una tenía su propia sala de elaboración (las llamábamos «sala de moldeado») y su propio horno. La sección de panadería contaba además con una sala de fermentación, una sala de amasado y una pequeña estación para preparar hojaldres y cruasanes. Además, había un cuarto de ingredientes que era de uso común.

Me asignaron a la sección de panadería. Cuando empecé, el maestro panadero acababa de irse. La jefa tardó algo más de un mes en contratar al nuevo, de modo que solo había dos ayudantes (uno de ellos recién incorporado) y seis aprendices, entre los cuales figuraba yo. Era la segunda persona de más edad de la sección (hasta los ayudantes eran más jóvenes que yo). De los ocho, tres eran de etnia bai, dos eran hui, uno era dai y dos éramos han.[*] Como recién llegado, al principio me tocaron todo tipo de tareas menores: pesar los ingredientes, mezclarlos, amasar, hacer porciones, rellenar... También ayudaba con los productos más sencillos como las tartaletas de crema, las pastas de hojaldre o las galletas. Para moldear pan casi nunca me llamaban, porque cada pieza me salía diferente. Uno de los ayudantes se ocupaba de preparar la masa y de darle forma, el otro era responsable de los hojaldres, los cruasanes, las baguettes y el pan de molde. Por supuesto, cuando el trabajo apretaba, la división de tareas dejaba de ser tan clara: incluso me pedían que fuera a moldear panes (en esos casos ya no importaba que me salieran diferentes).

---

[*] Además del grupo étnico mayoritario —los han, con 1.284 millones de personas—, China reconoce cincuenta y cinco «nacionalidades minoritarias», que en conjunto suman 125 millones. Los hui (11,3 millones) son de tradición musulmana y se encuentran repartidos por todo el país, aunque cuentan con una importante presencia en la región autónoma de Ningxia; los bai (2 millones) son oriundos de la prefectura autónoma de Dali y tienen su propia lengua, y los dai (1,3 millones), asentados principalmente en las prefecturas autónomas de Xishuangbanna y de Dehong, comprenden diferentes grupos culturales y lingüísticos emparentados con los pueblos vecinos de Tailandia y de Laos.

El maestro panadero que se incorporó un mes después de mi llegada provenía de Chongqing. Había dejado el oficio para vender harina y, de hecho, eso fue lo que lo trajo a nuestra panadería en un primer momento. Sin embargo, en cuanto la jefa lo vio, lo convenció de que se quedara. Encontrar panaderos cualificados en Xiaguan no tenía que ser fácil.

Uno de los cambios que introdujo el nuevo maestro panadero fue asignarme a la sala de horneado. Antes de meter los distintos panes fermentados en el horno les dábamos forma, los pintábamos con huevo batido o con aceite, espolvoreábamos especias... Al sacarlos a veces había que rellenarlos de crema, espolvorear azúcar glas por encima, decorarlos con fruta... Además de un horno industrial de tres niveles, teníamos un horno de convección para las tartaletas de crema, las pastas de hojaldre y las galletas, una freidora eléctrica para los dónuts y un armario de fermentación automático (más práctico que la cámara de fermentación, pues tenía temporizador). En general, este armario permanecía en modo refrigeración hasta que, a la hora programada, empezaban a aumentar la humedad y la temperatura. Al final de la jornada, antes de irnos, lo llenábamos con los productos elaborados por la tarde a fin de que a primera hora del día siguiente estuvieran listos para hornear. El personal de la sala de horneado empezaba a trabajar una hora antes que el de la sala de formado (es decir, dos horas antes de abrir la panadería), de manera que siempre éramos los primeros en llegar. Creo recordar que entrábamos a las siete. El huso horario natural de Xiaguan era UTC+7, pero, como el país entero se rige por la hora oficial de Pekín (UTC+8), amanecía muy tarde. Al menos en invierno, cuando llegábamos, el cielo continuaba completamente oscuro.

Nuestros productos a temperatura ambiente solo duraban un día. Todo lo que no consiguiéramos vender debía desecharse. Por la mañana, al llegar, lo primero que hacíamos era comernos lo que había sobrado del día anterior, así nos ahorrábamos comprar desayuno. A veces, al llegar, provocábamos que las ratas salieran corriendo de entre los montones de panes y bollos que habíamos dejado sobre las encimeras después de sacarlos de las vitrinas. A nadie parecía importarle demasiado, pero siempre los revisábamos antes de comérnoslos para asegurarnos de que no estuvieran roídos. Librarse de las ratas era imposible, todos los que trabajaban haciendo o vendiendo comida en el centro comercial lo sabían, así que con el tiempo nos acostumbramos. La panadería estaba en la misma planta que el supermercado y su almacén, un auténtico paraíso para las ratas: escondrijos por todas partes, comida a espuertas y total libertad de movimiento. Probamos todos los métodos habidos y por haber para exterminarlas. Las trampas adhesivas eran el más eficaz, casi cada noche atrapaban alguna, pero siempre aparecían más. Era desesperante. Al final te dabas cuenta de que, por encima de la inteligencia o la agilidad, lo que realmente garantiza la supremacía de una especie es su capacidad para reproducirse. La jefa nunca nos dijo nada sobre el hecho de que nos comiéramos los panes y los bollos caducados todos los días, pero estoy seguro de que lo sabía. «Invitarnos a desayunar» de aquella forma le salía mucho más barato que subirnos el sueldo. Y mientras no reconociera abiertamente estar al tanto de lo que hacíamos, si nos poníamos enfermos, la culpa sería nuestra.

Como aprendiz que era, aprendí muchas cosas. Sin embargo, la panadería no era una escuela, así que nadie tenía la obligación de enseñarme. El maestro pastelero nos contó que empezó a trabajar con diecisiete años y que durante los tres primeros solo le dejaban hornear las bases de los pasteles, nada más. Su mensaje era claro: que nos acostumbráramos a obedecer y dejáramos de preocuparnos tanto por aprender el oficio, porque no se dominaba de la noche a la mañana. En realidad, él se encargaba sobre todo de desarrollar nuevos productos, comprar ingredientes, organizar el trabajo y controlar la calidad. Casi nunca trataba con nosotros; eso quedaba en manos de los dos ayudantes, que tampoco parecían muy dispuestos a transmitir sus habilidades, en parte porque estaban ocupados y en parte porque eran conscientes de que «enseñar demasiado bien al aprendiz puede matar de hambre al maestro». Cuando hay intereses de por medio, las relaciones personales dejan de ser simples. Siempre muy cautos, solo revelaban lo estrictamente necesario a la hora de responder nuestras preguntas.

Cuando me hice guarda de seguridad, mis compañeros no dudaron ni un segundo en enseñarme cómo funcionaban las escaleras mecánicas: como no se requería ninguna habilidad especial, no corrían el riesgo de que los sustituyera al aprender. Pero el pan era otra cosa: un oficio con valor. Solo un curso básico ya podía costar varios miles de yuanes. Los ayudantes se habían sacrificado mucho para llegar a dominar aquellas técnicas y estar donde estaban. Por eso, cuando les pedíamos que nos enseñaran a hacer algo o les hacíamos preguntas, fruncían el ceño y se quedaban callados, como si de pronto hubieran perdido parte del habla y buscaran las palabras adecuadas. Y, cuando por fin abrían la boca, lo único que decían era:

—Pregúntale a fulano, que ya se lo enseñé.

Entonces ibas a buscar al tal fulano, que igual había empezado un par de días antes que tú y ocupaba contigo el lugar más bajo del escalafón. Uno diría que se pondría en tu lugar y sentiría cierta solidaridad de clase, pero ni siquiera él te daba respuestas.

—Pero ¿cómo no sabes hacer eso? —repetía entre risas exageradas, obligándote a adivinar o soltándote alguna ocurrencia solo para divertirse.

La única forma de conseguir una respuesta decente —si te empeñabas en obtenerla— era perder el tiempo charlando con él. Yo no tenía tanta paciencia. Si no querían ayuda, que se apañaran. A diferencia de mis compañeros, a quienes solía ver sacando fotos con el móvil de las recetas o de los procedimientos, yo no estaba allí para aprender el oficio; estaba allí para ganar dinero. Ni siquiera había buscado el trabajo, me lo había ofrecido la jefa de recursos humanos

Al poco tiempo dejé de preguntar. No soportaba aquellas escenas ridículas. La generosidad podrá ser una virtud, pero dudo que sea un principio esencial de la naturaleza humana. Tampoco tenía ganas de desgastarme cultivando relaciones personales, que nunca se me había dado bien. Quería relacionarme con todos de la manera más simple posible, no porque me sintiera dolido ni molesto, sino porque era más fácil así. Ahora bien, al ser mayor que todos ellos, me tocaba mostrarme más comprensivo. Y lo cierto es que, por lo demás, me llevaba bien con todo el mundo: no solo trabajábamos sin problemas ni discusiones, sino que salíamos juntos después del trabajo, a cenar, al gimnasio comunitario o al parque Tuanshan.

Tras más de medio año en Xiaguan, mi estado mental mejoró notablemente. El amigo que se mudó conmigo se marchó a los tres meses. En 2013, por motivos personales, yo también lo hice. Me trasladé a Shanghái, donde trabajé algo más de un año. Escribí sobre ese periodo (y sobre mi decimocuarto trabajo) en un capítulo anterior. Antes de eso no había viajado a Shanghái, aunque mi madre nació y pasó allí sus seis primeros años de vida. Su padre era de Changzhou, y su madre, de Suzhou, y fueron ellos quienes nos enseñaron a hablar en shanghainés a mi hermana y a mí, a pesar de que lo hablaban con mucho acento. Mi madre tampoco tenía una pronunciación estándar, ya que se marchó de la ciudad siendo muy pequeña. Por eso, cuando llegué a Shanghái, solo hablaba en mandarín. Una vez, un compañero de trabajo que me escuchó hablando por teléfono con mi madre me dijo que sonaba como un «nuevo shanghainés».* En aquel momento, no supe a qué se refería.

En 2014, dejé mi trabajo en Shanghái y regresé a Xiaguan (en realidad, esta vez, estrictamente hablando, vivía en Daguanyi, un pueblo situado en el lado opuesto del río). Mi intención era montar uno o dos negocios pequeños. Tenía unos cuantos miles de yuanes ahorrados y el editor con el que había intentado sacar adelante una revista de automóviles años atrás había mostrado interés en volver a asociarse conmigo. Abriríamos una tienda de *snacks* importados: él me enviaría la mercancía desde Cantón, y yo me encargaría de venderla. Antes de que me instalara en Shanghái, en Xiaguan no había ni una sola tienda de *snacks* importados. Sin embargo, al volver descubrí que habían abierto varias y ninguna parecía ir demasiado bien. Como no encontré un local adecuado para la nuestra, abandoné la idea.

En su lugar, opté por un puesto ambulante. Solía instalarlo en los alrededores del campus de Xiaguan de la Universidad de Dali. No salía gratis: cada mes tenía que pagar ciento cincuenta yuanes al ayuntamiento, y el recibo era una multa. Vendía artículos de papelería que compraba en Taobao. Los precios iban desde unos pocos yuanes la pieza hasta treinta. Lo máximo que podía ganar en un día eran unos cincuenta yuanes; cuando llovía, no ganaba nada. De vez en cuando, la policía venía a fastidiarme con excusas como que al día siguiente vendría tal o cual líder y no querían verme el pelo en una semana. Eso hacía que solo pudiera vender de forma intermitente. Por supuesto,

----

* Residentes llegados de otras regiones del país y, por tanto, desconocedores de la lengua local. Aunque muchos cuentan con empleo estable y la voluntad de establecerse en la municipalidad a largo plazo, el sistema de registro de hogares sigue distinguiéndolos de los llamados «shanghaineses nativos», hecho que les impide acceder a servicios básicos como la sanidad, la educación o la vivienda subvencionada.

nadie me compensaba los días perdidos (no tenía forma de reclamarlos, porque pagaba multas, no permisos), pero tampoco perdía el sueño. Abría un par de horas al mediodía y otras tres o cuatro por la tarde.

En este periodo volví a escribir. Para entonces leía mucho más que antes y había ampliado mis horizontes, así que abandoné mi ingenua pretensión de parecerme a Kafka. Me limité a escribir textos breves, quizá como resultado de haber pasado a redactar con el móvil, y me fui alejando de los relatos realistas. También volví a tocar la guitarra: me compré una barata en Taobao. Hacía una década que no tocaba, desde mis días en Pekín. Mis compañeros de Shanghái me regalaron como obsequio de despedida unas zapatillas de correr Asics y un reloj deportivo Bryton, gracias los cuales mantuve el hábito de correr que había adquirido allí. Por lo general, corría alrededor de la plaza que había frente al gimnasio comunitario. En mi mejor mes, llegué a recorrer un total de doscientos cuarenta y cinco kilómetros.

Mi casera era una anciana de etnia bai que no hablaba ni gota de mandarín, pero que disfrutaba mucho charlando conmigo. Cada vez que me veía, me agarraba y no me soltaba hasta que se quedaba a gusto. Durante el año largo que conviví con ella, no entendí una sola palabra de lo que me decía; me limitaba a sonreír e intercalar risas hasta que ella se echaba a reír también y luego se iba.

Mientras viví en Daguanyi, no trabajé un solo día. Fue un año muy dichoso. Jamás tuve la sensación de estar desperdiciando el tiempo ni de perderme nada, saboreaba mis días con entusiasmo, eso les daba sentido. Si Alejandro Magno hubiera venido a preguntarme qué necesitaba, también le habría contestado aquello de «Que no me tapes el sol».

Sin embargo, al mismo tiempo, me dediqué a reflexionar seriamente sobre cosas bastante negativas. No estaba deprimido, de eso estoy seguro, solo lo necesitaba. Es difícil relatar mis experiencias laborales sin mencionar ciertos aspectos de mi vida, está todo tan entrelazado que corro el riesgo de dar una impresión equivocada a los lectores. Sin embargo, hay cosas que estoy dispuesto a compartir y cosas que no, de modo que es un riesgo que asumo. Una persona puede sentirse optimista y pesimista a la vez, no hay contradicción en ello. La mente humana es compleja, incluso polifónica, capaz de contener múltiples melodías a la vez. No me apetece ponerme a analizar los factores que causaron mi estado mental de entonces; de hecho, es posible que ni siquiera tenga la capacidad. Pero, repasando lo que escribí en mi diario en aquella época, he encontrado un texto que tal vez pueda iluminar algo, si bien de forma indirecta, al respecto. Lo titulé *Después del ocaso*:

Hay noches que parecen concentrar toda la felicidad del mundo. Por mucho que bajen las temperaturas después del ocaso, a ti te basta con ponerte el gorro y el abrigo antes de salir a la calle para no sentir frío. Entonces llegas a la plaza y ves a unos niños tirando petardos junto al agua; luego se persiguen entre risas debajo del cielo estrellado. Es tanta su alegría que llegas a sentir que las mezquindades de la vida y de la gente quedan demasiado lejos como para empañarla. Al volver a casa, te tomas una copita antes de dormir y esa sensación no hace más que acrecentarse.

Pero el alcohol y los petardos son solo para la noche. Durante el día debemos enfrentarnos a la realidad, esa bestia salvaje de fuerza descomunal que no para de decir barbaridades y que al final siempre acaba teniendo razón. Quien osa cuestionarla acaba pagando un precio muy caro.

Decir que debemos aceptar la realidad no es más que otra forma de pedirle que nos acepte, proclamar que la rechazamos es reconocer que ella ya nos ha rechazado; no debemos engañarnos con falsas victorias. La mejor manera de enfrentarnos a la realidad es abandonar toda pretensión de vencerla. ¿Qué podemos decir de ella sin sonar ingenuos, sin que parezca que tratamos de engañarnos a nosotros mismos, sin invitar al escrutinio? Lo menos posible. O, mejor aún, nada.

Si tropiezo con una piedra y me caigo al suelo, me levanto, me sacudo el polvo y sigo mi camino. Así, es la piedra la que queda en ridículo. En las decenas de miles de años siguientes reflexionará en soledad sobre el daño innecesario que causó, alcanzará la iluminación y aprenderá a ser amable con el mundo.

Los artistas suelen buscar refugio en la pureza espiritual. Se esfuerzan en ser lo que ya son con la mayor intensidad posible, a veces hasta extremos insospechados, desconcertantes o incluso aterradores. Cuando no lo logran, su mirada se apaga y pierden las ganas de crear. Así que, en cierto modo, Ernst Gombrich tenía razón: el arte como tal no existe, solo existen los artistas.

Como estaba de vuelta en Dali, retomé el contacto con mis antiguos compañeros de la panadería. Ahora trabajaban en un obrador pequeño que hacía pastelillos de rosa, un dulce hojaldrado relleno de pétalos comestibles típico de la región. Estaba en el pueblo de Xiaoguanyi, justo al lado de Daguanyi, donde yo vivía. Un día, uno de los antiguos ayudantes de la panadería, que ahora era el encargado del obrador, me contó que planeaba casarse y dejar el trabajo para mudarse al pueblo de su futura esposa y abrir una panadería. Me preguntó si quería ir con él. Era del condado de Eryuan, pero la familia de su prometida vivía en el condado de Binchuan, adonde fuimos juntos un par de veces para explorar la zona. No a la capital del condado, sino a Binju, un pueblo situado a unos veinte kilómetros de esta. Acababan de trasladar a su futura esposa a una escuela de los alrededores, y habían decidido instalarse allí.

Vistos en el mapa, Xiaguan y Binju no parecían quedar muy lejos, pero estaban separados por una cadena montañosa y no había carreteras directas entre ellos. Tuvimos que dar un gran rodeo: primero tomamos un minibús de Xiaguan a Binchuan y, una vez allí, cogimos un autobús rural hasta Binju. La primera vez que viajamos en el minibús, escribí unos párrafos sobre lo que vi a bordo y cómo me sentí durante el viaje. Creo que describen el momento mucho mejor que cualquier otra cosa que pudiera escribir ahora, así que los incluyo a continuación:

Siempre se ha dicho que es innecesario mudarse al campo: el gran retiro está en la ciudad,* y, para un corazón distante, cualquier entorno es remoto.** Sin embargo, ahora mismo voy sentado en un autobús camino de un pueblecito, con vistas a mudarme a él en el futuro.

Después de varios días despejados, hoy ha llovido. Dicen que mañana volverá el sol. Un chaparrón como el de hoy es como ese panecillo blanco que colocan en las cestas de bollos al vapor: está ahí para templar nuestro paladar, malacostumbrado por la jugosa suculencia del relleno de los bollos; nos mantiene sensibles al sabor.

Todos los ocupantes del autobús rebosan de alegría. Se acerca el Año Nuevo y pronto volverán a reunirse con los suyos para disfrutar de un banquete espléndido. Hace un momento, mientras serpenteábamos alegremente por estas sinuosas carreteras de montaña, mi compañero de viaje y yo, puede que contagiados por el

---

* Alusión a una máxima taoísta: «La naturaleza es un retiro menor, el gran retiro está en la ciudad». El verdadero desapego no se logra huyendo del mundo, sino viviendo en él sin ser esclavo de sus ataduras.

** Versos pertenecientes al quinto poema de la serie *Bebiendo licor*, de Tao Yuanming (365-427), poeta de la dinastía Jin que abandonó su carrera como funcionario para retirarse al campo: *Construí mi choza junto a las de otros hombres, pero no oigo carretas ni caballos. / ¿Quieres saber por qué? Para un corazón distante, cualquier entorno es remoto.*

ambiente festivo, nos hemos puesto a debatir si este mundo cálido y acogedor es una inevitabilidad casual o una casualidad inevitable. Como ninguno ha sido capaz de convencer al otro, la cosa ha acabado en tablas.

Entonces me he fijado en los trabajadores migrantes de los asientos delanteros. Llevan hablando y comiendo pipas desde que se han subido, y han dejado el suelo lleno de cáscaras, como si no hubiesen visto la papelera que tienen al lado. El conductor, al llegar, se ha limitado a mirarlos con desprecio sin decirles nada. Me ha dado la sensación de que está harto de ver a gente desconsiderada y de que no quería gastar un ápice de energía en reprenderlos.

Por lo que he alcanzado a oír, ninguno de los trabajadores ha cobrado todo lo que les debían. Después de un año entero bregando en la ciudad sin recibir más que una pequeña asignación mensual para subsistir, ahora que la obra ha terminado, el dinero que les prometieron se ha esfumado. No es difícil imaginar el apuro que van a pasar al volver a casa con las manos vacías. Sin embargo, ninguno de ellos muestra tristeza ni indignación, al contrario: les brilla la mirada, hablan con voz firme y resuelta. Estaban inmersos en un acalorado debate sobre la justicia distributiva y la equidad social, comparando con vehemencia —si bien algo burdamente— los méritos y deméritos del reformismo frente a la revolución como instrumentos de progreso social. Hablaban del futuro con gran entusiasmo, deseosos de que las fiestas pasen cuanto antes para poder volver a sus anheladas obras y seguir cimentando las bases de esa felicidad con la que sueñan.

Al ver aquella actitud tan positiva, no he podido evitar pensar que quizá sea cierto aquello de que la ignorancia es una bendición. Pero me consta que hay personas excepcionales que no permiten que el conocimiento les amargue la vida. Navegan por él como expertos timoneles sorteando escollos ocultos, lo exploran a fondo solo para evitar que un día embravezca de improviso y les impida alcanzar esa felicidad que la vida les ponía al alcance con tanta generosidad. Es justo gracias a estas personas excepcionales que la suma total de felicidad en la sociedad ha aumentado de forma significativa.

Vivimos en la era más grandiosa de la humanidad. Nuestra misión histórica no es luchar contra la escasez, la ignorancia y el sufrimiento como hicieron nuestros antepasados, sino entregarnos sin complejos a la felicidad. Cualquier otra cosa sería una irresponsabilidad imperdonable.

¡Si no fuera porque aún voy sentado en el autobús, me pondría de pie y cantaría alabanzas a la vida, al mundo y a esta magnífica época!

Aunque no fueran más que un ejercicio de estilo, la verdad es que, quitando las partes inventadas o exageradas —y el evidente sarcasmo—, los párrafos precedentes son un fiel reflejo de la euforia optimista y despreocupada que sentía en aquel momento.

6. Mi decimoquinto trabajo

Comenzamos los preparativos en las semanas previas a la Fiesta de la Primavera de 2015. Después de varios meses de conversaciones y visitas a Binju, por fin pusimos el plan en marcha: mi amigo alquiló un local para su panadería y me subarrendó una parte para que yo montara una tienda de *luwei* (casquería y otros productos marinados en salsa de soja especiada). Compartir ese alquiler nos quitaba presión y nos daba margen de maniobra en caso de necesidad. Los rótulos y la reforma se los encargamos a contratistas de Binchuan. Además, yo fui al mercado Xinqiao de Xiaguan y compré mesas de trabajo, estanterías de acero inoxidable, un mostrador refrigerado y una selladora de vasos. En JD.com encargué un arcón congelador de doscientos veintiocho litros y dos placas de inducción portátiles.

Cuando fui a solicitar la licencia de apertura de mi tienda, me di cuenta de que tenía el carnet caducado. Solo podía renovarlo en mi región de origen, pero no quería hacer ese viaje, así que decidí no solicitar la licencia. Como mi tienda estaba pegada a la panadería de mi socio, que sí tenía licencia, bastaba con la suya. Además, el Gobierno tenía una nueva política: las pequeñas empresas no pagaban impuestos si sus ingresos mensuales eran inferiores a cien mil yuanes. Así pues, no estaba evadiendo impuestos.

Lo más complicado fue encontrar alojamiento. En Binju no había forasteros, por lo que tampoco había viviendas de alquiler. Después de mucho buscar, encontré a una familia de campesinos que vivía frente al centro de salud del pueblo y que aceptó alquilarme una habitación por mil doscientos yuanes al año. Nuestros negocios abrieron en abril de 2015. Sin contar el puesto que tuve en Xiaguan, aquel fue mi decimoquinto trabajo.

Nuestras tiendas estaban en la calle nueva del centro del pueblo, que comprendía dos calles paralelas atravesadas por la nuestra. Desde un extremo podías ver el otro. El pueblo tenía un supermercado de dos plantas con varias chicas jóvenes como dependientas. Ninguna pasaba de los veinte años y venían de las aldeas de los alrededores a trabajar. A los pocos días de abrir mi tienda, algunas empczaron a frecuentarla. No para comprar nada, sino para hacerme un montón de preguntas mientras se tapaban la boca muertas de risa. La mayoría venían en grupo y montaban barullo, pero otras entraban solas con timidez. No les interesaba en absoluto lo que vendía. Al principio esto me desconcertó, no entendía qué pretendían, pero luego caí: eran chicas casaderas y yo era nuevo en el pueblo. Se dejaban ver para que, en caso de que yo compartiera sus intenciones, entablara conversación con ellas. La pista definitiva era que no ponían un pie en la panadería de mi socio: ya estaba casado. Aquella modalidad de cortejo era nueva para mí y me recordaba a las novelas de Jane Austen..., salvo que yo no era aristócrata ni tenía tierras. Todas las chicas aparecieron una sola vez; al ver que yo no intentaba entablar conversación, captaban la indirecta y ya no volvían. Después, si les tocaba atenderme en el supermercado, me trataban igual que a cualquier otro cliente.

Binju estaba en una zona muy remota y tenía una población escasa y diversa. Sus vidas giraban en torno a la agricultura, muy pocas personas se mudaban allí por trabajo. Solo había mercado una vez por semana, el único momento en que aparecía la gente de las aldeas cercanas, pero apenas gastaban dinero. El potencial de desarrollo era, por tanto, muy bajo. Pero a mí eso me daba igual: había nacido en Cantón, había trabajado en Shanghái y había tenido un negocio en Nanning, tres lugares con un potencial de desarrollo prácticamente infinito, y no había servido de nada. El desarrollo no era lo mío. La vida rural, en cambio, me ofrecía infinidad de posibilidades que me apetecía experimentar. Quizá las cosas no me habían salido bien hasta el momento porque había estado en el lugar equivocado. Solo el paisaje de Binju ya era un aliciente. Mi plan era contratar a un ayudante en cuanto la tienda diera beneficios, a fin de tener tiempo para escribir y quedarme de forma permanente. No parecía difícil..., pero la realidad fue otra.

Vendía dos clases de productos: *luwei* y bebidas azucaradas. Lo primero incluía principalmente carne y vísceras de pato, verduras y, de vez en cuando, cacahuetes encurtidos con guindilla y garras de pollo. Como en Binju no vendían pato ni raíz de loto, me compré una bicicleta eléctrica de segunda mano para ir a la capital del condado una o dos veces por semana a reabastecerme. Los ingredientes de las bebidas los compraba en Taobao: todo eran sobres de polvos y concentrados líquidos. Con ellos hacía té con leche y perlas de tapioca, limonada y varias sopas dulces: de sago perlado con leche de coco, de ciruela ahumada con osmanto, de hongo blanco con semillas de loto y bayas de goji, de judías mungo con algas... Hasta entonces, el único postre dulce que vendían en Binju era uno llamado *liangxia* («gambitas frías»), que no eran gambas, sino una especie de tiras de pasta de arroz —las gambitas— servidas en sirope de azúcar moreno; un cuenco costaba yuan y medio.

A pesar de ofrecer productos que antes no había en Binju, el negocio nunca despegó. Mi *luwei* estaba pensado para ser un tentempié y no un plato principal, pero a los lugareños eso no les interesaba. Tal vez el gusto por los tentempiés surja solo después de haber alcanzado cierta prosperidad material, o cuando uno necesita desahogarse de las presiones de la vida. En cualquier caso, la gente de Binju no entraba en esa categoría.

El mercado del pueblo tenía un puesto de comida preparada. Si intentaba competir con él, la ubicación de mi tienda jugaría en mi contra: casi nadie iba a desviarse para venir a comprarme a mí. Además, sería difícil vender bebidas al mismo tiempo. Las bebidas me generaban más o menos los mismos ingresos que el *luwei*, con la ventaja de que eran mucho menos laboriosas de preparar. Aun así, tampoco podía reconvertirme en una tienda solo de bebidas, porque había dos locales dedicados a eso cerca. Los dos eran más grandes y contaban con mesas y sillas para que los clientes se sentaran a charlar o a jugar a las cartas. Yo apenas disponía de unos pocos metros cuadrados donde trabajar, así que solo podía vender para llevar. Mi única superioridad era ofrecer precios más bajos, pero, si me dedicaba a las bebidas en exclusiva, no habría suficientes clientes como para mantenerme a flote.

El 6 de junio de 2015 publiqué un texto en mis momentos de WeChat en el que detallaba todo lo que había hecho aquel día. Me alegra haber dejado constancia de ello, pues hoy sería incapaz de acordarme de lo que hacía con tanto detalle. He aquí el contenido de aquel *post*, ya pasado a limpio:

8.00

Me he levantado, he sacado el pato y las verduras del líquido en el que los había dejado marinando y lo he puesto en el fuego. Cuando hervía, he vuelto a meterle todo dentro. Al cabo de veinte minutos he apagado el fuego. Entonces, he lavado los intestinos de pato puesto a descongelar la noche anterior, los he escaldado, los he troceado y los he añadido a lo que tenía ya marinando (los intestinos de pato no se cuecen).

9.30

He ido en mi bicicleta eléctrica a la capital y he comprado diez kilos de patas de pato, doce de cuellos, cuatro de intestinos y uno de garras. También he comprado cinco kilos de raíz de loto y unas pocas cosas más.

11.00

He vuelto a la tienda. He colocado las viandas marinadas sobre el mostrador, he abierto la puerta y he empezado a despachar. He cocido las perlas de tapioca para el té con leche, he hecho limonada y he preparado las sopas dulces.

13.00

He descongelado los trozos de pato que necesitaría luego y he preparado el resto de las viandas: rodajas de raíz de loto, huevos cocidos, nudos de alga y láminas de tofu.

15.00

He lavado los trozos de pato que había puesto a descongelar, los he escaldado y los he puesto a marinar a temperatura ambiente junto con el resto de las cosas.

16.00

He vaciado el barril de bebida de ciruela ahumada con osmanto y he preparado otra olla.

17.00

He sacado el pato y las verduras del líquido en el que los había dejado marinando y lo he puesto en el fuego. Cuando hervía, he vuelto a meterle todo dentro. Al cabo de veinte minutos he apagado el fuego y lo he dejado todo marinando.

18.30

He cogido las viandas que se estaban marinando, las he enfriado con el ventilador y las he colocado sobre el mostrador.

20.30

He sacado del congelador los trozos de pato para más tarde. He preparado el resto de las viandas.

22.00

He lavado los trozos de pato que había puesto a descongelar, los he escaldado y los he puesto a marinar a temperatura ambiente junto con el resto de las cosas.

23.00

He cerrado. He metido en la nevera el género que no he vendido. He hecho hielo. He limpiado el local y los utensilios. He limpiado el baño. He sacado la basura.

0.15

He ido a casa, me he duchado y he lavado la ropa.

1.15

He vuelto a la tienda.

1.45

Me he acostado.

Al principio subestimé la cantidad de hielo que iba a necesitar. Tanto el té con leche como la limonada se preparaban al momento con una proporción de una parte de agua caliente por tres de hielo. Después de agitarlos bien, quedaban tres partes de líquido por una de hielo. Como no me había comprado una máquina de hielo, tenía que llenar muchas cubiteras y meterlas en el congelador. Para dejar espacio, limité la cantidad de ingredientes que guardaba, así que cada vez que iba a la capital del condado compraba poco, lo que me obligaba a ir una o dos veces por semana.

El día que acabo de describir fue precisamente uno de esos días de compras; de lo contrario, habría abierto la tienda a las nueve y media de la mañana.

En cuanto al *luwei*, preparaba dos tandas al día: una por la mañana y otra por la tarde. No podía cocinar solo una porque, una vez expuestas en el mostrador, las viandas iban perdiendo humedad poco a poco y su textura empeoraba.

Por las noches dormía sobre un colchón en el suelo de la tienda, porque la habitación que alquilaba estaba en una unidad prefabricada, con un techo fino y sin aislamiento. En verano, después de que le diera el sol todo el día, se convertía en un horno; por más que lo intentara, no podía dormir. El verano tenía otra molestia: la enorme cantidad de insectos.

Detrás de la hilera de tiendas que incluía la mía había un callejón de tres metros de ancho y, justo después, empezaban los campos de cultivo. Tras las tiendas de enfrente también había campos. Recuerdo que, cuando abrí, tanto los de un lado como los del otro estaban sembrados de soja; pasada la cosecha los rotaban con maíz. El kilo de soja se vendía a 0,8 yuanes en el mercado, del precio del maíz no me acuerdo, pero también era muy bajo.

A lo que voy es a que esos campos apenas daban beneficios, pero por la noche eran una fuente inagotable de insectos: a diario se colaban en mi tienda escarabajos longicornios, peloteros, ciervos volantes y muchas otras especies que nunca había visto en la ciudad (y rara vez en Xiaguan). También había toda clase de langostas; si me hubiera fijado bien, seguro que habría distinguido decenas de especies. Lo peor eran las termitas aladas: venían en enjambres de miles que se colaban por todas partes. Pero, claro, yo tenía que dejar las luces encendidas para que la gente viera que estaba abierto. En las peores noches me veía obligado a cerrar antes de hora, porque las termitas me cubrían de pies a cabeza y no había forma de espantarlas. No podía ni abrir la vitrina del mostrador sin que se colaran en tropel. Trabajar así era imposible.

A pesar de sus múltiples inconvenientes, por lo menos el verano impulsaba las ventas de bebidas frías. En cuanto las temperaturas empezaron a bajar con la llegada del otoño, se volvió cada vez más difícil vender bebidas y sopas dulces. Con el *luwei* pasó lo mismo, aunque el impacto fue mucho menor.

Fue entonces cuando mi antiguo editor, aquel que tiempo atrás me había propuesto abrir una tienda de *snacks* importados, se puso en contacto conmigo para proponerme que abriéramos una tienda online en Cantón. Era muy insistente: llamaba y enviaba mensajes todos los días analizando pros y contras y dibujando un futuro prometedor. Mientras tanto, mi tienda de Binju pasaba por un momento realmente difícil. Dado lo pequeño que era el local, apenas veía alternativas para mantenerlo a flote. Tampoco tenía ningún plan para el invierno. La situación era muy delicada. Binju no era justo el tipo de lugar que pudiera transformarse de la noche a la mañana; con una población tan reducida, no cabía esperar un crecimiento significativo en el futuro cercano. En resumen, los problemas que estaba afrontando no tenían visos de cambiar. Trabajaba quince o dieciséis horas al día y no me quedaba siquiera tiempo para leer; si el negocio apenas lograba sostenerse, sin ninguna perspectiva de mejora, no tenía sentido seguir viéndolo como algo a largo plazo. Después de sopesar mis opciones, decidí marcharme. A finales de 2015, le devolví a mi amigo la parte que me correspondía del local y regresé a Cantón.

7. De mi decimosexto trabajo al decimonoveno

Mi antiguo editor llevaba ya cierto tiempo fuera de la industria de los medios de comunicación, y ahora era socio minoritario de una fábrica que producía cámaras retrovisoras para automóviles. Sin embargo, el aumento de los costes laborales y la creciente competencia estaban volviendo insostenible el negocio. De ahí que tanto él como otro accionista minoritario empezasen a buscar alternativas. Para la tienda online, además de llamarme a mí, involucró a una antigua compañera nuestra que ahora era su pareja. Esto solo me lo contó tras mi regreso a Cantón.

En este emprendimiento, él era el principal accionista, mientras que la compañera y yo solo teníamos pequeñas participaciones. Más de una década después de nuestro último intento, volvíamos a unir nuestras fuerzas. Fue mi decimosexto trabajo.

La aventura duró dieciocho meses. La verdad es que, antes del año, yo ya quería renunciar, pero aguanté por compromiso. Al final hacía lo justo para cumplir con mis obligaciones y listo.

Vivía en el dormitorio de empleados de la fábrica de cámaras, compartiendo con otra persona una habitación de ocho. Cuando la fábrica no daba abasto con los pedidos, los dos íbamos a echar una mano en la línea de producción.

El editor estaba obsesionado con un pódcast sobre emprendimiento presentado por un tal Luo Zhenyu. Se llamaba *Luogic TalkShow* y era muy popular. Me lo recomendaba con tanto entusiasmo que probé a escucharlo, pero solo me provocó rechazo. El editor decía que Luo Zhenyu se dedicaba a la cultura y que, si yo quería escribir, debía prestarle atención, pero yo solo veía en él a un hombre de negocios. El hecho de que vendiera muchos libros no lo convertía en esa especie de «héroe cultural» que decía el editor.

Lo que más me llamaba la atención era su manera de vender: los compradores no sabían qué libro estaban adquiriendo hasta que lo recibían por correo. Esta estrategia le permitía vender de una tacada entre veinte y treinta mil ejemplares de obras históricas olvidadas, y encima sin descuento. Aquello me resultaba chocante, no admirable. Tenía la impresión de que la gente no compraba los libros para leerlos. Al menos, eso era lo que parecía. En cualquier caso, sus motivos se me antojaban bastante cuestionables.

Pero el editor veneraba a Luo Zhenyu e incluso empezó a hablar como él. Cuando vivía en Yunnan, yo ignoraba por completo la existencia de aquel personaje, así que no supe darme cuenta de que la seguridad y el entusiasmo del editor eran impostados. Los tomé por emociones genuinas ante una oportunidad prometedora.

También me insistió en que leyera varios de los libros superventas que había comprado sobre negocios y emprendimiento. Cuando le hice caso, descubrí que los de autores extranjeros tenían un pase, pero que los de autores chinos eran infumables. Sin embargo, él estaba convencido de que me servirían para mejorar mi escritura, pues, según él, contenían principios universales. Me explicó que, después de tantos años sin lograr éxito alguno, debía empezar a replantearme las cosas. No se equivocaba, pero yo sabía muy bien qué entendía él por éxito, y lo que yo necesitaba replantearme no se correspondía, ni de lejos, con lo que él tenía en mente. Un día, charlando, me soltó que yo era demasiado emocional. Le contesté que se equivocaba, que yo era más racional que la mayoría de la gente, pero no me tomó en serio: se le escapó una risita, como si le hubiera dicho una tontería. En ese momento comprendí que confundía la racionalidad con el pragmatismo: para él, cualquier enfoque distinto al utilitarista era irracional. Resultaba extraño pensar que, una década antes, cuando aún estábamos en la veintena, nos parecíamos mucho más. Pero yo sabía que tenía buen corazón. Aunque su situación económica tampoco era buena, hacía todo lo que podía por mí. Para él, yo era más que un antiguo compañero: era un amigo. Por dispares que se hubieran vuelto nuestros valores, me consideraba alguien en quien confiar sin preocuparse. En mi opinión, de quienes debía cuidarse era de aquellos cuyos valores se parecían más a los suyos.

El editor dejó claro desde el principio que no quería fundar una simple tienda online, sino una marca cultural; la tienda solo sería un punto de partida. Como le había escuchado decir que lo que hacía Luo Zhenyu era cultura, no me lo tomé demasiado en serio.

Después de registrar la empresa, abrimos una tienda con su nombre en Taobao. La alternativa, Tmall, había suspendido temporalmente las solicitudes para abrir tiendas de nuestra categoría y, de todos modos, requería una inversión mínima demasiado alta, así que decidimos empezar desde abajo e ir acumulando experiencia. Nuestro producto principal eran los ambientadores para coche. Al principio los comprábamos en mercados mayoristas, luego empezamos a añadirles nuestro propio logotipo en una fábrica y, al final, pasamos a diseñarlos y producirlos nosotros mismos. Ese había sido el plan del editor desde hacía tiempo, tanto si yo me unía a él como si no.

Sin embargo, para 2016 el tráfico de Taobao había alcanzado su techo. Era muy poco probable que el número de usuarios activos fuese a seguir creciendo de forma significativa, así que la estrategia de la plataforma fue centrarse en aumentar el gasto medio por cliente. Para una empresa pequeña o mediana como la nuestra, eso significó que cada vez era más difícil conseguir tráfico gratuito, lo que nos dejó dos opciones: o buscar la forma de atraerlo desde otros lugares o pagar para que nos promocionaran.

En realidad, un negocio de nuestro tamaño habría encajado mejor en una plataforma más modesta como Pinduoduo, pero ninguno de los tres la había usado antes; además, compartíamos el prejuicio de que solo servía para vender productos de gama baja. El editor insistía en que nuestro producto era de gama media-alta y en que, si aspirábamos a venderlo en Tmall algún día, necesitábamos quedarnos en el ecosistema de Alibaba para aprender sus entresijos. Así pues, dedicamos toda nuestra energía a investigar cómo conseguir tráfico gratuito.

Fue una pérdida de tiempo. Estábamos aferrados a la idea de que la optimización era el camino para generar tráfico y que bastaría con seguir puliéndola, pero nos equivocábamos. Al ser la primera tienda online del editor, no tenía mucha idea de cómo llevarla (aunque aprendía rápido y estaba mucho más implicado que yo). Rastreamos internet en busca de vídeos sobre marketing digital, escuchamos innumerables charlas relacionadas, nos planteamos una y mil veces qué estábamos haciendo mal... Al final, acabamos leyéndonos todos los artículos de la web especializada Paidai123. Para nuestra decepción, todos eran puro autobombo. Los autores evitaban hablar de los pasos cruciales y presentaban factores menores como si fueran los principales para aparentar que habían sido capaces de hacer lo que nadie más podía lograr.

Lo cierto era que la mayoría de los éxitos de ventas repentinos se basaban en datos generados de antemano y no al revés. Abrir una tienda en Taobao —fuera empresarial o personal— podía parecer barato, pero en cada paso había costes ocultos para conseguir clics. Al fin y al cabo, Alibaba no era una organización benéfica. Había que gastar dinero hasta para poder recopilar datos de ventas, algo imprescindible a la hora de decidir dónde invertir en el futuro. Era la historia de siempre: en esta vida nada es gratis.

Pero, incluso disponiendo de datos, invertir el dinero era todo un arte. Tenías que dar con el canal adecuado; de lo contrario, corrías el riesgo de malgastarlo. Además del servicio de posicionamiento de pago de Taobao, llamado Zhitongche, existía otra manera de impulsar las ventas que era muy popular: crear cupones ocultos para los productos estrella y pedir a afiliados de Taobao que los publicaran en foros y grupos de descuentos. Atraías pedidos a precios extremadamente bajos y los afiliados se llevaban una comisión por cada compra. Esta forma de generar grandes cifras de ventas iniciales para un producto nuevo era mucho más segura y eficiente que falsear pedidos. El falseo de pedidos a gran escala entrañaba un riesgo enorme y no salía barato: en algunas plataformas «seguras» llegaban a cobrarte diez yuanes por pedido falso. Al menos las ventas generadas por los grupos de descuentos eran reales, aunque también suponían una fuerte inversión (que se recuperara o no dependía de las cifras posventa). Intentamos manipular las cifras de esta forma con varios productos, pero tuvimos problemas con demasiados pedidos. Eso empeoró los datos y provocó que los productos cayeran muy rápido en el posicionamiento del buscador. Al final, ni siquiera pudimos recuperar la inversión.

En aquella época, yo llevaba tanto tiempo viviendo en la austeridad que había desarrollado una especie de mentalidad campesina: odiaba gastar dinero. Desde hacía años, cada vez que mis ahorros bajaban de los diez mil yuanes, me inquietaba. Esa cantidad era mi baremo mental para sentirme seguro. Por eso, cuando nos veíamos obligados a gastar, yo no sabía muy bien cómo afrontarlo. En cuestiones de negocios, era pasivo y conservador. Mi mente no estaba puesta en crecer, sino en evitar la quiebra, así que siempre prefería invertir el menor dinero posible.

Quizá porque lo notaron, mis dos socios empezaron a proponer ideas con más frecuencia. Oficialmente, yo estaba a cargo de gestionar la tienda, pero en la práctica las decisiones las tomábamos entre los tres (a pesar de que ellos dos no tenían experiencia en gestión empresarial). Al editor, por implicado que estuviera, le resultaba difícil entender hasta lo más básico, y nos hacía perder mucho tiempo discutiendo detalles insignificantes o planteando propuestas absurdas. En verdad, deberíamos haber dedicado más tiempo a la selección de productos, pero no quise sugerirlo. Tenía miedo de que me mandaran a tratar con mayoristas. De todos modos, como la siguiente fase del plan era poner nuestra propia marca en los productos y, con suerte, establecer una colaboración sólida con una sola fábrica, usé eso como excusa para no ampliar la búsqueda de nuevas líneas ni de nuevos proveedores.

Lo cierto es que, incluso cuando dábamos con el producto adecuado, necesitábamos invertir dinero para que se vendiera. Taobao otorgaba visibilidad en función de diversos cálculos basados en las valoraciones de los usuarios, así que los productos nuevos tenían una exposición muy limitada. Mientras tanto, la competencia se dedicaba a «mantener» los datos —esto es, manipularlos— de múltiples formas, de modo que, si no nos dábamos prisa en imitarlos, nuestros productos no despegaban. De la misma manera, una vez que conseguíamos un flujo estable de ventas y acumulábamos buenos datos, si no los «manteníamos» era muy difícil que las ventas siguieran creciendo y volvíamos a la casilla de salida. En resumen, la única manera de que Taobao siguiera enviándonos tráfico era manipular los datos de forma constante.

El sistema de valoraciones de la plataforma complicaba aún más las cosas. En Tmall, los clientes solo calificaban las tiendas y los productos con una puntuación de entre una y cinco estrellas; en Taobao, además de eso, también podían dejar una opinión de bueno, regular o malo, es decir, otro indicador más al que destinar dinero. Fue la tarea que me resultó más angustiosa, además de agotadora: al principio, para ahorrar, decidí no externalizar la tarea de contactar a los clientes que dejaban valoraciones mediocres o malas y encargarme yo. Pasaba tantas horas al teléfono que empecé a tener dolores de estómago diarios.

A finales de 2016, consciente de que ni estaba capacitado para aquel trabajo ni lo disfrutaba, propuse mi salida. Sin embargo, el editor me echó un sermón sobre responsabilidad, esperanza y aspiraciones para el futuro que me forzó a quedarme. Unos meses más tarde, en mayo de 2017, por fin conseguí separarme de ellos.

Después de dejar el negocio de la tienda online no podía perder ni un momento, porque mis ahorros empezaban a escasear. En cuestión de días encontré un nuevo empleo a través de 58.com. Era en D. Express, la experiencia que recojo en el primer capítulo de este libro. Fue mi decimoséptimo trabajo.

En D. Express trabajaba en turnos de noche permanentes, con el horario completamente invertido. Lo único bueno era que, entre la jornada tan larga que tenía y la zona tan aislada en la que vivía, había muy pocas oportunidades de gastar dinero. Eso me ayudaba a ahorrar.

Siendo objetivo, el trabajo era muy duro: jornadas de doce horas sin parar de levantar y cargar bultos pesados hasta que amanecía, sin apenas tiempo para comer. Sin embargo, en otros aspectos, el trabajo estaba dentro de mi zona de confort. A veces, cuando el agotamiento se volvía insoportable —o, más bien, cuando ya no podía resistir el sueño—, dejaba que mi mente se escapara a aquel año que pasé en Daguanyi y que evocara algunos de los momentos vividos.

Esos recuerdos me consolaban y me devolvían la fuerza.

Casi un año después, en marzo de 2018, renuncié y me fui a Pekín. Allí trabajé seis meses de repartidor para S. Express, luego me cambié a Pinjun Express, donde estuve catorce meses. En diciembre de 2019, Pinjun Express se disolvió y mis compañeros y yo nos quedamos en la calle. Estos fueron mi decimoctavo y decimonoveno trabajo, descritos en detalle en el segundo capítulo de este libro.

8. Apunte final

Cuando vivía en Shanghái, una vez quedé en un restaurante con dos amigos del foro literario. Mientras comíamos, cada uno de nosotros leyó en voz alta un fragmento de una obra de su agrado. Hace tiempo que no pensaba en ese día, pero al ponerme a escribir sobre mis vivencias de entonces me ha venido a la mente. Según recuerdo, nos encontramos en la Plaza del Pueblo y fuimos a una librería de dos plantas donde me compré un ejemplar de *Memorias de un cazador*, de Ivan Turguénev. En cualquier caso, el texto que leí me parece una buena forma de concluir este libro.

Escogí un fragmento de *El lector común*, de Virginia Woolf. Woolf había leído muchísimas biografías, la mayoría sobre personajes famosos, pero también algunas sobre gente común. El capítulo recogía sus impresiones acerca de un libro titulado *Memoirs of Laetitia Pilkington*.

No encontré apenas información sobre él en internet, tal vez porque su autora era muy poco conocida. La señora Pilkington —o más bien la señora Laetitia, ya que su marido la abandonó— pertenecía a una familia aristocrática venida a menos de la Gran Bretaña del siglo XVIII. Nació aproximadamente medio siglo antes que Jane Austen. Era una mujer instruida, pero no heredó fortuna alguna y, cuando su marido la abandonó, tuvo que criar sola a sus dos hijos pequeños. Se ganaba la vida con la pluma (eso explica que dejara unas memorias), pero los textos que la sustentaban eran, en su mayoría, historias morbosas sobre los vicios y miserias de la alta sociedad. Según ella misma afirmaba, estaba dispuesta a escribir cualquier cosa por dinero, así que no sorprende que sus obras no hayan perdurado. De no ser por Woolf, yo nunca habría sabido de ella.

Esta bisnieta del conde de Kilmallock acabó viviendo entre lavanderas y criados, e incluso pasó un tiempo encarcelada por morosa, pero, aun así, Woolf escribió: «A pesar de todas sus idas y venidas, que fueron muchas, y en sus fracasos, que fueron grandes, no dejó de recordar los días lejanos que pasó en Irlanda...».

Laetitia mendigó (y fue humillada por ello, o al menos así lo percibió), rogó al Todopoderoso (y se quedó encerrada en la abadía de Westminster por un descuido) e incluso llegó a contemplar el suicidio, pero también poseía una inmensa pasión por la vida. Amaba y odiaba con idéntico fervor. Arremetía con furia contra quienes la herían y los ridiculizaba sin piedad en sus historias (que a menudo exageraba sin pudor). Era muy sensible y a la vez muy fuerte. En su afán por deleitar al lector, echaba mano de su teatralidad innata para presentar sus infortunios, no como los crueles reveses del destino que eran, sino como episodios tragicómicos dignos de ser representados en escena. Su fortaleza la ayudó a reponerse en repetidas ocasiones, y en cada una de ellas volvió a lanzarse a vivir con el mismo brío de siempre. Era refinada y a la vez vulgar; compasiva pero también rencorosa.

La primera vez que leí esta semblanza suya me emocioné tanto que se me cayeron las lágrimas. Woolf la remató así:

> ... y durante todos los vaivenes y altibajos de una carrera aventurada mantuvo un espíritu alegre, cierta educación digna de una lady y una gallardía que, al final de su corta vida, le permitió bromear y degustar su pato aun teniendo la muerte en el corazón y los requerimientos de pago sobre la almohada.

Conservar un espíritu alegre ante la adversidad: esa es la luz que ilumina la vida. Por más que su posición social se hundiera, mantuvo un corazón noble y puro hasta el final.

Quiero rendir homenaje desde estas líneas a la señora Laetitia, cuya historia me conmovió, me consoló y me ayudó a seguir en los momentos difíciles.

También a sus grandes fracasos.

Epílogo
La otra parte de mi vida

En mis últimos días como repartidor de Pinjun Express, después de terminar las entregas hacia la una o las dos de la tarde, me iba a pasar el rato al centro comercial Jingtong Roosevelt Plaza (que tenía aire acondicionado). Mi sitio favorito era el comedor de empleados situado en el sótano, detrás de la zona de restauración, donde muchos repartidores se sentaban a descansar o a esperar a que sus pedidos estuvieran listos. El centro comercial almacenaba mesas y sillas de repuesto en aquel rincón apartado de la vista de los clientes. Ir de la luminosa área comercial a ese espacio sombrío era como cruzar el telón de un teatro y meterse entre bambalinas, pero en él transcurrieron momentos inolvidables. Siempre recordaré aquel lugar y cómo me sentía.

En las horas más tranquilas, mientras los repartidores charlaban, se echaban la siesta o miraban el móvil, yo me sentaba con ellos, escuchaba música con los auriculares y los observaba. No tenía nada mejor que hacer.

Intentaba imaginarme sus vidas. Como yo, la mayoría de ellos solo estaban en Pekín por un tiempo limitado. Tarde o temprano sus días de errancia en la capital terminarían y, a la larga, solo representarían una pequeña parte de su vida. ¿Cómo sería el resto? Dedicaban cada instante que pasaban en la ciudad a ganar dinero, con el sufrimiento que eso comportaba. ¿Qué los impulsaba? ¿Qué los predisponía a sacrificarse de aquella manera? Imagino que la respuesta variaría en función de cada persona.

Si entendemos el trabajo como algo a lo que estamos obligados, como una renuncia a nuestra voluntad personal, entonces el resto de la vida —las cosas que escogemos, las metas que nos fijamos— podría decirse libre. La libertad era algo en lo que rara vez pensaba cuando trabajaba, supongo que porque daba por hecho que no la alcanzaría trabajando. Trabajar es lo opuesto a ser libre, pues trae consigo una serie de exigencias, sean del jefe, de los clientes o, como aprendí al montar mi propio negocio, del mercado. Satisfacerlas de forma eficiente es la manera de obtener una compensación.

Es verdad que existen excepciones: hay personas que, por casualidad, están tan en sintonía con la naturaleza y la estructura de su trabajo que sienten que están haciendo lo que quieren. También hay personas que apostaron por hacer lo que deseaban y tuvieron la suerte de encontrar a un empleador o un mercado dispuesto a pagarles por ello. Pero son casos muy raros.

Conozco a personas con trabajos tan poco exigentes que los demás, con un punto de envidia, suelen decirles que disfrutan de mucha libertad. Si realmente la disfrutan o no es algo que habría que preguntarles a ellas. Por ejemplo, antes de jubilarse mi padre gozaba de mucha «libertad» en el trabajo: se pasaba el día bebiendo té y leyendo el periódico. Sus únicas responsabilidades eran comprar, custodiar y distribuir material de oficina y, de vez en cuando, escribir textos promocionales que nadie leía. Aun así, lo conozco lo bastante bien como para poder afirmar que jamás se le pasó por la cabeza que era libre mientras trabajaba. Pero, si tratara de hablar con él sobre la libertad, me respondería cualquier absurdez, casi seguro.

Eso me lleva a pensar que la libertad depende del grado de autoconciencia. Un agricultor sin formación, por mucho que su vida esté regida por los periodos climáticos del año,* no se considera falto de libertad. En temporada baja, se dedica a jugar a las cartas con familiares y amigos;

____

* El almanaque tradicional divide el año en veinticuatro periodos asociados a fenómenos naturales y labores agrícolas.

en temporadas de faena intensa, termina su jornada, vuelve a casa, echa un trago de aguardiente y se siente satisfecho, como si todo lo hiciera porque quiere. Pero cuanto más se forma una persona, más piensa, más consciente se vuelve y más difícil le resulta sentirse libre en el trabajo.

Por eso, cuando hablo de libertad, me refiero a una búsqueda; una búsqueda de la realización que requiere un alto grado de conciencia de nuestro espíritu, entendido como esa esencia que nos distingue de los demás. Si más gente persiguiera este tipo de libertad, el mundo sería un lugar más diverso, más inclusivo, más igualitario y más rico. Sería, en definitiva, un mundo más lleno de color. La búsqueda de la libertad nos conduce a perseguir cosas distintas y a llevar trayectorias distintas, evita que nos disputemos el espacio en un mismo y estrecho camino. Del mismo modo que la capacidad de adaptación de los genes a un entorno depende de su diversidad, el bienestar y la felicidad de una sociedad dependen de la variedad espiritual de sus individuos.

Gotthold Lessing decía que la búsqueda de la verdad es más preciosa que su posesión. Con la libertad ocurre lo mismo: tal vez sea algo que solo podemos anhelar porque nunca llegaremos a alcanzarla del todo. Puede que yo mismo muera sin haber logrado ser libre, pero eso no importa, porque la búsqueda es más valiosa que la consecución. Esto vale tanto para cada persona como para el mundo en su conjunto: como nuestros ideales y nuestras convicciones, la libertad es el punto de apoyo de nuestras vidas, no su contenido.

Después de la Fiesta de la Primavera de 2020, regresé a Pekín. El estallido de la pandemia de la COVID-19 vació las calles de gente durante mucho tiempo y mantuvo cerrados muchos de los comercios que me eran familiares. Algunos de ellos ya no volvieron a abrir. Parecía como si las vacaciones se estuvieran prolongando de forma indefinida e impidieran a la gente retomar su vida normal. Algunos de mis antiguos compañeros encontraron empleos nuevos, otros seguían con sus familias en sus lugares de origen, atentos al desarrollo de la situación.

Acabábamos de recibir la indemnización por despido de Pinjun Express. A mí me correspondió el equivalente a dos meses y medio de sueldo, que me ingresaron al mismo tiempo que mi última nómina y la devolución del depósito de cinco mil yuanes. En total, fueron unos treinta mil yuanes. Aunque no era demasiado, me proporcionó cierta tranquilidad, sobre todo en un momento de tanta incertidumbre como aquel.

Durante ese periodo publiqué algunos textos en internet. Uno de ellos, sobre mi experiencia trabajando en el turno de noche en D. Express, atrajo una atención inesperada. Dos miembros del colectivo Instance, los editores Feng Junhua y Peng Jianbin, se pusieron en contacto conmigo después de leerlo. Cuando les conté el resto de mi trayectoria laboral, me sugirieron que escribiera también sobre mi experiencia como repartidor en Pekín, cosa que hice. Después escribí sobre mi etapa en la tienda de bicicletas de Shanghái (los hechos habían ocurrido mucho antes, pero no me puse a escribirlos hasta entonces).

En este punto, me gustaría aclarar algo sobre mi faceta de escritor: no soy un completo principiante. Entre 2009 y 2011 pasé casi tres años sin trabajar, tiempo en el que leía y escribía a diario. Los desafíos que enfrenté a la hora de crear fueron complejos e involucraron factores tanto externos como personales. Carezco de talento natural para escribir. Si hoy hay algo que merezca la pena salvar de mi manera de concebir o de ejercer este arte, es porque he invertido mucho tiempo y esfuerzo. En ese sentido, creo que el hecho de que me pagaran tan poco por mis primeras publicaciones fue una suerte. La imposibilidad de ganarme la vida con ellas hizo que escribir se convirtiera en un acto más íntimo, más especial y más puro para mí. Aquella época fue poco prolífica, pero desde entonces la escritura pertenece a la otra parte de mi vida, la que puede decirse libre.

Llevo más de una década alternando la faceta de escritor con la de trabajador, y son mutuamente excluyentes, porque el trabajo suele absorberme tanto tiempo y energía que, al terminar, solo quiero relajarme y no pensar en nada. Por supuesto, mi carácter también tiene parte de la culpa: tanto en la vida como en el trabajo, me cuesta seguir motivado en situaciones en las que otros encuentran estímulo y, al mismo tiempo, tiendo a erigir barreras mentales donde los demás no ven obstáculo alguno. Por eso, cada vez que me apetece escribir, dejo mi trabajo para poder concentrarme en ello. Es posible que esta alternancia entre periodos laborales y de escritura sea una forma de libertad a medias: la mitad del tiempo no trabajo y soy libre, la otra mitad trabajo y no lo soy.

Con esto no quiero decir que un empleo no pueda ser una fuente de satisfacción y de afirmación, al contrario: no ver en él más valor que ofrecer un medio de subsistencia resulta desolador. Tal vez por eso, los trabajos más sencillos son los que me generan un estímulo más positivo, porque puedo percibir de manera directa el valor que mi esfuerzo tiene para los demás. Por ejemplo, en mi última etapa como repartidor, cada vez que entregaba un paquete y el cliente se mostraba complacido o me daba las gracias, me sentía muy bien, pensaba que mi oficio tenía un propósito. Aquel reconocimiento no era el verdadero motivo por el que trabajaba, pero me causaba la misma alegría que cuando me pagaban el sueldo.

La verdad es que, hasta cierto punto, escribir me ha ayudado a difuminar la distinción entre trabajo y libertad: dentro de las limitaciones que impone la realidad, cada vez me queda más claro que muchos de los momentos sencillos pero significativos del día a día inciden más en nuestra calidad de vida que todas esas otras cosas que tanto nos preocupan.

Quiero dar las gracias a Pu Zhao, editor de Insight Media, por animarme a ampliar los tres primeros capítulos de este libro y a añadir otro sobre el resto de mis experiencias laborales. Detallar los métodos y procesos de cada trabajo y describir los lugares y entornos cn los que me encontré en cada momento me ha ayudado a comprender mis circunstancias y muchas de las decisiones que tomé.

Soy consciente de que, al ser parte implicada y no un mero observador, incluyo en mi relato juicios de valor y perspectivas que me son propios, pero, si los eliminara, los lectores tendrían dificultades para entender algunas de mis acciones (en algunos casos, ni yo mismo sé con certeza si he sido objetivo o me he dejado llevar por las emociones). Aun así, he hecho todo lo posible por ponerme en el lugar de las personas que en su día pudieron molestarme o perjudicarme, tratar de comprender sus motivos y relatar los hechos con la mayor objetividad posible.

Hoy, lo único que siento al recordar mis experiencias laborales es gratitud y nostalgia. No le guardo rencor a nadie. Admito que en su momento lo sentí, pero lo he dejado atrás. El tiempo me ha enseñado que una vida llena de odio no merece la pena.

20 de junio de 2022
Agradecimientos: colectivo Instance
y revista *Prickly Paper*

Índice

Este libro se terminó
de imprimir en
Móstoles, Madrid,
en el mes de
marzo de 2026